名师工作室成果文库

教育的沃土

中学教育综合素能高效提升30讲

JIAOYU DE WOTU
ZHONGXUE JIAOYU ZONGHE SUNENG GAOXIAO
TISHENG 30 JIANG

王晓东 编著

光明日报出版社

图书在版编目（CIP）数据

教育的沃土：中学教育综合素能高效提升30讲／王晓东编著．－－北京：光明日报出版社，2019.8

ISBN 978－7－5194－5462－3

Ⅰ.①教… Ⅱ.①王… Ⅲ.①中学教育—研究 Ⅳ.①G63

中国版本图书馆 CIP 数据核字（2019）第 172173 号

教育的沃土——中学教育综合素能高效提升**30**讲

JIAOYU DE WOTU——ZHONGXUE JIAOYU ZONGHE SUNENG GAOXIAO TISHENG 30 JIANG

编　　著：王晓东

责任编辑：庄　宁　　　　　　　　　　责任校对：赵鸣鸣

封面设计：中联学林　　　　　　　　　责任印制：曹　净

出版发行：光明日报出版社

地　　址：北京市西城区永安路 106 号，100050

电　　话：010－63131930（邮购）

传　　真：010－67078227，67078255

网　　址：http：//book. gmw. cn

E - mail：zhuangning@ gmw. cn

法律顾问：北京德恒律师事务所龚柳方律师

印　　刷：三河市华东印刷有限公司

装　　订：三河市华东印刷有限公司

本书如有破损、缺页、装订错误，请与本社联系调换，电话：010－67019571

开　　本：170mm×240mm

字　　数：321 千字　　　　　　　　　印　　张：18

版　　次：2020 年 1 月第 1 版　　　　　印　　次：2020 年 1 月第 1 次印刷

书　　号：ISBN 978－7－5194－5462－3

定　　价：68.00 元

教育的沃土
培育人才、成就
教师。

顾明远 书

序

全国名师工作室联盟 2018 年年会期间，有幸拜读了联盟常务理事王晓东同志即将出版的《教育的沃土》书稿，激起我高昂的阅读兴趣，《教育的沃土》使我获得意想不到的启迪，受益匪浅。充满了教育智慧和教育创新。

2015 年以来，全国名师工作室联盟，帮助许多联盟成员积极探索优秀教师专业成长之路，帮助教师提炼教学主张，为他们的专业成长铺路搭桥。三年多的时间，我们紧紧围绕"提炼教育教学主张"这一主题，以理论驾驭行动，升华教育教学经验，开拓性、创造性地生成了许多具有生命活力的课堂教学实践模型，初步形成了一批形态各异、个性鲜明的教学主张，并由此彰显名师各自的教学风格，也展现了全国名师工作室联盟具有一定规模的独特教育气象。此外，一大批具有鲜明、独特教学魅力和教学风格的优秀教师，其凝练的成果也能够凭借全国名师工作室联盟的平台，辐射到更多的地区，让更多的教师受益。

余文森教授说，"教师如何从优秀走向卓越，走向真正意义上的名师，这一过程有很多制约条件"。从专业角度而言，最基础、最核心、最根本的是教师要提出并凝练自己的教学主张，使之成为名师的专业生长点。小有名气的骨干教师要成为卓越教师，即从优秀走向卓越，往往会遭遇一定的困难，这就是所谓的高原现象。而如何跨越高原期，便是我们不断探索的课题。

本书从理论到实践，从教师到学生，从师德到师魂，从教育到教学，从教研到科研，从个体到群体，从修身到习惯，从管理到评价，从课内到课外，从选课到走班，从培优到转差，从知识到素能，从过程到方法，从情感到态度，从观念到价值，都给予较为全面的诠释与指导，从中学教育之基础素能、德育教育、教学研究、教育管理、教育评价五个方面，系统地阐述了综合素能高效提升的理论主张与实践策略。这些都是王晓东老师多年教育教学实践经验的凝练与升华。

　　这部书科学地揭示了教师专业发展的内在规律，创建了实践操作体系，拥有生动、具体的案例，集思想性、科学性、实践性、可读性于一体，是一部具有鲜明导向性的教师教育杰作。

　　是为序。

朱孝忠
2018 年 11 月 16 日

　　朱孝忠：全国名师工作室联盟理事长、中国伦理学会德育专业委员会副会长。主编《名师工作室发展实践研究》《名师工作室成长的足迹》等。

作者的话

百年大计，教育为本；教育大计，教师为本。可见，教师综合素质、专业化水平和创新能力在提升学校教育质量上的重要性。2018 年 1 月 20 日，中共中央、国务院出台了《关于全面深化新时代教师队伍建设改革的意见》，把教师队伍建设摆到兴国的战略层面，明确指出："教师承担着传播知识、传播思想、传播真理的历史使命，肩负着塑造灵魂、塑造生命、塑造人的时代重任，是教育发展的第一资源，是国家富强、民族振兴、人民幸福的重要基石。"并就"培养造就数以百万计的骨干教师、数以十万计的卓越教师、数以万计的教育家型教师"，给出了全员培训的机制、方法和内容。这足以说明，新时代教师队伍建设所具有的重大意义！

目前，促使教师专业成长和素能提高的路径与方法很多，如在加强培训制度方面，有"校本教研""校本科研""校本培训"和"区域研训"等；在完善培训体制方面，创建"学科基地"，成立"名师工作室"，举办"教师素能讲习班"，使培训机构成为"小实体、多功能、大服务"的现代教师学习与资源中心等；在做好名师培训方面，开展各级各类"名师培训"工作，形成多级"教育名师、教学能手、骨干教师"人才梯队，以带动教师队伍素质的提升。

诸多教育教学实践表明，每位教师成长都有一个过程，尤其是在以"双核"素养为背景的基础教育改革中更是如此。从事学校教育工作者，不一定要成为学者型、专家型的教师，但在教育教学方面必须有所建树。从这个意义上讲，学者型、专家型教师是每位教师的追求。这个过程中，教师要通过理论学习来实现自我进步，参加继续教育来拓展业务技能，参加学历考试来提高学业水平，进行学术研讨来加速专业成长等。总之，任何事业取得成功，既要个人努力，更要外部条件，这就是名师的引领作用。

"名师工作室"是对教师培养的集中体现，为发挥名师引领作用。自 2010 年 3 月起，笔者先后主持了两期县级中学物理名师工作室和一期市级中学物理名师工作室工作，以"名师的摇篮、教研的园地、成长的阶梯、交流的平台、辐射的中心"为宗旨，通过搭建平台、结对互助，教学教研、提升素养，立足课改、示范引领，总结反思、有效激励为抓手，先后培养了四名特级教师、两名正高级教师，成员中百分之八十以上成了市县学科带头人、骨干教师、教坛新星等，"名师带徒"培养教师成效显著。除此之外，还举办了多期"中青年教师综合素能提升班"，定期开展教师专业技能讲座，通过聆听教诲、交流研讨、撰写文章，逐步提高中青年教师的专业理论水平。

教师培训是从理论讲解到专业传授，再从专业传授到教育实践的系统工程，需要导师的辛勤付出和无私贡献。值得欣慰的是，笔者每次讲座结束总有不少学员争相提问、拷贝课件，或在课后电话交谈、网络交流，或索要讲授文字材料，用于继续学习、深化理解和专业提升。鉴于资源材料在学习培训中的重要性，加之受益教师的要求，笔者特将历次培训讲稿优化整理，编纂成《教育的沃土》一书，献给广大中学教育工作者，以期收获一个老教育工作者的情怀。全书共五章三十讲内容，第一章【基础素能】包含六讲，从教育专家视野、教育心理学知识、文字综合能力、现代教师基本功，到名师成长之路，阐述了教师基础素能提升的必要性和重要性。第二章【德育教育】包含五讲，从学校德育工作、核心素养、家教联系、习惯养成，到自我修身，讲述了教师立德树人、为人师表的从教之本。第三章【教学研究】包含十二讲，从有效教学理论、教研科研、研课授课、观课议课、选课走班、培优转差、科学备考，到学生学习习惯培养，讲解了教育教学技能和策略方法。第四章【教育管理】包含五讲，从学校教育管理、学科组创建、班集体打造，到名师团队建设，诠释了学校教育科学管理之道。第五章【教育评价】包含二讲，从学科考试评价、学生综合素质评价，到学校教育评估，讲授了学校教育评价内容与技术等。

综上所述，《教育的沃土》从理论到实践，从管理到评价，从教书到育人，都给予较为全面的诠释与指导。不同程度地实现了新课程改革下教学行为的"十个转变"，即教师角色由"讲师"向"导师"转变，课堂功能由"讲堂"向"学堂"转变，课本定性由"教材"向"学材"转变，课案定位由"教案"向"学案"转变，教学取向由"传授"向"发展"转变，教学目标由"统一"向"差异"转变，教学精神由"专制"向"民主"转变，教学重点由"结果"向"过程"转变，信息交流由"单向"向"立体"转变，教学策略由"灌输"向"启发"转变等。

值得说明的是，在《教育的沃土》编写过程中，为凸显实用性和现代性的学术价值，笔者在原来讲稿的基础上，多方搜集材料，进行充实提炼，几经整合,才得成书。尽管如此,终因作者水平有限,难免出现不足或错误,敬请广大读者不惜赐教!

令人感动的是,在《教育的沃土》成书过程中得到了徐安德教授的精心指导,姜维革校长、李君校长的殷切关怀,顾明远先生为书题字,朱孝忠院长为书作序,徐杰校长为书写名,更获得了杨景泰校长、焦云献校长、李茂竹校长和陈辉校长的大力支持,以及诸多同仁好友的关心帮助,在此一并诚挚感谢!

2018 年 10 月 9 日

目　录
CONTENTS

教学篇

管理篇

评价篇

01

| 基 础 篇 |

第一章

基础素能

第1讲　与青年教师谈教育教学

一、当前学校教育的现状

（一）剧场效应

一个剧场，大家都在看戏。每个人都有座位，大家都能看到演员的演出。忽然，有一个观众站起来看戏，周围的人劝他坐下，他置若罔闻，求助剧场管理员，管理员却不在岗位。于是，周围人为看到演出，也被迫站起来看戏。最后全场观众都从坐着看戏变成了站着看戏。

当每个人都追求利益最大化，必然会破坏其他人的利益。大家都这么做，结果是谁的利益都不能最大化，还可能出现整体利益的最小化。

（二）现象举例

1. 不断延长的上课时间

学生每天学习多长时间，国家是有规定的，生理也有规律。然而，"剧场效应"却一再突破国家规定和学生健康的底线。以高中阶段为例，其逻辑演变是：开始，所有观众坐着看戏：所有学校都按国家规定执行，如每周上五天课，每天上 8 节课，没有早晚自习，挺和谐的。后来，个别人站起来看戏：突然有个学校改成一周上六天课，每天上 10 节课，结果取得了较好的办学成绩，赢得了家长的好评和追捧。再后来，所有人都站起来看戏：其他学校迫于业绩考评和家长的压力，也被迫跟进。一段时间后，学校都成了六天上课制。一个学校不守规矩必然演变成所有学校都不守规矩，于是大家的办学时间达成了新的平衡。到最后，有人站椅子上看戏：某些学校索性失去下限，改成两周休息一次，加上早晚自习。更有甚者，发展到早上五点起床，晚上十一点才休息。然后，其他学校又被迫跟进。

2. 愈演愈烈的社会补课

初中和小学，国家政策卡的比较严，毕竟对这么小的孩子们下手，大多公办学校还是不好意思的。于是，另一个替代品——补习班上场了。

开始，没有人上补习班，班里同学们学习成绩有好有差，好在老师和家长们并未特别在意孩子们的成绩好坏，几乎没有人会为了提高分数上补习班。后来，个别人上补习班，有同学利用周末时间补课，找"一对一"的家教，短时间内提升了成绩排名，引发了其他家长的效仿。再后来，大多人上补习班，竞争愈演愈烈，别人上补习班成绩提升了，你不上补习班会相对落后。所以，班级里几乎所有同学都上了补习班，大家的成绩排序又回到了起始状态。

3. 铺天盖地的课外作业

床前明月光，疑是地上霜，举头望明月，低头写作业。洛阳亲友如相问，就说我在写作业。开始，作业不多：20 世纪 80 年代，是作业的童年时期，那时科目少，作业少且简单，放学也早。完成作业都不是问题，写完作业还能愉快地玩耍。课余时间男生上树掏鸟窝，下河捉鱼鳖，女生跳皮筋，做手工，都是学生时代的常态。后来，作业变多：某些科目或老师增加了作业，这门科目成绩立竿见影地提升，迫于考评的压力，其他各科纷纷跟进。再后来，作业变态：只增加作业数量已经过时了，作业种类和形态也"与时俱进"。除了老师改的作业，还有家长改的作业；除了课内作业，还有课外作业、展示作业、探究作业、网络作业。

同样悲剧的是，当每个学生和每个学校都多写了这么多作业后，他们成绩排序与作业少时并没有有显著的变化。

4. 肆无忌惮的超级中学

当"剧场效应"相互叠加，把封闭管理＋集中补课＋集中训练＋违规招生等几种剧场效应形成组合拳时，一种人类教育史上前所未有的怪胎——超级中学横空出世了。

开始，没有超级中学，各个学校按国家政策有序招生，各个学校都有自己的特色和亮点。后来，超级中学崛起，某个中学采取超常手段，延长在校时间，周末补课，尤其是采取重金吸引外地尖子生源和外地优秀教师，升学率突飞猛进，并迅速扩大招生规模。再后来，超级中学膨胀，随着升学率上涨和招生规模扩大，超级中学对周边的优质生源和优秀师资形成虹吸效应，并通过收取"借读生""补习生"的高昂学费获得丰厚的利益回报，再用雄厚的资金继续吸引外围，甚至全省的优质生源和全国的优秀师资，形成"办学规模扩大＋垄断尖子生＋资金链回报＋声誉大提升"的滚雪球效应。到最后，超级模式推广，随着一两所超级中学的崛起，其他有实力的中学也步超级中学后尘；无实力的周边县区中学招生和办学水平快速下滑，普通中学陷入大面积的崩塌危机。

（三）谁在受害

"剧场效应"覆盖之下，人人皆是受害者。

学生首当其冲。本来他们不必写这么多作业，上这么多补习班，熬这么多夜。他们本来可以有充足的睡眠，有愉快的游戏，可以跑步，可以读书，可以写诗……可是现在的学生真是太苦、太累了，为了写作业熬到深夜的小学生不罕见，通宵的中学生也不乏其人。

家长也是受害者。钱包被掏空了，亲子关系被破坏了。成功者永远是少数，大多数家长望子成龙、望女成凤的希望陆续破灭。为了孩子的未来透支了孩子的成长，为了所谓的分数摧毁了家庭的和谐，到头才发现，所谓的高分并不能带来传说中的成功。

教师也逃不过。表面看某些老师从补习中获利不少，但大多数老师舍弃了自己的健康和家人，也未必能成就学生的辉煌。学生辛苦，家长心苦，教师命苦。滑稽的是，在付出如此高强度的劳动后，他们终究会发现，自己培养的学生除了获得点分数，在人格、道德、思想等方面毫无建树。

"总之，在恶性竞争中，教育实现了自我异化。往大处说，几代人全部沉浸在考试中不能自拔，如此成长起来的人才，其创新能力不容乐观。

二、叶圣陶先生的教育论

（一）教学≠讲名词

我国现代作家、教育家和社会活动家叶圣陶先生反对"把名词解释清楚就算完成了教学任务"的做法。很遗憾，今天的课堂教学仍然是在讲解名词。当代，教学早不再是传授知识的"传声器"，更多是承担着培养人的责任。舞台主角是学生，上舞台的途径则是学生的能力。教师专业不仅局限于某学科知识层次的积累，"教"的方法成了一项专业内容，即需要"教师专业发展"。

（二）教育≠教知识

叶圣陶先生指出：教书本身不是教育，只是教会学生认识世界的一种途径，感悟生命价值的一个方法。教书体现的是教师追求真理的人生目标、科学务实的求真态度以及严谨的治学精神等。"身教"，熏染了学生，让学生体验教育就是人生的一部分，而不是"只读书，忘人生"。学生读课本是为了理解世界、明白道理、实践好行为，获得幸福生活的能力。教师教育学生，是帮助学生获得知识和学习的能力，教学生怎样做人。

（三）受教育≠学习

叶圣陶先生反对：把受教育理解为张开了空袋子，等人家把东西倒进来并装满它。受教育应该是学习和实践的结合，靠自己的能力学习，发展知能，一辈子真实受用，即"生活教育"。

教师教学应教会学生领会每一课目的在哪里，包含哪些内容，哪是重点，哪是辅佐……之后，学生应该像吃东西一样完全消化，化知识为血肉。在学生生活里践行德育，在实践活动中培养学生的品德感悟，着眼于学生情感的内化，使学生学到真实的东西，一辈子受用不尽。教师讲，学生听，一讲一听是必要的，但一讲一听不等于教育。学习的行为是主动、活泼和积极的，学习的途径是多种多样的，学习的内容包罗万象。

（四）启发式≠发问

叶圣陶先生认为：经常使用连续发问的技巧，像牧人拿着长竿子赶羊群似的，只能使学生走上老师自己预期的路线，说出老师自己预期的答案来。貌似启发式，其实还是灌输式。善于启发的老师都把学生看成有生机的种子，本身具有萌发生长的技能，只要给予适宜的培育和护理，就能自然而然地长成佳谷、美蔬、好树、好花。知识是无止境的，学生将来在社会上能用哪些知识和技能无法预料，所以要培养学生自己发现问题的能力。老师要帮学生找到解决问题的钥匙。

当然，提问本身也体现教师的功力。不过，问题提得太深了，学生无法作答；提得太多了，学生又无暇兼顾。因此，宜选取学生能力所及的问题，分量多少取决于给他们的思考时间。

（五）做教师≠教书

叶圣陶先生认为：教师的职业意义绝不只是教书。教师不是教会学生考试，取功名的"匠人"。教育职业的更高要求是培养学生能做人、能做事，成为健全的公民。教师职业的关键是"帮助学生得到做人、做事的经验。"教师的职业应该作为事业来追求。知识分子的本能就是要有更高的精神追求，即"赢得尊严"，得到学生和家长的信赖，得到社会的尊重和认可，进而实现自我价值。这种尊严和尊重，包括尊重学生的生命价值，尊重自身的人生价值。尊重学生的生命价值主要在于两点。首先，教师要有职业的神圣感。教师在讲台上就是真理的化身，要理直气壮地传承真理，培养学生敬畏真理、追求真理的可贵品质。其次，教师要有职业的使命感。说教不如身教，从一件件小事影响学生，使学生养成好习惯。教师必须要正直、善良和宽容，有责任感和道德底限，才会对学生产生积极的影响。教师的热情、真情、温情和激情会化作感动力、感化力和感召力，无限走近学生的"心灵"，与学生成为朋友，从而得到学生的敬重。

三、新课改下的学校教育

（一）学会做人

"外圆内方"总括修身、处世、办事之要义。"方"是原则、是目标、是本质，"圆"是策略、是途径、是手段。处世办事只知"方"，少权变常碰壁，一事难成，只知"圆"，多机巧却是没有主见的墙头草。"方圆之理"才是智慧与通达的成功之道。俗话说："圆的不稳，方的不滚。"圆为灵活性，随机应变，具体问题具体分析；方为原则性，坚守一定之规，以不变应万变。刘邦便是忍一时之气而最终夺得天下的。做人需要内方外圆，过于坚硬必被折断，过于扩张必会裂开。为人处世也是如此，不能过于倔强耿直。

北京著名的天坛公园，公园分东西南北四门，四四方方。园内主体建筑是祈年殿，整个大殿呈圆形，圆基座、圆柱体、浑圆顶。可谓象征天圆地方的精心设计。可方可圆，是经世治国的方略。"圆"象征着风调雨顺、国泰民安的祥和，"方"象征着天下归心、四海升平的景象。"圆"又喻义五湖四海、经天纬地的博大襟怀，"方"又喻义"古往今来，物是人非，天地里，唯有江山不老"的山川造化。另外，我国的铜钱，外面圆圆的，中间是棱角分明的方孔，寓示着"外圆内方"的做人处世道理。一个人如果过分方方正正，有棱有角，必将碰得头破血流；一个人如果八面玲珑、圆滑透顶，总是想让别人吃亏，自己占便宜，也必将众叛离亲。因此，做人做事必须方外有圆，圆中有方，外圆内方。如何把握好何时何事可"方"，何时何事可"圆"，就是人生成功的要诀所在。

（二）学会求知

"教"与"学"，既要敢于班门弄斧，又不能对牛弹琴。"班门弄斧"是为了求知的欲望，而"对牛弹琴"往往不是牛的悲哀，而是弹琴人的悲哀。"我所认识的获得诺贝尔奖的科学家，几乎没有在学校考第一的，考倒数第一的倒有。"实验物理学家，美国密歇根大学物理学博士丁肇中认为，现代教育应当尊重学生个性，不应单纯看分数。学习是永恒不变的主题，但并非仅仅表现在书本上和校园里。学习无处不在，如"读万卷书"和"行万里路"，后者的学习比前者更重要，学习方式和内涵都不一样。"书"和"路"相比，一个是有形的书，一个是无形的书。有形的书，你可能考不过别人，无形的书，你却可能比他们强！每一个人的财富都是一样的，有的财富是有形的，有的财富是无形的，差别就在于你是不是发现了它，是不是及时运用了它。人人都是天才，很

7

多人变得平庸，是因为放错了地方。盲人往往听力与记忆力惊人，聋子往往眼力非凡。

（三）学会交往

美国著名人际关系学大师、现代成人教育之父卡耐基说："一个人的成功，只有15%靠他的专业技术，85%则靠他的人际处理能力。"能够和自己厌恶的人相处得很好是人际关系达到最高境界的表现。实际生活需要"人脉"，即由人际关系而形成的人际脉络。人类是群居的社会动物，人与人在社会互动中产生了特殊的情感和利益关系，这就是所谓的"人脉"。人脉资源根据其形成的过程，可分为血缘人脉、地缘人脉、学缘人脉、事缘人脉、客缘人脉、随缘人脉等。人脉是事业发展的情报站，在这个时代，拥有无限发展的信息，就拥有无限发展的可能性。信息来自人的情报站，情报站就是人脉网，人脉有多广，情报站就有多广，这是人事业无限发展的平台。人脉是事业的助推器，每个人都希望自己生命中能不时出现一个"贵人"，在关键时刻或危难之际帮自己一把。贵人相助确实是人们成功道路上宝贵的资源，他可以一下子打开机遇的天窗，让人拨云见日，豁然开朗，直接进入成功的序列与境界，大大缩短取得成功所需的时间。

（四）打造集体

班级品质是班级成员思想意识的共同体。班集体建设最重要的就是营造良好的班风学风，只有正气充盈、积极向上的班级才能在竞争中立于不败之地。相反，没有良好的班风学风，其他一切都是空中楼阁。但良好的班风学风不是一蹴而就的，这是一项长期的任务。居里夫人去世后，爱因斯坦在评价居里夫人时讲："第一流的人物对时代和历史进程的意义，在其道德品质方面，也许比单纯的才智成就方面更大。"凡是出类拔萃的人物没有一个不是把人格、道德精神放在第一位，人的精神是世界上第一个可宝贵的因素。要给学生提出"变不可能为可能，变可能为现实"的口号，把班级宣言贴在教室前面，让学生铭记在心，以增强班级的凝聚力。

（五）学会健体

学生的身体锻炼是学校教育的一项重要任务，时不我待。参与身体锻炼，虽然再努力也成不了刘翔，但仍能享受奔跑。可能有人会妨碍你的成功，却没有人能阻止你的成长。你可能一世努力也成不了姚明，但你可以享受在篮球运动中与人配合、与人抗斗带来的快乐，并锻炼了身体。你爱好打乒乓球，虽然难以成就为一代国手，但可以因此结交身边的朋友。

健康是生命之源。失去了健康，生命会变得黑暗而悲惨，会使你对一切都失去兴趣与热忱。无法想象一个在健康水平线之下挣扎的人能取得辉煌的成功。

许多人之所以饱尝"壮志未酬"的痛苦，就是因为不懂得经常去维持身心的健康。人们每一种能力与精神机能的充分发挥，以及人们整个生命效率的增加都有赖于充沛的体力。在人生的战斗中，能否取得胜利，关键在于能否保重身体，能否使身体一直处于"良好"的状态。可见，身体和精神息息相关，一个有一分天才的身强体壮者所取得的成就，可超过一个有十分天才的体弱多病者所取得的成就。

（六）播种希望

人生就是一个追求梦想的过程，教育作为培养人的活动，教育者不仅要传承人类文明，而且要播种社会理想。当学生看到自己有发展的可能性时，就会积极主动地参与到教育活动中，通过观察、思考、质疑、探索和创新来提高智能、开发潜能。希望是人生命中的太阳、阳光的照耀、雨露的滋润，学生能在关爱中感受自己的生命荣光；希望又是人前进中的旗帜、独立的人格、自由的生命，学生能在未来创造出自己的辉煌。

四、人类未来的学校教育

（一）突破现代，未来已来

1. 泛在教育，登上舞台

由于互联网的普及，以及越来越多、越来越精彩的教学软件的出现，固定的人在固定时间、固定地点学习固定内容的传统教育正在悄然改变，任何人在任何地点、任何时间学习任何内容的泛在教育正在兴起。网络就是校园，移动终端就是课堂，能者即为教师，教育正被重新定义。首先，互联网打破了学习的时间限制，不分昼夜，随时开放。学生可在教室、寝室、飞机、海滩等任何地方获得想要的任何信息。其次，互联网摆脱了人数的限制，上万人，理论上可在同一时间进行同一内容的在线学习。再次，互联网突破了内容的限制，可通过软件、微型课程等技术手段将教学内容变得更加生动易学，可把人们知道的和不知道的知识汇聚到一起，使学生获得意想不到的收获。当传统教育系统的围墙被拆除后，泛在教育的前景不可限量。事实上，体制外教育借助信息化的力量获得的成效已十分显著。很多培训机构，没有传统意义上的学校、教室，甚至没有固定的教师，却有几万甚至几十万的学生，可以产生几亿甚至几十亿的教育服务产值。

2. 智能教育，初见端倪

第一是智能校园建设，推动人工智能在教学、管理、资源建设等全流程应用。智慧校园的首要目标是通过物联网技术，连接校园网中的各个物件，连接人和人、人和物、物和物之间的信息输送与反馈。未来教室是智慧校园建设中的一个重要成果，它将颠覆学生、家长对传统教室的想象。教室里没有黑板，没有粉笔，也没有教科书，只有一个或多个超大屏幕的电子白板，老师的手指轻轻划动，所有的教程就以图文并茂、声像结合的形式出现在学生的眼前。第二是开发基于大数据智能的在线学习教育平台。慕课是运用这种教育平台的一个典型例子。只要有网络，学习者就可以和老师进行远程互动，听老师讲课，向老师提交作业，老师也可以即时在线批阅，并迅速反馈学生的答题情况。第三是开发智能教育助理，建立智能、快速、全面的教育分析系统。慕课加上人工智能，将会使在线学习提升到一个新境界，实现海量资源、共同学习与量身定制的高度统一。

3. 个性教育，呼之欲出

在互联网的环境下，每个学生都是一个独立的学习主体，可选择得到符合他自身特点的内容；学习者的交流对象不仅有老师，还有网络社区空间的所有相邻、相近、相知的学习者，学习者的自主交流成为广阔有效的主要渠道。学习者既是信息获得者也是信息输出者，既是学习的发起者也是学习的受益者。总之，学习者成了教育的中心，学习者希望学什么就能获得什么，学习者需要怎样学就可以安排怎样的进度和方式，实现了从以教定学向以学定教的转变。

4. 国际一体，纵深发展

随着经济全球化进程的不断深入，跨国公司把不同国家、不同文化的产品、管理和观念带向全世界，相互竞争中相互交融、相互促进。但语言的差别始终是国际化进程的巨大障碍，而人工智能语音识别、语义识别技术的重大进展，将可能为不同语言、不同文化人的交流扫除语言障碍，为多个国家、多种语言人群的同时交流提供便利。互联网的内容也将即时翻译成不同对象的文字，实现无障碍阅读。这将使得教育格局发生重大变化，使每个国家的教育面临重大挑战。信息流动、人员流动更加快速和深刻，文化渗透和竞争更加激烈。世界上最大的公司不是生产物质商品的公司，而是教育公司，它的影响力将遍及世界的每个角落。

（二）认清方向，转换状态

在互联网和人工智能深度发展的未来，知识的学习还是否必要？学校、教师还会存在吗？显然，在数字化与智能化时代，"陈述性知识"的重要性大大下降。由于知识是形成能力、解决问题、构成策略、培养观念、塑造品质的基础，故不能因知识容易获取，就代表知识不再重要。问题不是要不要知识，而是要什么样的知识。联合国教科文组织《反思教育：向"全球共同利益"的理念转变》研究报告的导言中重新定义了"知识":"可将知识广泛地理解为通过学习获得的信息、认识、技能、价值观和态度。"基于这种认识,逻辑、思维、方法、观念、情感、审美都将作为未来教育的重要"知识",值得好好学习。

学校和教师也必然存在,这是中外专家的共识。学校是学生向社会过渡的学习场所,教师在学习新"知识"中承担引导作用,两者都是无可替代的。值得关注的是,学校和教师将变得大不相同。学校将变得更加开放,与社会联系更加紧密、互动更加频繁,成为整合全部教育资源的枢纽。教师则由知识传授者和课堂教学组织者,转变为学习活动的引导者和学生的学习伙伴。具体地说,简单重复的劳动被技术取代之后,教师的工作内容将聚焦于更复杂、更富于情感性、更富有创造性和艺术性、更具互动性的"人"的教育活动。

(三)推动变革,迈向未来

"未来教育"并不意味着对"现代教育"进行颠覆。有识之士应主动拥抱时代,迈向"未来"。第一,学校要更加重视人文教育,注重显性课程和隐性课程中的渗透。互联网和人工智能的时代,加强人文教育是防范人异化和疏离的关键。《反思教育:向"全球共同利益"的理念转变》研究报告指出,人们需要采取整体的教育和学习方法,克服认知、情感和伦理等方面的传统二元论。第二,学校应在教育管理和教学组织中注意保护学生尊严,增加学生的情感体验,保障学生正当权利,这是每所学校文化中最有特色的部分。要让学校真正成为学生成长的乐园,鼓励学生组建各种有意义的社团,引导学生会参与学校管理和自我管理,让学生在自我教育中互助成长。第三,学校要加快建成智慧校园,用好"教育云"和"大数据"。数字时代,一日千里,教育人要有紧迫感。利用商业的"教育云"或者教育界联盟建设"教育云",为学习提供大量的资源支持。课堂的转型,如借助虚拟课堂开展讨论或者运用微信群聊功能开展合作学习,都需要无线通信技术为线上学习与线下学习融合创造条件。同时,"大数据"更加有助于对教育行为的全面深入把握,对学生个体的学习和成长分析更"精准"。更好地运用"大数据"管理教学,满足学生个性化的需求,及时准确地跟踪诊断、科学决策,真正实现本质上的"教育公平"。第四,教师要积极变革学生的"学习方式",探索信息技术环境下教与学的新形态。教师要实现教学观念的变革,努力探索教学流程的重构,逐渐成为学生学习活动的设计者、收集信息的指导者、解决困难的帮助者,成为和学生共同学习的伙伴。除了已有的慕课、翻转课堂,广大教师还需继续探索以自主学习、个性化学习、合作学习为核心的其他学习方式。

(四)育人本质,永不会变

　　一般认为，科学技术一旦与生产相结合，就会使生产发生巨大变革。故有论者认为，现在学校制度和班级授课制，在信息化时代应该改变。班级应该打散，学校应该消亡。不过，信息技术虽使教育生态发生了变化，学习环境、内容手段、师生关系也在变化。但教育的育人本质不会变，立德树人这个目标不会变。人是要靠人来培养的，技术是替代不了的，技术只是手段而已。信息技术可使教育的组织结构、方式方法发生变化，但师生的群体组织颠覆不掉。越来越多的人认识到，培养学生的学习能力、思维能力、交往能力、合作能力、积极情绪、优良品格比学习知识更重要。在互联网时代，一方面要利用信息技术改革教育内容、教学方式、评价制度，以提高教育效率。另一方面要坚持教育的本质，让改革服从于立德树人的终极目标。

【巩固与提高】

　　1. 结合当前教育现状，谈谈对"剧场效应"的态度，并认识一下与西方教育的不同。

　　2. 从自己的教学实际出发，说说对叶圣陶先生教育"五不等式"的理解。

　　3. 我国教育的本质是什么？新一轮课程改革的着力点在哪？

第2讲　青年教师的基本素能

新时代教师应是思想型教师，现在学科教育的交叉性和知识的综合性越来越强，作为教师，很重要的一点就是学会读书，哲学的、艺术的、科学的、专业的，等等，努力养成每天读书的好习惯，学会反思、学会做学问，方能日积月累、滴水穿石，跃上新的高度；也应是探索型教师，往日的教学注重知识灌输而轻视实践能力的培养。教师作为探索者，要学会直面教育的现实问题，去思考、探索、研究，在教育教学活动中不断使自己成为一个成功的实践者；还应是追求型的教师，要做一个有追求的人，宁可追求没有，也不可没有追求。通过自己不懈的努力，拥有如此的教师形象：百科式的学者、演讲家的口才、主持人的风度、名演员的仪表，铁将军的气概；更应具有优秀的职业道德：理论素养是教师为人师表的主导，情感素养是师生联系的纽带，语言素养是师生沟通的翅膀，心理素养是教师综合素质的基础。

一、明确的方向标

（一）名人轶事

意大利著名男高音歌唱家帕瓦罗蒂，年轻时就读师范学校。毕业时，他问父亲是从事教育还是向歌唱方面努力。父亲回答他，如果你想同时坐两把椅子，最终你只会掉到两个椅子之间的地板上，你应该选定一把椅子。帕瓦罗蒂选择了歌唱，决定背水一战。他忍受了一次又一次失败的痛苦，经过7年学习，终于第一次正式登台演出，又用7年时间，得以进入大都会歌剧院。若当时帕瓦罗蒂选择当教师，又梦想着做歌唱家，则可能会是一种可悲的结果。

教师迫切地需要像帕瓦罗蒂那样果断地选定一把椅子，不做教师，早日选择自己真正想做的事情；要做教师，就全身心地投入到教育事业中来。如果教师到目前对这个问题还没有清楚的认识，或者说，想不做教师又没好的出路，终日昏昏沉沉，那是什么事情也做不好的。人生最糟糕的境遇是：在没有答案的选择中永远地迷失，不断地消耗有限生命的能量。

（二）教育事业

人生在世有很多种活法，归根结底是精神立身或富贵立身。作为一名教师，如想在这个行业里成为物质大亨，最好赶紧离开。想在精神天堂里寻求物欲的膨胀，终会无功而返。然而，不少青年教师就是在这种目标混乱中长久徘徊，消耗自己的青春年华。过了浮躁岁月，却再也没有奋斗的勇气，只能在安逸中走向人生的尽头。教育是事业单位，每位教师只要跨入教育队伍，便拥有一份工作、拥有一份事业。曾经有很多伟人，在追求事业的同时，又不得不为衣食住行奔波，无法顾及冰冷的现实，过得穷困潦倒。

人生贵在"有为"，千万不要把人生狭隘地理解为有多少钱就有多少成就。假如你身边有人中奖得了一百万，我相信你会羡慕，但不会产生敬重。敬重和羡慕是两回事，人们敬重那些功成名就的企业家，不仅因为他拥有雄厚的资产，更是因为他在打拼企业过程中所表现出的卓越才能，以及企业为社会做出的贡献。人生成就，重在"有为"，而非"有钱"，尽管大家都知道没有钱是万万不能的。教师完全可以成为一名受人敬重的"有为者"，每教一个班级，就为一批孩子、一批父母、一批家庭做实实在在的"为"，教书育人一辈子，就做一辈子"有为"之事。

二、重要的责任感

（一）把教育的事当作学校的事来做。学校布置什么工作，都视之为包袱，视之为学校不让我过安宁日子，总想着早点卸了这包袱才好。这些教师所看重的只是每月工资卡上的钱数，此外，再没能被什么吸引。对他们而言，教育都是学校的事，与自己关系不大，自己之所以要做，是因为学校要我做，自己什么也不想做，只想越轻松越好。对学校下达的任务，应付完成，如备课纯是应付检查，过关就行。他们工作能简单就简单，能把事情对付过去就好，学生素质是否得到提高，自我能力是否得到发展，从来不想。

（二）把学校的事当作自家的事来做。这些教师对于学校布置的各项工作，或许有牢骚，但最终会尽可能地去做，一旦"尽"了"可能"，其余就不管了。认不认真是态度问题，好不好是能力问题。他们对教育工作，大都抱着"做良心买卖"的想法，觉得要对得起拿的工资，对得起一声声叫着"老师"的学生。对他们而言，工作很辛苦，起早贪黑，甘做老黄牛，任劳任怨、加班加点，没备好的课，回家备；改不完的作业，回家改。他们只知道工作，不去进行深入地分析与思考，不知道教育人生的真谛在哪儿；就像闷头苦干的农夫，整天忙碌、挥汗如雨，回头才发现，别人早用上新品种，换成机械化了。

（三）把自己的事当作教育的事来做。这些教师有明晰的教育人生方向，把自己的人生价值锁定在教育事业，一切有价值的活动都围绕着教育展开，自己所做的一切就是教育活动。在他们身上，有教育的主动性和创造性，他们不满足于现状，努力探求有效或高效的教育之路，把教育的创新看作是人生最大的乐趣和满足，享受探索路上的种种欢乐和痛苦。他们的生活状态已经和教育密不可分，上班从事的是教育，业余思考的也是教育。对他们而言，身体是忙碌的，内心却异常轻盈活泼，当别人问"这样做教育岂不太苦"的时候，他们笑得很灿烂。

三、忘我的奋斗志

（一）个人成长

某年，农夫在地里种下两粒种子，长出两棵树苗。第一棵树决心长成一棵参天大树，它拼命从地下吸收养料，储备起来，滋润树干，努力向上生长。另一棵树，也拼命地从地下吸取养料，打算早点开花结果，它做到了，农夫很欣赏它。时光飞转，那棵久不开花的大树，身强体壮、养分充足，结出了又大又甜的果实。而那棵过早开花的树，因未成熟便承担起开花结果的任务，果实又小又涩，农夫用斧头将它砍倒，当柴烧了。

真正的成功路遥远而艰辛，只有储备充足，走的路才会远。人的成功是一种自我价值的实现。这种自我价值的实现是艰辛的，是一个人勤奋努力地工作，用自己的能力干出一番周围人认可的业绩，并获得大家尊重的过程。成长既要经得住教育探索的艰辛，又要耐得住教育研究的寂寞。一个优秀的教师，会沉浸在别人以为的寂寞无聊中，乐此不疲，即"丰富的安静"。一个人的成长必须要耐住寂寞，学会享受寂寞，这样才能把基础打好，就像迪拜的摩天大楼，在它落成之前，人们都觉得奇怪，怎么一直都在打地基呀，这个基础整整打了三年，才有了这座摩天大楼。成长需要忍耐，全世界的人都看得到运动健儿在奥运会上的荣耀，但又有多少人看到了他们背后所付出的常人难以忍受的艰辛呢？

（二）对手激励

有了对手的刺激，人潜在的能量才会被激发，当然，前提是你不被对手打垮，不因为对手的强大而趴在地上哭泣。加拿大有一位长跑教练，因短时间内培养出了几位长跑冠军而闻名于世。受访时，介绍他带的长跑队，队员每天清晨从离开家的一刻起，都必须在最短的时间内跑到集训地。队中原有一名队员每天总是最晚到达，突然有一天他第一个到达集训地，且比其他队员提早了相当长的时间。队员告诉教练并非提前出发，而是因为他路过每天必经地时，窜出一匹狼，紧追他不放。教练从中受到启发，第二天找来驯兽师，训练了一批狼犬，用在长跑训练当中。

同样，人生需要对手，一个比你强劲的对手。你将从对手前进的步伐中，听到鞭策的声音，时时警醒自己。没有对手，生活就像死水，很平静或很安全，却没有生命活力。无论是脑科学研究还是人的潜能研究，无一不启示我们，人类有无以计数的潜力等待着被发掘。利用对手的威胁，强迫自己开发潜能，让对手施加的压力成为自己成长的动力，不失为一种智慧的人生策略。

（三）败中取胜

一位著名的演说家高举着一张20美元的钞票，面对人群问："谁要这20美元？"演说家见多人举起手来，又说："我打算把这20美元送给你们，但我先做一件事。"说着他将钞票揉成一团问："谁还要？"见还有人举起手来，继续说："假如我这样做呢？"他把钞票扔到地上用脚踩，然后，拾起地上那张又脏又皱的钞票说："现在谁还要？"还是有人举起手来。接着，演说家说："朋友们，我们已经上了一堂很有意义的课。无论我如何对待那张钞票，你们还想要它，因为它并没贬值，它依旧是20美元。

"祸兮，福之所倚"，事业不会一帆风顺。面对人生的逆境，你以为自己不行了，其实，这些都是你假想出来的"贬值"，"人生一大半的困难都是人假想出来的"。不管你经受何种失败，你不会贬值，只会升值。失败本身就是一种收获。尽管"成功教育""欣赏教育"，被吹得神乎其神，对于一个勇敢的人来说，唯有失败，才能真正给你带来进步的思索。或许这次评优课你失败了，或许这次论文评比你名落孙山了，或许这堂研讨课你上砸了，或许你多次投稿都石沉大海了，或许你的教改实验没有得到预期的效果，或许这学期你的教学质量不高。但请记得，你没有贬值。在这些磨炼中你已经升值，只是这些价值还没有以适当的方式和机会展露出来，需要在下轮实践中带给你惊喜。

四、厚重的专业能

（一）专业能力

1. 教材解读应用能力。画家不一定是优秀的美术老师，作家不一定是优秀的语文老师，数学家不一定是优秀的数学老师，就在于他们不一定具备教材的解读能力。老师专业能力的根本点是：阅读教材的时候能自觉地从学的角度、教的角度去审视教材，从而筛选出最具科学性、艺术性的教学要素来，这种能力必须成为教师的基本功，那就是"不是教教材，而是用教材教"。

2. 与学生交往的能力。教师是同比自己小很多的孩子打交道，师生价值观有很大区别，这种价值取向会造成师生间的隔阂。良好的"与学生的交往能力"的缺失，会直接影响着教学质量。每位教师都要多和学生交往，在交往中掌握交往的技巧，获得交往的能力。

3. 课堂组织管理能力。全国教育专家孙蒲远讲过一个故事，说的是她批评一个刚从美国回来的小男孩课堂上不遵守纪律。孩子的爸爸有意见了，说在美国读书老师从来没有批评过。孙老师回答他，这是中国，请你注意中国的国情。美国课堂就那么十几个学生，我们课堂里有那么多孩子，孩子又好动，如果没有较好的课堂纪律，肯定无法保证良好的学习环境。课堂的组织管理当然不是一味简单地批评，它需要管理能力和艺术。

4. 突发事件处理能力。教师要具备处理突发事件的能力，就像军队首长要有处理突发战事的能力一样。教育教学中的突发事件，没有进入教师预设之中的事太多。有些教师经常简单粗暴地处理各种课堂内外的突发事件。也有些青年教师面对突发事件，手足无措，严重影响了课堂教学质量。

5. 检测试卷编制能力。随着科技的发展，网络已成为试卷的大本营，"一体机"成为生产试卷的专用机，很多老师不看试题质量拿来就用，导致很多教师不会出一张有针对性的试卷，这既是教师的悲哀，更是学生的悲哀，最终是教育的悲哀。让教师具备编制试卷的能力，不是要让教师从此没日没夜地出试卷考学生。恰恰相反，我们应该做到坚决不让学生做没有意义、没有价值的试卷。

（二）专业发展

有个伐木工人在一家木材厂找到了工作，报酬不错，工作条件也好，他很珍惜，下决心好好干。第一天，老板给他一把利斧，并给他划定了伐木范围。这一天，工人砍了 18 棵树。老板说："不错，就这么干！"工人很受鼓舞，第二天他干得更加起劲，但是只砍了 15 棵树；第三天，他加倍努力，却只砍了 10 棵。工人觉得很惭愧，跑到老板那儿道歉，说自己也不知道怎么了，好像力气越来越小了。老板问他："你上一次磨斧子是什么时候？"工人诧异地说："我天天忙着砍树，哪里有工夫磨斧子！"

是的，那个工人感觉砍树吃力的时候，该想到去磨斧子了。同样，当我们做教育觉得吃力时，就该想到有多久没充电了，而不是一味抱怨教育要求那么高。而读书是教师充电磨刀最好的方式。朱永新教授说，一个人的阅读史就是他的精神发育史。人身体的发育有年龄限制，人精神的发育却是一辈子的事。教师应该走一辈子精神发育的路，只有这样，才不会被未来的学生抛在后面，才不会被未来的学生称为"老古董"。

五、慈祥的亲和力

美国沃尔玛公司由沃尔顿先生创立。审视这家公司的文化理念，不能不提沃尔顿的两句名言：第一是"请对顾客露出你的八颗牙"。只有微笑到露出八颗牙的程度，才可以把热情表现得完美。第二是"为顾客节省每一美元"。这是微笑服务的坚强后盾，不使微笑流于虚伪。沃尔顿的"微笑"为他赢来了巨大利润，消费者也心甘情愿把钱拿到沃尔玛连锁店去消费，这就是微笑的价值。

教育工作不会直接产生经济上的数字，但更需要微笑。你知道吗，学生是多么关注老师的表情啊！你听——"哎，老师一次也没有笑过。""老师今天发了火，吓得我大气也不敢出。"老师的微笑直接影响孩子的校园生活质量，天长日久，将影响到孩子对学习、对事物、对他人、对人生的态度。当你微笑着对学生说话，微笑着倾听学生讲述，微笑着赞许，微笑着抚摸孩子的头，那对学生来说是一种无法比拟的快乐。教育专家孙蒲远说："教师的职业要求你不能把烦恼挂在脸上，这是职业道德。教师必须学会调节自己的情绪，做自己的心理医生，这很重要。"

每个学生的内心深处都有一种渴望，渴望得到老师的重视和赏识。那些看似没有才能的人，只因为那份才能隐藏得深。教师是学生生命中最重要的潜在才能的开发者。无数失败的教育案例表明，对后进生，越是用粗暴的教育方式，得到的教育效果越是令人失望，这就是所谓的破罐子破摔。对这样的学生，教育首先要做的是帮助他们发现自己的长处，尊重他们、欣赏他们，让他们从老师口中获得自信和尊严，基于这样的教育是微笑的教育，是学生向往的教育。

六、苦行的自律观

教师要有约束感，否则就会放任"自由"，常见的就是体罚学生，如身体上的体罚，作业上的变相体罚，甚至精神虐待等。当今，很多体罚事件调查到最后，都令人感到惋惜，觉得老师工作认真负责，只是一刹那间失控，才酿成终身遗憾的苦酒，遗憾至极。

纪律的存在，一方面约束着你，另一方面则引领着你超越自我。成功的企业家，往往比一般人工作时间更长，态度更勤勉。公司是他自己的，不会有什么纪律约束他，但他超越了纪律，超越了自我，超越了财富，超越了人生。因此，教师要有约束感和自律观，这是人生的最高境界，是衡量一个人成熟度的重要标志。然而，约束来自外界，约束感存在于内心。一个人有了约束感和自律观，才能知道哪些事情能做，什么时候做；哪些事情不想做还得做；哪些事情有意义需要争取做；哪些话能说，什么时候说，通过什么途径说等。

说要自律的人很多，可坚持自律的人很少，就像爬一座险峻的高山，越临近山顶，能够咬牙坚持往前走的人越少。好的坚持本身就是一种自律。李嘉诚作为一名成功人士，依旧坚持每天晚饭后看英文电视，不仅看，还跟着大声说出来，生怕自己落伍。作为一名教育工作者，教师要恪尽职守、兢兢业业，几十年如一日，才能博纳广收，丰富内涵，快速成长。

七、敏捷的智慧脑

某次学段考试，一位学生语文得了59分。他找到老师说："给我作文加1分吧，就1分，求您了！"老师说："作文绝对不给加分。但可以把你的总分改为60分，算借给你1分。不过这1分不能白借，要还利息，借1还10，下次考试我要扣掉你10分，怎么样？"学生咬了咬牙说："我借。"结果，在后来的学段考试中，语文得了91分，扣掉10分，净剩81分，已经达到优秀了。

可见，真正的教育世界里，教师付出的是智慧。只有智慧的教育才配得上塑造人的灵魂的事业。教育者应该有第三只眼睛，那只眼睛叫作儿童。有了儿童的眼睛，教育就充满了智慧。教育是一个智慧的世界，每当我们观摩名师们的精彩课堂，惊叹于他们充满睿智的教学风采，便可收获来自智慧的洗礼。但这种风采和智慧不是天生的，每一个教学行为都是以"智慧"的标准要求所产生的结果。只要我们不以简单粗暴、整体划一的方式来做教育，每次都在第一方案出现的时候再想一想，有没有更好的第二、第三方案等。久而久之，一定会成为一个智慧的教师，从而拥有一个智慧的教育人生。

【巩固与提高】

1. 作为一位教育工作者，谈谈把教育当"职业"，或当"事业"的不同内涵。

2. 优秀教师的专业技能包括那些？工作中应如何施展自己的教育智慧？

3. 简述新时期教师应具备的教育素能，你认为自己适合成为哪种风格的教师？

第3讲　教师新的教学基本功

教学基本功是指教师完成教学工作所必需的条件性技能和技巧。传统意义上，教师的基本功一般是指"三字二板一话"。即粉笔字、钢笔字、毛笔字，板书、板画以及口语表达能力。勿需置疑，"三字二板一话"的基本功是过去衡量一个教师合格的尺度，在历史舞台上造就了一批批杰出人才。

随着时代的进步和科学技术的飞速发展，现代信息技术冲击着新一代学生和教师的学习和生活方式。作为教师：多媒体教学的设计，可清晰简要和形象生动地呈现要求学生学习和掌握的内容；借助网络教学平台，可在网上批改作业、写评语、改试卷、分析试卷、交流教学，甚至向学生家长发布信息。所以，教师们更加钟情于现代信息技术，也更加乐于用现代化信息技术。

一、新时期教师基本功

（一）有效教学的表达方法

1. 一般形式

人们说"教师是凭嘴吃饭的人"，虽然不那么准确，但相当形象。运用口头语言传递知识信息、表达思想感情、启迪学生心智、指导学生学习和调控课堂的教学行为，是教师的首要基本功。表达技能包括直接教学中常用的陈述、概述、描述等，以及与概念、阐释相关的技能和间接教学中常用的对话、辨析、批判等。共同点是吐字清晰、条理清楚、易于理解，有吸引力并干净轻快。一般说，以多媒体、黑板为载体的书面语言，以评语、鉴定、总结为呈现的书面语言，这两者对教师专业发展来说是不可或缺的。

2. 对话行为

有效教学是以学生为中心组织教学活动，教师能否用自己的教学表达方式刺激学生启动学习动机，激发探究欲望，进而达到良好的学习效果，与是否采用对话行为直接相关。一是通过师生、生生交互对话的方式，能更好地确定以学生发展为中心的教学理念；二是对话能够更好地建立民主课堂，促使师生基于相互尊重、信任和平等的基础，进而确立和谐的学习共同体；三是由对话所营造的学习环境是开放的，能够更好地帮助学生进行知识迁移，探寻和解决问题。

3. 技能方法

（1）神情与手势

教师进入课堂时面带微笑、神采奕奕，能让学生感觉轻松、精神振奋；如果冷若冰霜，就可能导致学生紧张不安，对教师有距离感和排斥感。手势语是通过手势动作来表达思想情感的方式，在日常教学和交流中比较常见。如一些适当的手语，则可让学生觉得教师和蔼可亲，给学生以信心。

（2）倾听与回应

日本学者佐藤学说："倾听学生的发言，犹如接住学生投过来的球。把学生投过来的球准确地接住，投球的学生即便不对你说什么，他的心情也是很愉快的。学生投得很差的球如果也能准确地接住，学生就会奋起投出更好的球来。"然而，多数教师只注意自己教学的进度，并没去想准确地"接住"每个学生的发言，未能与那些倾心"投球"学生的想法产生共振。不擅长接球的教师，应当一心一意地直面学生，去接他们的每一个球，不要以为只有按自己的教学计划上课才好。

4. 艺术技巧

（1）通俗与庸俗

通俗表达，指教学中用最朴实的语言进行与学生需要相适宜的表述。庸俗表达，指为了哗众取宠使用一些平庸肤浅或者不准确的语言。陈景润的数学教师沈元，介绍哥德巴赫猜想时，这样启发学生："自然科学的皇后是数学，数学的皇冠是数论，而哥德巴赫猜想则是皇冠上的明珠。"贴切的描绘，生动且富有激情的语言在陈景润的心里激起了巨大的波澜。从此，探求哥德巴赫猜想高深理论的激情燃起了陈景润理想的火花，最终使他取得了辉煌的成就。

（2）轻率与诙谐

幽默表达，指在教学中诙谐风趣而又意味深长的表述，它能吸引学生的注意力。如果单纯追求课堂笑声而忽略思维的触动，使用随意而不慎重或逻辑松散而不严谨的语言，就沦为了轻率的表达。真实的诙谐应是能够化解学生在教学中的困境和难题，既营造了轻松自主的学习环境，又适时调整了学生的学习状态。

（3）牵强与智慧

智慧表达需要符合学生的认知发展水平，并在这个基础上让学生有所感悟。这种教学表达技巧必须依赖学科的理性和逻辑特征。反之，就会产生牵强附会的现象。另外，智慧的表达往往与教学机智和教学幽默相通，很难事先预设。所以，依靠哗众取宠或刻意卖弄不会产生机智和幽默。

（4）烦琐与简约

繁琐的表达是指课堂教学中重复、啰嗦与模式化的表达，而简约的表达则言简意赅，还能达到发人深省的效果。

（二）现代教育技术的运用

1. 教学演示：教师在授课时可借助于计算机及多媒体技术演示教学内容。如电子教案、Powerpoint、演示文稿、flash 动画、aosai 热互动等。不仅可以增强学习内容的直观性，提升教学效果，而且大大激发了学生的兴趣，增加教学内容，从而提高课堂质量。

2. 网络资源：互联网是世界上最大的信息库，新时代教师必须具备最基本的信息意识和信息能力。善于从网络节点和连接中不断地获取教学材料和信息，开发和利用网上的各种课程资源，扩充课程内容，拓展学生视野。在这一水平上，信息技术不再仅是演示的工具，而是学生学习的资源，更是课程内容的重要组成部分。

3. 互动教学：随着信息技术的普及，教师不再是唯一的教学信息源，课堂不是唯一的教学场所，教学过程也不再是教师向学生的单向传授。教师和学生可以通过网上教学平台随时进行教学沟通，建立新的学习环境，改变传统教学方式。构建这样的学习环境需要教师全面把握现代信息技术的特征和功能，善于寻找信息技术与课程结合的融合域，并能够综合运用多种信息技术。

（三）课程教学资源的开发

新课程的实施不仅需要教师理解课程标准的目标要求，了解教材的知识体系和重难点，而且要求教师要了解学习主体的学习需要、已有经验和个体差异，然后根据学生的需要及差异去开发、选择或重组课程资源。同时，新课程开发还需要教师不断反思自己的教学效果，并根据反思结果调整课程内容及教学方式，这就需要教师掌握基本的课程开发和课程实施技能，如学生学习需求、评估技能、分析技能等。

（四）教学协作交流的功夫

新课程倡导探究学习、合作学习和综合学习等都需要教师之间的团结协作。通常情况下，一个能诱发不同学生积极参与探究和讨论的主题往往都具有综合性和跨学科的特点，所以帮助学生完成整个探究活动需要多个教师协同完成。同样，课程开发中更需要不同学科的教师走到一起共同选定研究课题及活动形式。综合实践活动课则可能需要所有学科教师共同设计、分工作业，这都需要教师具有如何与他人协作的基本功。

（五）教育科研与反思能力

课程改革提出了许多新的教学思想和理念，设立了许多新的改革目标。这些理念和目标的检验者是广大一线教师，且新课程在实施过程中还会出现许多新的问题，也会产生一些矛盾，同样需要广大一线教师对其中的一些问题展开研究，形成共识。而教师能否担当得了这样的角色，取决于教师的研究意识和研究素质，这就是新课程改革提出的一个基本要求，即做研究型和反思型教师。

（六）形成性教育教学评价

新课程提出了学生和教师的发展性评价思想，需要教师在学生评价方面，除了掌握以考试为主要评价手段的技能之外，更需要形成性评价的方法与技术。发展性评价要求评价贯穿教学过程的始终，要求评价充分体现被评价者的个别差异，要求被评价者能积极主动的参与，这些都需要教师善于在日常教学中观察学生的行为表现，学会运用一整套的技术及时记录学生的日常表现，进行全面性评价。

二、新课型教学基本功

（一）教研说课

1. 基本含义

"说课"是一种新兴的教研形式，指执教者在精心备课的基础上，面对同行或教研人员讲述某节课（或某单元）的教学设想及其理论依据，然后由听者评议，说者答辩，相互切磋，从而使教学设计趋于完善的一种教研活动。说课不仅要说清"教什么""怎样教"，还要说清"为什么"这样教。这是提高教师教学素养，增强教学能力的一种有效的教学活动，现已成为师资培训的一种有效形式。

2. 基本内容

（1）说教材

首先，说本课题在整个学段和教材系统中所处的地位及作用。如冰心《忆读书》，为什么把这篇文章放在开始，编者是有用意的。因为这篇文章生动地回忆了作者幼时少时读书的经历，及多年来读书的经验，而学习语文最重要的一点就是激发学生的阅读兴趣，使学生掌握好的阅读方法。其次，说本节课教学目标及确立的依据。一是依据教学大纲的规定，二是教材内容的要求，三是教学对象的实际。需要把这几点结合在一起通盘考虑，来确定教学的起点和终点。

（2）说教法

首先，说选用什么样的教学方法，如是启发疏导还是合作探究。其次，说使用什么样的教学手段，是教学视频、多媒体课件，还是教具等其他辅助手段。同时，在说课过程中，还可向大家简明扼要地说清它们使用的目的和作用。最后，说选择教学方法的理论依据，如采用的五步教学法的理论根据是教学生做学习的主人，达到像叶圣陶先生讲的那样"教是为了不教"，新课标要求教师要从过去作为知识传授者这一角色中解放出来，作为学生学习能力的促进者和培养者，课堂上教师不是主角，学生才是主体，要充分挖掘学生的潜力，调动学生自主学习的积极性。

（3）说学法

说学法不能停留在介绍学习方法层面上，要把主要精力放在解说如何实施学法的指导上。特别在新课程改革中，转变学生的学习方式，倡导以"主动参与、乐于研究、交流与合作"为主要特征的学习方式，是重中之重的任务，这也将成为所有教师教学中的"指挥棒"。说学法，要注重对某种方法指导过程的阐述，如说明教师是通过怎样的情景设计，让学生在怎样的活动中养成哪些良好的学习习惯，领悟出何种科学的学习方法等。

（4）说程序

首先，说教学的整体安排，这种安排既体现教材分析、教法设计和学法指导，又表现为可具体操作的程序：引进课题（创设情境，一看选择的内容能否让学生进入新的课堂情景，二看提出的问题是否服务于课堂重点，能否牵动全体学生的心）→讲授新课（根据学科知识点的教学目标、重点，难点，形成授课的结构思路）→课堂练习（根据教材知识点的示例，形成灵活多变的训练）→内容小结（强化知识重点、概念）→布置作业→板书设计。其次，说教学行为的流程：导语激趣→走近作者→走进文本→自主学习→合作探究→师生互动→归纳小结→达标反馈→拓展延伸→布置作业。每一个步骤又有具体的教学设计，并考虑可能出现的情况及调控措施，要说清教师突破难点的主要环节设计、化解教学难点的具体步骤，说清师生双边活动的具体安排及学情依据，说清课题的板书设计和设计意图，说清课后作业的布置和训练意图。

3. 基本原则

（1）说理精辟，突出理论性

说课不是宣讲教案，不是浓缩课堂教学过程。说课的核心在于说理，在于说清"为什么这样教"，而不宜于哪样教。

（2）客观真实，具有操作性

说课内容必须客观真实、科学合理，不能故弄玄虚，生搬硬套一些教育教学理论的专业术语。要真实地反映自己是怎样做的，为什么这样做。说课是为课堂教学实践服务的，说课中的每一环节都应具有可操作性，如果说课仅仅是为说课而说，不能在实际的教学中落实，那就成了纸上谈兵、夸夸其谈的"花架子"，流于形式。

（3）不拘形式，富有灵活性

说课可针对某一节课的内容进行，也可围绕某一单元、某一章节展开。可同时说出目标的确定、教法的选择、学法的指导、程序的安排等全部内容，也可只说其中的一项内容，还可只说某一概念如何引出，或某一规律如何得出，或某个技能如何使用等。要做到说主不说次，说大不说小，说精不说粗，说难不说易。要坚持有话则长、无话则短、不拘形式、自由研讨的原则，防止教条式的倾向。同时，在说课中要体现教学设计的特色，展示自己的教学特长。

（二）无生上课

1. 何为"无生上课"

"无生上课"即在没有学生的课堂上授课。与常规上课相比：一是教学的场所、对象不同，"无生上课"可在办公室或其他场所，面对的是同行或专家；二是观察研究的对象不同，"无生上课"的观察、研究对象主要是教师的"教"，对学生的状态只能做出猜测。与常规教研活动相比：目标不同，常态教研活动主要在于了解教师的教学能力和学生的学习情况，为师生提供改进的建议和意见。"无生上课"活动的主要在于帮助教师改进教学方案，培训教学技能等。与说课活动相比："无生上课"的重点是"如何改进教学"，是新任教师招聘，师范生教学能力测评最主要的手段。

2. 怎样"无生上课"

"无生上课"肯定不是说课，虽然下面没有学生，面对的是评委，仍然应"无生当有生"，认真讲课。无生上课是一种模拟课堂情景下展开的教学活动，许多问题要自问自答，重难点的揭示要串插在课堂中，难度大于有生教学，为了让听课者好评，课堂上要充分发挥各方面技能，如板书、口才、组织才能、教学环节的设计等，关键是无生课堂的气氛。教学设计要合理恰当、条理清晰、重点突出和难点突破。教学中要和平时课堂上课一样，通过多媒体、教具使用、小组讨论、探究活动等方式，体现面向全体学生、调动学生自主学习等新课程理念。"无生上课"时间一般为 15~25 分钟。一般只要内容基本完成，即使课没有上完，也不会影响效果。

（三）教学微课

1. 微课定义

微课是指基于教学设计思想，使用多媒体技术在五分钟左右时间内，就一个知识点进行针对性讲解的一段音频或视频。在教育教学中，微课所讲授的内容呈点状和碎片化，这些知识点，可以是教材解读、题型精讲、考点归纳，也可以是方法传授、教学经验等技能方面的知识讲解或展示。

2. 微课形式

微课可使用手机、数码相机、DV 等摄像设备拍摄或录制，也可使用录屏软件录制的音频或视频，录屏软件有 Camtasia Studio、Screen2swf、屏幕录像专家等。微课是课堂教学的有效补充形式，不仅适合于移动学习时代知识的传播，也适合学习者个性化、深度学习的现代需求。

3. 微课制作

（1）录制时调整电脑分辩率为 1024＊768，颜色位数为 16 位，视频画质清晰，视频格式为 Flv 和 Mp4，视频尺寸为 640＊480 或 320＊240；音频格式有 AAC（.aac，.m4a，and .f4a）、MP3 and Vorbis（.ogg and .oga）。PPT 尽量做到简洁、美观大方，时间须严格控制在五分钟左右。

（2）微课内容基于教学设计思想，完全"一对一"地启惑、解惑，文字、图片、语言等必须准确无误。内容非常碎片化、非常精炼，在五分钟内讲解透彻，不泛泛而谈。若内容较多，建议制作系列微课。

（3）微课讲解时，声音宏亮、抑扬顿挫。语言通俗易懂、深入浅出、详略得当，不出现"你们""大家""同学们"等大众式用语。

（4）要有片头片尾，显示标题、作者、单位等信息。

（四）教学慕课

所谓"慕课"（MOOC），顾名思义，"M"代表"大规模"，与传统课程只有几十个或几百个学生不同，一门 MOOC 课程少则上万人，多达几十万人；"O"代表"开放"，以兴趣导向，凡是想学习的，都可进来学，不分国籍，只需一个邮箱，就可注册参与；再一个"O"代表"在线"，学习在网上完成，无须旅行，不受时空限制；"C"代表"课程"的意思。

1. 课程范围

"MOOC"是以连通主义理论和网络化学习的开放教育学为基础的，跟传统的大学课程一样循序渐进地让学生从初学者成长为高级人才。课程的范围不仅覆盖了广泛的科技学科，如数学、统计、计算机科学、自然科学和工程学，也包括社会科学和人文学科。慕课课程并不提供学分，也不算在本科或研究生学位里，绝大多数课程都是免费的。人人可免费学习有这个服务的课程，并得到证书。

2. 授课形式

课程不是聚集，而是将分布于世界各地的授课者和学习者，通过某一个共同的话题或主题联系起来。尽管这些课程通常对学习者并没有特别的要求，但所有的慕课会以每周研讨话题的形式，提供一种大体的时间表，包括每周一次的讲课授课、研讨问题、阅读建议等。

3. 主要特点

一是规模宏大：指那些由参与者发布大规模的，不是个人发布的一两门课程；二是开放课程：只有当课程是开放的，才可成之为 MOOC；三是网络课程：这些课程材料散布于互联网上，无论你身在何处，都可花最少的钱享受美国大学的一流课程，只需要一台电脑和网络连接即可。

（五）翻转课堂

1. 翻转课堂概念

所谓翻转课堂，即教师创建视频，学生在家中或课外观看视频中教师的讲解，回到课堂上师生面对面交流和完成作业的一种教学形态。翻转课堂是一种手段，增加学生和教师间互动和个性化的接触时间；翻转课堂老师是学生身边的"教练"，不是讲台上的"圣人"；翻转课堂是混合了直接讲解与建构主义学习；翻转课堂是学生课堂缺席，但不会被甩在后面，让学生对自己学习负责；翻转课堂是课堂内容得到永久存档，可用于复习或补课；翻转课堂是所有学生都积极学习的课堂，能让所有学生都能得到个性化教育。

2. 翻转教学特点

（1）"可汗学院"利用了网络传送的便捷与录影重复利用成本低的特性，每段课程影片长度约十分钟，从最基础的内容开始，以由易到难的进阶方式互相衔接。

（2）可汗学院用的是一种电子黑板系统，即教学视频，没有精良的画面，也看不到主讲人，旨在带领观众一点点思考。其网站目前也开发了一种练习系统，记录了学习者对每一个问题的完整练习记录，教学者参考该记录，便很容易得知学习者哪些观念不懂。

（3）可汗老师的教学方式是在一块触控面板上面，点选不一样颜色的彩笔，一边画，一边录音，电脑软件会帮他把所画的东西全部录下来，再将录下的影片传到网上。

3. 学习方式改变

（1）"翻转"让学生自己掌控学习

翻转课堂后，利用教学视频，学生能根据自身情况来安排和控制自己的学习。学生在课外或回家看教师的视频讲解，完全能在轻松的氛围中进行。不必像在课堂上教师集体教学那样紧绷神经，担心遗漏知识点，或因为分心而跟不上教学节奏。学生观看视频的节奏快慢全在自己掌握，懂的快进跳过，没懂的倒退反复观看；既可以停下来仔细思考或笔记，还可以通过聊天软件向老师和同伴寻求帮助。

（2）"翻转"增加了学生学习互动

翻转课堂最大的好处就是全面提升了课堂的互动，具体表现在师生间以及学生间。由于教师的角色已经从内容的呈现者转变为学习的教练，这让教师有时间与学生交谈，回答学生的问题，参与到学习小组中去对每个学生进行个别指导。当教师更多地成为指导者而非内容的传递者时，也有机会观察到学生间的互动。教室内学生发起了协作学习小组，彼此帮助，相互借鉴，不是依靠教师作为知识的唯一传播者。当教师在学生身边和他们一起掌握概念、规律时，学生会以最好行动来回应。

（3）"翻转"让家校的交流更深入

翻转课堂改变了教师与家长交流的内容。以往在家长会上，父母问得最多的是自己孩子在课堂上的表现，如是否注意听讲，行为恭敬，举手回答等问题。如今，这些问题已经不再重要了。真正的问题是：学生是否在学习？如果不学习，教师能做些什么帮助他们？这个更深刻的问题会带领教师与家长商量：如何把学生带到一个环境，帮助他们成为更好的学习者。

【巩固与提高】

1. 新时期教师基本功包括哪些方面？结合实际说说教育教学基本功在教师成长中的重要性。

2. 现代教育技术的主要内容是什么？试论它在现代课堂教学中的辅助作用。

3. 常见的教学新课型包括哪些？举例说明新型课的内容、形式和特点。

第4讲 文字综合能力的提升方法

教育教学工作是一项系统性和专业化极强的事业，也是一个独立且具有深远意义的科学研究领域。通过教育教学活动，为国家培养合格的建设者和接班人，是广大教师崇高的职责和任务。但从教育发展的高度和教师劳动的文化意义上看，必须重视教师在整个劳动过程中经验的积累和对教育文化的创造。教育教学工作经验与文化的反映和保存、宣传和推广，主要靠教师的文字综合能力。

一、文字综合能力的重要性

（一）综合写作是教师的基础能力

衡量高素质教育人才的标准不只看他教了几门课、上了几节课，还要看他在教育教学研究和改革中有无创造能力。而创造性能力，是以教育科研能力、实验动手能力、组织管理能力及论文写作能力为基础的。因此，正确地分析和认识教育教学活动，并提炼出对教学活动深层的理性思考，撰写观点正确、论证有力、内涵新颖的教育科研论文或教育叙事等，是教师不可缺少的一项重要功夫。

就教师的现实活动而言，不仅需要研究教材，搞实验教育，写实验指导书，还要研究和总结教学方法、教学经验等。物理学家严济慈说过："一个老师把书教好了，到一定的时候，就要自己写书，可以说，写书是教书的总结。"的确如此，苏联著名教育家赞可夫和苏霍姆林斯基都是在教育教学的生涯中完成了著作而誉满全球的。著名特级教师魏书生，也是在十几年的教学工作中，不断总结、不断写作，将自己的教学经验和方法进行广泛交流推广，从而享有"青年教育家"称号的。

（二）教育教学成果需要继承推广

"藏之名山，传之其人"。藏之名山，是指将所从事的研究成果用文字记录下来，收藏于人类的科学宝库；传之其人，是指将新的科研成果推广传播，促进全人类科学文化的繁荣和发展，使科学成果和新的理论知识成为大家所有。如果没有学术论文的帮助，是无法使人类的优秀文化、社会文明和科学成果得到继承、传播和推广的。作为教师，要使教育科研成果产生社会效益，促进教育事业的改革和发展，就必须借助教育科研论文把它描述论证出来，进行推广和交流。

（三）教育教学论文体现专业水平

一篇有见地的教育科研论文，能够在一定程度上反映出作者的思想水平、认识能力和业务功底，严格意义上讲文字写作能力是一种修养。一方面，它不神秘，有一定的规律可循，也可以说有一定的技巧就能够学会。文体无论怎样变化，只要掌握了方法，就可以举一反三，写好各类文章。另一方面，撰写文章是一种创造性的劳动，必须入心入脑，有强烈的责任意识和自觉性，主动学习、主动思考、主动实践、坚持不懈、长期修炼，才能不断提升文字综合能力。

二、怎样提升文字写作能力

（一）基础知识

1. 逻辑知识：任何文章，失去了逻辑性，也就失去了存在的基础，不能称其为文章，只是满纸文字。缺少逻辑知识，或不能灵活运用逻辑知识，是很多人撰写文字材料的一道坎。因此需要主动学习和运用逻辑知识，掌握基本的逻辑常识，如概念的内涵与外延，概念间的关系，判断、归纳、推理，直言三段论，同一律、矛盾律和排中律，论证的规则，等等，确保文章不犯逻辑性错误。

2. 哲学知识：撰写文字综合材料，实质上是从实践到认识，从认识到实践的过程，掌握正确的思想方法十分重要。要学习和掌握辩证唯物主义原理，学会辩证地看问题，培养科学态度。只有这样，分析问题、提出思路才能有高度、有深度、有远见和有创新。学习哲学知识，应系统掌握唯物辩证法的基本规律：质量互变规律、对立统一规律、否定之否定规律。一个人有了坚实的哲学素养，思想就会有穿透力，笔下的文章才会有高度和表现力。

3. 文学知识：一是把握文体，如议论文、记叙文，活动方案、工作计划、年度总结、新闻报道等，各有体例要求，有时可适当借用，但不能混淆，汇报材料不能写成诗或散文，规章制度不能用论说文的格式去写。二是培养文采。要学习一些表述技巧，引人入胜，一下子抓住读者的情感。同时还要注意用词准确平和，不能用浮夸的辞藻，言之无物、哗众取宠。如汇报材料、经验材料，用的都是归纳思维方式，对过去的工作进行总结、梳理和反思。如果可能，尽量准确使用数据，增加文章的说服力、感染力。工作报告有其特殊性，即除了总结过去的工作，还要明确一段时间内的工作任务和措施。

（二）写作习惯

1. 收集资料

写作，掌握信息很重要，平时不用心积累，提笔写作就会感到满脑都是空的，没有思路，不知如何下笔。要注意收集与业务相关的期刊，用以丰富与工作学习相关的知识。一些重要信息要通过撰写学习笔记、整理资料卡片等方式记录下来，随时为文字工作做好准备。

2. 勤于写作

任何能力都是在实践中锻炼出来的，养成勤于写作的习惯是一种自我教育与主动实践的体现。通俗讲，就是"眼睛里要有活儿。"具体可概括为"三自方针"，即自己提出或发现问题，自己认识和分析问题，提出自己的观点和方法。就某一个自己有疑问、感兴趣、社会关注的问题进行研究，查找理论依据，利用各种机会请教别人，与专家讨论，开展理性思考，提出自己的观点和结论，目的不是要理论成果，而是要提升思辨能力。也可研究现实工作问题，如某项制度有改进空间，主动去思考如何改进，并把方向、办法或结论写下来。有了勤于写作的习惯，才会遇问题有灵感，甚至"提笔成章"。

三、如何提高论文的录用率

（一）期刊评价指标

1. 引用的频度

（1）总引次：指该期刊自创刊以来所登载的全部论文在统计当年被引用的总次数。这指标可以显示该期刊被使用和受重视的程度，以及在学术交流中的作用和地位。

（2）自引率：指该期刊全部被引次数中，被该期刊本身引用次数所占比例。具体算法为：自引率 = 被期刊本身引用的次数/该期刊总被引频次（总引次）。

（3）他引率：指该期刊全部被引次数中，被其他期刊引用次数所占比例。具体算法为：他引率 = 被其它期刊引用的次数/该期刊总被引频次（总引次）。

2. 影响的因子

国际上通行的期刊评价指标是一个相对统计量，可较公平地评价和处理大小期刊，用于比较同一学术领域中期刊的相对重要性。具体算法为：影响因子 = 该刊前两年所发论文在统计当年被引用的总次数/该刊前两年所发论文总数。

3. 文献引用率

（1）参考文献量：指期刊论文引用的参考文献数量，是衡量研究人员与学术期刊对已有研究成果和最新学术信息吸收程度的主要指标，也是考察学术交流程度和信息吸收利用能力的主要手段。

（2）平均引用量：指期刊每篇论文平均引用的参考文献数。具体算法为：平均引用量 = 参考文献量/所刊论文数量。

4. 基金论文比

指期刊中各类基金资助的论文在其所发全部论文中占的比例，是衡量期刊是否处于其所在领域及相关领域前沿位置的重要指标，也是衡量期刊论文学术质量及期刊整体质量的重要指标。

（二）论文撰写要求

1. 创新题目，一目了然

题目是文章的总纲，是反映论文最重要内容的词语的逻辑组合，是一篇论文给读者和审稿人的第一个重要信息。题目新颖生动，读者或审稿人便有兴趣继续往下看。如果题目陈旧，读者或审稿人一看便索然无味，论文被通过肯定有一定困难。论文题目要求准确恰当地反映材料内容的范围和深度，文题和内容相符。同时，为避免过于笼统，滥用虚词，还要简明醒目，不使用非公知公认的缩略词语和字符代号等。

2. 与时俱进，充满活力

一是确定题目后，要认真构架论文，从摘要、关键词、正文、参考文献等方面都要严谨规范。二是论文条目的写法符合刊物的要求，数据资料、试验结果要实事求是，特别是对结果要作必要的统计、归纳和总结，结论简明真实、不夸大其词。三是引用文献在文中具体标明，并在文后列出参考文献；文中使用的单位、符号和缩写等都要符合国家有关规定，不自己"创造"。同时，还要注意教育论文的写作风格，做到表达确切、科学规范、避免空话、大话、套话。如果论文数据、计算结果有差错，文字、符号和标点错误较多，必定给人"草率、不严谨"的印象，即使学术质量较好，也不会被首选。

（三）论文投稿策略

1. 大致了解自己所在领域都有哪些相关的核心期刊。尽量选择统计源期刊，统计源期刊是经国家科技部中国科技信息研究所以引文数据为依据，客观评价科技期刊后得出的期刊排名表，具有一定的权威性。

2. 作者要认真衡量论文的质量，将稿件投向水平相当的科技期刊。教育期刊分核心期刊和非核心期刊两大类，核心期刊一般会在封面的醒目位置标有"核心期刊"的字样。每种期刊都有自己的办刊宗旨和读者定位，了解期刊的主要栏目以及各个栏目对稿件的详细要求，比较论文与期刊相关栏目是否匹配，可以提高论文录用率。

3. 每种期刊都有自己详细的稿约，如《投稿须知》《投稿指南》，一般刊登在每年的最后一期或第一期上。投稿前，应仔细阅读拟投期刊的征稿启事，了解该期刊的出版时滞、出版周期及是否需要中英文摘要等。

4. 投稿要选择时机。对高校学报，一般在假期后投稿，如被录用，发表时滞是比较短的，这是因为假期后是高校学报处于相对"稿荒"期。

5. 投稿前应大致浏览拟投期刊最近几期的内容，一般同一期刊是不可能在近期重复刊登同一内容的，如果自己的论文与拟投核心期刊已刊登过的论文雷同较多，应转投他刊，这样可以扬长避短，有的放矢。

（四）论文书写要求

1. 论文文档：一般采用 Word 文档，插图提供 tif 格式黑白文件，精度为 300dpi。正文每页分两栏，栏宽及其间距默认即可，每页约 44 行。

2. 论文内容：题名（20 字以内为宜），作者姓名，作者单位（含地区名称和邮编），中文摘要和关键词（3—8 个），正文，参考文献（一般 10 条以内），并在文稿首页页脚处写明第一作者简介（包括姓名、生日、性别、籍贯、职称、学位、研究方向）及论文属何项目、基金资助来源等。

3. 论文摘要：尽量写成报道性摘要，包括目的、方法、结果和结论，摘要应具有独立性和自含性，采用第三人称的写法，不必用"本文""作者"等作为主语。关键词选词要规范，应尽量从汉语主题表中选取，未被词表收录的词如果确有必要，也可作为关键词选取。

4. 图表要求：文中图表要符合国家规范，应有自明性，且随文出现。插图限 8 幅以内，照片应选清晰的黑白照片，图中文字、符号、纵横坐标中的标值、标值线必须清楚，标目应使用标准的物理量和单位符号。文中表格一律采用"三线表"，表中内容切忌与图文内容重复。

5. 论文字体：标题三号字（黑体），小标题四号字（黑体），正文五号字（宋体）。正文（含图表）中所有物理量（用斜体）和计量单位（用正体）应符合国家标准或国际标准，外文字母、单位、符号的大小写、正斜体、上下角标及易混字母应标注清楚。章节编号为六级格式：一，（一），1，（1），①，a 等，或 1.，1.1.，1.1.1.，1.1.1.1.，A，a 等。

6. 参考文献：序号应按文中引用顺序排列，著录格式如下：专著：［序号］著者．书名［M］．出版地：出版者，出版年．起止页码；期刊：［序号］著者．篇名［J］．刊名．出版年，卷号（期号）：起止页码；论文集：［序号］著者．篇名［A］．编者．论文集名［C］．出版地：出版者，出版年：起止页码。

四、如何撰写教育教学叙事

（一）教育叙事的定义

教育叙事，即是讲有关教育的故事。教育叙事的内容主要指教师所记叙的教育事件的内容，是基于学校真实生活，关注发生在自己教育生活中的事情，寻找其中"有意义事件"的细节，然后去反思自己的教育教学，从而改进和重建自己的教育生活。"有意义事件"是指事件本身具有一定的教育意义，包含四层意思：第一，事件本身蕴涵着某种道理，或揭示了某种教育规律；第二，事件反映了教师的具有实践价值、值得其他教师学习和推广的教育教学经验；第三，事件虽然反映的是某种不成功的做法，但对他人有借鉴意义；第四，事件虽很平凡、细小，但能真实反映某些教育现象，揭示一些教育问题。由此看来，有意义的教育事件，可以是正面的事件，也可以是反面的事件；可以是成功的事件，也可以是失败的事件；可以是有重大影响的事件，也可以是平凡而细小的事件。

（二）教育叙事的内容

一是教育思想：感悟、体验、问题、观点等；二是教育活动：教学活动、德育活动、研究过程、个人成长等；三是教育目标：学生的认知特点、情感特点、人格特征和心理健康等问题。

（三）教育叙事的分类

1. 叙议式：所谓"叙议式"文本，就是采用夹叙夹议的手法，"叙"是叙述教育教学中的故事，"议"是针对所叙的事情发表自己的看法。"叙"和"议"交叉进行，在"夹叙夹议"的阐述中层层深入，把所要论述的主题讲得一清二楚。叙议式文本是教育叙事研究报告写作的最基本的写作形式，不过要多叙少议。

2. 陈述式：所谓"陈述式"文本，就是用叙述的笔法，客观描写自己的教育教学过程，虽然其中含有自己的心理活动和反思，但无过多评论，让读者自己从客观陈述的事实中作出判断，进而得出结论。

3. 比较式：所谓"比较式"文本，就是将两种或几种教育现象放在一起进行比较，以期得到启发。"比较"有自己不同时期教育教学的纵向比较，也有将自己与别人教育教学的横向比较，目的都是为了在比较中提高自己对教育教学的认识。

4. 质疑式：所谓"质疑式"文本，就是阅读了别人撰写的教育叙事后，对文中的某些观点或情节提出不同的意见或看法，与作者进行商榷或讨论。

（四）教育叙事的撰写

1. 基本框架

教育叙事既然是以讲故事的形式来记叙教师在教学活动中遇到的事件，必然要遵循记叙的基本原则：一是问题产生的背景，二是问题情境的描述，三是问题解决的结果。一篇优秀的教育叙事必须要做到：事件真实、有意义、思考独到、叙述清晰和描写生动等。

2. 明确主题

在写作之前，要有一个比较明确的想法，写时要从最有收获和最有启发的角度切入，选择并确立主题。需要注意的是，教育叙事主题不能直接讲出来，而是巧妙地隐藏在教育叙事之中，否则就不是教育叙事了。

3. 组织材料

首先，选择能够凸显主题的事件。接着，对事件进行分析，确定叙述时的取舍及详略。最后，安排叙述的方法，使得故事引人入胜。

4. 适宜叙事

一是白描式，按事件发展的时间顺序进行叙述，注重突出其关键部分，着重于还原事件，原原本本地展现事件本身。当然，应注意不能事无巨细、面面俱到，着重事件的核心与问题的关键，要求叙述脉络清晰、重点突出。二是夹叙夹议，即有叙述有议论地陈述事件，这里的叙述是教师在反思课堂教学基础上撰写的事件，体现出具体教育事件中教师个人的教育理念和教育思想。

5. 分析思考

教育叙事不是干巴巴的事件记录，其精华部分是教师在叙事过程中或者叙事之后进行的分析与反思，如对事件进行多角度的解读、评述、分析，提出自己的见解等。这种分析是对事件中所反映出的主题、思想观点和规律策略，以及对教育教学的出发点、指导思想、过程结果利弊得失的看法。此外，教育叙事也是对课堂教学行为的分析。

（五）教育叙事的误区

1. 教育叙事≠教学实录

教学实录是对整个课堂的"再现"，重点在"录"，而教育叙事，是"夹叙夹议"，更真实、深入地反映研究过程和教师思考。

2. 教学叙事≠教学案例

教学案例是对包含某些原理、方法、策略运用情境的描述，教师要直接对事件进行多层面、多角度分析，在基于事件本身的基础上，进行一些普遍意义上的理性反思，而教育叙事中的反思则可以感性化，甚至抒情化一些。

3. 教学叙事≠教学反思

教育叙事具有反思性，但其中的反思只是就某一个行为或现象进行反思，而教学反思则是对自己整个教学活动的过程观察、审视、诊断和自我监控。教育叙事可能只研究某个重要环节或某个精彩片段，而教学反思则无一例外地都要研究。从时间段上看，教学反思可以是课前思，也可以课中思，更多的是课后思；而教育叙事则必须是在事情发生之后进行的叙述和思考，只能是事后思。

五、如何撰写教育教学论文

（一）教学论文的定义

教学论文是一个范围比较广的概念，大体包括六类：教学改革与实验的论文，教学理论介绍，教材分析，教案与教学实录，教学心得体会与经验介绍、习题分析。论文要有明确论点、论据、论证和结论等要素，有调查研究、实验报告、经验总结、理论研究专论、随笔、杂谈、反思、案例、学术报告、科技论文等类型。有时，一篇好的教案、课堂实录也是一篇教学论文。

（二）教学论文切入点

1. 基础理论研究：如对课本上某些概念的引入过程或某些定理、公式的证明过程作适当的改进和更新，对已有的命题作适当的推广或移植，对有争议的问题提出自己新的见解，对课本上某些错误进行分析校正或站在新的理论高度、用新的观点来分析和研究某些问题分析某些学科问题的特殊解题思路或巧解妙证，以及学习一些学科思想方法的运用等。

2. 教学实践总结：教师在日常教育教学工作中，总有这样那样、或大或小的体会，总有自己的得意之处，要善于及时记录总结，去粗取精、去伪存真，由感性认识上升到理论认识，后用文字的方式表达出来。

3. 学生心理分析：结合学生学习的思维特点和规律进行差生转化，各科教学的课外工作，如课外作业、课外辅导活动、学科竞赛的研究，以及常见解题错误分析等。

4. 课程试验探索：新课程的开设、新教材的应用、教法学法改革、学生作业批改等方面研究的体会、成果很值得一写。特别是高效课堂教学的改革，新教育理念的应用都可成为教育教学论文的选题。

5. 教师绝活特技：教师在教育教学中的绝活、绝技、绝能，也可是教师日常生活中的绝招，即教师的特点、特长和特色，也是论文的话题。

（三）教学论文的立意

教学论文立意：一要高，教学研究不能老是在同一个水准上徘徊，要把认识事物的着眼点逐步提高；二要深，深不是高深莫测，而是指研究问题深刻、分析透彻、深有见解，在众多的文章中脱颖而出；三是新，就是文章不能老生常谈，要体现出教学新理念、新课程、新方式、新见解，内容要针对新标准、新教材敢于提出新的挑战，想别人之未想，说别人之未说，写别人之未写；四是远，就是立论的影响远。总之，课题要既切合客观实际，有实用价值，又要符合发展的方向，这样写出的论文，才能源远流长。

（四）教学论文的格式

1. 题目：用一句话点明作者所要研究的问题，如《在学数学中培养学生思维品质的实验研究》，说明该文研究的是如何在数学教学中培养中学生的思维品质，采用的研究方法是教育实验法。

2. 署名：题目下面署上作者姓名和工作单位，有时还明确给出联系方式，以示文章是自己亲笔所写，否则文责自负。

3. 引论：不同体例的论文，引论部分阐述的内容有所不同。如调查报告主要写明调查的目的、原因和意义等；实验报告主要写明实验的缘由、目的，提出假说。引论部分在论文中可冠以明确的标题，如"问题的提出""调查目的""引言"等，也可不加标题，只在立论的前面写上一段话。

4. 主论：不同体例的论文，对主论部分的格式要求也有所不同。以文献资料为主进行研究的论文，一般都将主论部分分成若干部分，或加以标题，或标以"一""二""三"等，逐层展开论述。而调查报告、实验报告、测量报告等规范性要求较高的论文，则将主论分成研究方法、研究结果、分析讨论等部分。

5. 引文：任何科学研究活动都是在前人研究的基础上前进和发展的，教育科学研究也不例外。不过要尊重别人的劳动，凡是引用了他人的材料或研究成果，都必须加以说明，注明出处。

（五）教学论文的选题

1. 选题方法

一是从实际出发，讲究实效。平时留心某一问题，认真研究、仔细思考，待素材和论据充实后才考虑写作，因为没有实践基础或无收获体会是写不好文章的。二是求异创新，善于猎取题材。无论写什么文章，关键在于有新意，如果受到别人的启发，对同一问题有不同的看法或在观点上有新见解，用时可在题目上冠以"再谈""也谈""他说""别论"等字样。三是选题宜小不宜大。最好是取某个小问题，或某个问题的侧面来写，把道理说清楚，使人们看后得到启发、受到教益。

2. 题目要求

论文题目一般都采用肯定式，有时为了吸引读者，也可用提问式。为引申主题，或者对某一事实必须在标题中加以说明，还可在题目的后面再添一个副标题。

3. 题目来源

一是来自学生,在教育教学中,遇到一些学生的提问,对这些问题的仔细研究就成了论文的题目来源。二是来自教师,在备课、讲课、评课、说课、反思、考试、辅导和评改作业的时候,常常遇到许多问题,这些问题精心整理,就可作为教学论文的写作材料。三是来自学习,通过学习新知识后写出论文,特别是经过网络交流学习新知识。新观念、新方法可打破旧的思维定势,不断提高写作水平。

（六）教学论文的写作

1. 方法型教学论文

（1）阐述运用方法的依据

任何一种新颖方法的运用,不可能凭空捏造,总会有一定的背景。现实背景是指教学中的实际情况和客观存在,理论背景是指新的教学理论和思想。方法介绍之前,应该扼要地写清楚背景,有助于增强论文的现实性和针对性,有助于增强方法的实用性。如果这种方法所涉及的概念比较冷僻,有必要对概念做些诠释,以便让读者一读开头就能明白。

（2）介绍方法的实施过程

介绍方法要根据具体情况而定。有的方法是渐进式的,应该按逻辑顺序一步一步地介绍;有的方法是并列式的,没有严密的逻辑性,可以根据先主后次的顺序来介绍。介绍过程时,最好用小标题,分条列项。方法的介绍要有层次性,以便读者读起来方便。

（3）陈述方法实施的效果

作为方法型的教学论文,必须把效果陈述出来,以引起读者的关注。效果有显性和隐性两种,对显性的效果,能够用数据说明的,尽量用数据;对有些无法用数据说明的,可举例说明。陈述效果时,最忌讳的是光说些大而空的话,如"提高了积极性,激发了兴趣"。只有用事实说话,才能让人心服口服。

2. 观点型教学论文

（1）根据现状,提出观点

观点总是建立在事实基础之上的,可先陈述几个具体事实,再从现象和事实中概括出自己的观点来。观点必须是旗帜鲜明的,不能含糊其辞。

（2）摆出依据,分析观点

理论依据就是用逻辑思维进行推理、演绎或概括,常常要引用一些名人的观点作为佐证,再摆出看得见摸得着的事实作依据。一般而言,依据越充分,就越有说服力。

（3）得出结论,指出对策

经过详尽论证后，往往要有一段结论性的论述。这段陈述，可以是观点的重申、概括、延伸，也可提出一些建设性的意见，或是一些新的思考。

3. 随笔型教学论文

（1）叙述事例，引出想法

教育随笔往往是由一个具体事例作为开头，这个事例必须真实、生动，有新意。真实是指事例必须是生活当中确实存在的，是自己所见所闻甚至经历过的，不是随意捏造的或道听途说的；生动是指事例有一定的故事性，而且比较有趣，或者有经典细节的，可读性较强的，而不是那种平淡无奇的老生常谈；有新意，是指事例能折射出某种新动向、新意识，或者是一种新现象的端倪。

（2）旁征博引，深入分析

在教学论文写作时，不能想到什么就写什么，不能方方面面都写，而是抓住感受最深、最有新意、最有现实意义的一点来展开。首先，不要就事论事，只作简单判断，说这个现象好或不好，简单的判断是容易的，但没有说服力。其次，要透过现象看实质，作深层次分析，挖掘出潜伏在现象背后的根源。最后，分析还要旁征博引，要打开思路，从多方面简述，以增强文章的深度和广度。

（3）照应开头，表明态度

以事例开头的教育随笔型教学论文，结尾一般有三种写法：一是照应开头，对事例做结论性的判断；二是表达自己的愿望和要求；三是强调和重申自己的观点。

【巩固与提高】

1. 结合工作实际，谈谈如何养成良好的写作习惯，以提高自己的写作能力？

2. 什么叫教育叙事？这种题材文章的形式、特点是什么？怎样写教育叙事？

3. 教育教学论文分哪几类？如何撰写教育教学论文？

第5讲　从教必备的教育心理学知识

随着人们对教育事业认识水平的不断提高，越来越多的学生、家长，乃至教师已经对"填鸭式"的"教"和"说教式"的"育"持否定态度，更倾向于全面掌握学生心理、注重师生互动等教学心理技巧，掌握心理学的基本知识，并将其运用到教学实践中。对教师来说，单纯的"教好书"已经不能满足现代教育的发展，以及时代赋予教师更艰巨的历史任务和使命。

一、教育心理学的意义

有效的心理沟通是教师成功教学的前提和保证，教师要了解学生在学习过程中想什么，这对循序渐进地教学非常重要。教师还要让学生知道自己在想什么，这样更有利于和学生增进了解、互相沟通。教学过程中，教师要经常告诉学生自己下一步的安排、教学目的和想法，同时，有针对性地了解学生对自己教学安排的看法和建议，并及时交换意见。

没有爱就没有教育，心理沟通的一个有效途径就是要关心爱护学生。心理学研究告诉我们，任何一个远离父母、家庭，来校读书的学生，在生活、学习、精神上都渴望得到关怀与爱护。所以，教师对学生实行必要的"情感投资"，用爱心温暖学生、感化学生、实现情感交融是增进师生感情的最佳途径。

二、教育心理学的内容

（一）研究任务

教育心理学既有教育学性质的任务，又有心理学性质的任务。首先，揭示教育系统中学生学习的性质、特点、类型以及各种学习的过程和条件，从而使心理学科在教育领域中得以向纵深发展。其次，研究如何运用学生的学习及规律，去设计教育、改革教育体制、优化教育系统，以提高教育效能与加速人才培养的心理学原则。教育心理学对教育实践的作用很大：一是帮助教师准确地了解问题；二是为实际教学提供科学的理论指导；三是帮助教师预测并干预学生；四是帮助教师结合实际教学进行研究。

（二）研究内容

教育心理学的具体研究范畴是围绕"学与教"相互作用过程而展开的。"学与教"相互作用是一个系统过程，包含学生、教师、教学内容、教学媒体和教学环境五要素。具体指学习问题、学习理论、认知领域学习心理、运动技能领域学习心理、品德心理、个别差异与因材施教和教学心理等。国内学者围绕"学与教"相互作用，又提出研究内容的"三过程"学说，即学习过程、教学过程和评价过程。

三、教育心理学的方法

（一）实验法

实验法是在有意控制某些因素的条件下，引起被试者的某些心理现象的方法。一是实验室实验法，即在特设实验室内利用一定的仪器进行心理实验，通过实验获得人心理现象的某些科学依据。教育心理学的某些课题可在实验室内进行，如关于记忆的问题，在实验室可利用电动"记忆鼓"考察被试者学习某种材料的编码、储存和提取情况。二是自然实验法，就是在自然的情况下，即教育情境下创设控制某些条件，以引起某种心理活动而进行研究的方法。自然实验法有观察和实验的优点，既是主动创设条件，又是在日常生活中进行，在教育实践领域内研究学生心理是最常用和最适用的方法。

（二）调查法

调查法是根据某一特定的要求，向被调查者提出有关的问题，让其回答，了解某一心理活动的发生及其条件，从而了解这一心理活动的方法。调查法的途径方式是多种多样的，如通过谈话要求学生本人作口头回答；通过家访了解学生平时在家中的情况；通过查阅材料，如班级鉴定、教师评语、学生作业等进行分析。问卷法是霍尔所创，主要是简便易行、取样大，被试者具有广泛性与代表性，可抵消一些中间变量的影响，研究结果的统计处理具有科学性等。但问卷法也有某些很难克服的缺点，如问卷中题目的用语有时容易表露某种期待的答案、被试者对问题的回答常有猜测，不够真实、统计处理较简单，难于进行质的分析等。

（三）观察法

观察法是在日常生活条件下，通过被观察者的外部行为表现，从而了解其心理现象规律和特征的一种研究方法。在教学教育活动中，经常采用此法观察学生的行为，获得多方面的资料，如通过观察可随时注意学生学习进步的情况，或学习的困难所在；也可发现学生对自己教学的反应，借此加强或改进师生间的关系。观察法是教育心理学研究最基本、最普遍的方法，它可直接运用，也可结合其他方法进行，使用起来方便易行。但观察不是很严密精确的，应用观察法只能了解学生心理活动某些自然的外部表现，不能对心理活动的进行施加影响，难免带有主观色彩，因而影响其准确性。

（四）总结法

总结法是指教育工作者对自己日常工作中，获得的关于教育过程心理现象的整合性认识及总结，再寻找其规律性的方法。如学生学习心理的表现、学生品德和人格发展特征等，通过平时观察了解，一定时间的教育考察和实践，教师可作出恰当的总结。我国历代教育家和思想家一些重要的教育言论，就是从经验中总结出来的。如"知之者不如好之者，好之者不如乐之者"的论述，都是指学习动机的心理现象；又如"不愤不启，不悱不发""循循善诱"的论述，都是指学习过程的心理现象。

（五）个案法

由于个案法研究的对象是个别学生，特别是针对那些学习上有困难或行为上有问题的学生，需要深入地了解，因此，对个案本人的有关资料，必须搜集齐全，除学校现成资料外，其他教师、同学的意见，以及对学生的直接观察和与本人的交谈，更是非常重要的资料。要使个案研究顺利而有效地进行，研究者还应与学生多接近，保持良好关系，帮学生解决一些困难，使其充分信任研究者，这样个案研究才会取得良好的效果。

（六）分析法

分析法是指教育工作者通过对学生在学习生活过程中积累的有关文件进行分析，以了解其当前问题形成的原因。所谓文件包括学生的信件、日记、周记、作业、作文、考试成绩，以及在校的行为记录等。

四、教育心理学的理论

序	理论名称	理论观点	理论特点	教育意义	缺陷不足
1	布鲁纳的认知结构学习理论	（1）学习的实质在于主动地形成认知结构；（2）学习过程是通过认知表征获得知识，并在头脑中形成编码系统；（3）学习过程包括新知识的获得、知识的转换和知识的评价；（4）学习应注意各门学科的基本结构；（5）提倡发现学习	（1）强调学习过程；（2）强调直觉思维；（3）强调内在动机；（4）强调信息提取	（1）注重认知发展和学习理论成果的实际运用，为教育改革提供有利基础；（2）发现学习发挥了智力潜力，是外部鼓励向内部动机转移，帮助信息的保持和探索	（1）夸大了学生的学习能力，忽略知识学习活动的特殊性；（2）任何学科的基础都可用某种形式教给任何年龄的任何人，这有唯心主义成分；（3）发现法运用范围有限

序	理论名称	理论观点	理论特点	教育意义	缺陷不足
2	奥苏伯尔的认知结构同化理论	(1) 强调学生的学习主要是有意义的接受学习;(2) 有意义学习的实质是以符号为代表的新观念,与学习者认知结构中原有的适当观念,建立起非人为的何时执行联系的过程;(3) 阐述有意义学习的条件和过程	(1) 根据学习材料与学习者原有知识的关系,把学习分为有意义的与机械的;(2) 根据学习进行的方式,把学习分为接受的与发现的	(1) 立足教学实际,将认知心理学和教学结合,提出有意义学习理论;(2) 倡导逐步分化的演绎教学,提出先行组织者的教学策略	(1) 偏重知识掌握,忽略能力培养;(2) 教学思想不符合程序性知识的掌握;(3) 没有给发现学习应有的重视
3	加涅的信息加工理论	(1) 学习实质是信息的加工和贮存;(2) 提出学习与记忆的信息加工模式;(3) 提出"学习行动各加工阶段"理论;(4) 阐述有效学习的条件和过程	(1) 强调执行控制和期望;(2) 强调学习过程的八阶段	注重学习的内部条件和学习的层次,重视系统知识的教学及教师的指导作用,为控制教学提供了依据	把能力仅仅归结为大量有组织的知识,具有一定的片面性,忽略了思维和智力技能的作用及其培养
4	建构主义学习理论	(1) 学习观:知识不是由教师向学生的传递,是学生在一定条件下自己建构意义的过程中获得;(2) 知识观:学习者获得知识就是学习者主动建构内部心理表征的过程。知识意义建构包括对新信息的理解和对原有知识信息的反思和重构;(3) 教学观:教学不再是传递客观而确定的现成知识,而是激发学生原有的相关知识经验促进知识的生长,促进知识重新组织、转化和创新	(1) 强调建构不是主体对于客观世界的被动反映,而是一个积极主动、不断深化和逐步认识的过程;(2) 强调教育就是知识学习不可能一次到位,教学也不可一次就讲深、讲透	(1) 对实际教学起到了重要的启发与指导;(2) 对于设计合理的课堂教学策略和方法有很大帮助	(1) 过于强调知识的相对性,否认知识的客观;(2) 过于强调个体建构意义的个性,否认知识在本质上的共同性;(3) 过于强调知识学习的情境性,否认逻辑性和系统性

序	理论名称	理论观点	理论特点	教育意义	缺陷不足
5	社会学习理论	（1）个人—环境—行为的交互作用决定模式是学习的基础；（2）学习是观察而非强化的结果，观察学习的类型；（3）学习分为参与性学习与替代性学习	（1）社会学习包括观察与模仿；（2）个体在学习中自身信念、自我知觉和期望，对社会学习有着重要影响，又称社会认知理论	（1）示范的类型有：真实示范、象征示范和创造示范；（2）不同类型：示范学习说明人有使用符号和自我调节的能力	（1）缺乏内在统一的理论框架；（2）忽视儿童自身的发展阶段会对观察学习产生影响；（3）对于比较复杂的程序性知识，以及陈述性知识和理性思维的形成缺乏说服力
6	人本主义学习理论	（1）教育观：主张承认人的个别差异性，鼓励每个人通过讲述经验发展自我。教育要在自由与平等中进行，人需要终身教育；（2）学习观：学习是个体对其所知觉到的对象产生一种感受，是人固有能量的自我实现过程；（3）学习发生是一个因个体需求而求知的过程，学习内容与自我价值有着密切的关系，即价值教育是人本主义的重要思想	（1）目标是要对作为一个活生生的完整的人进行全面描述；（2）强调人的本性、尊严、理想和兴趣	人本主义产生于针对社会发展与教育中过于科学主义化，即唯科学主义、唯理性主义化，忽视人的情感、价值和需要，缺乏对人性的尊重等问题反思	（1）片面强调学生的天赋潜能作用，忽视环境与教育的作用；（2）过分强调学生的中心地位，影响了教育与教学效能；（3）过于突出学生个人的兴趣与爱好，低估社会与教育的力量

五、教育心理学的效应

（一）罗森效应

心理学家罗森塔尔对美国一所学校18个班的学生做了未来发展预测，然后将最优秀的学生名单通知校长和任课老师，并再三交代不要把名单外传。在老师看来，名单中的学生有优秀的，也有学习不尽如人意的。8个月后，罗森塔尔对名单中的学生进行复试，发现名单上的学生各方面都有了明显的进步，师生感情特别深厚。原因是"期望"的魔力在发挥作用。罗森塔尔教授是著名的心理学家，在人们心中有很高的权威，老师对他的话都深信不疑，对他指出的那几个学生产生了积极的期望，这几个学生也感受到了期望，认为自己是聪明的，从而提高了自信心，最终成了优秀的学生。

班主任在工作中，要经常鼓励学生培养自信，期望和鼓励将在很大程度上决定孩子的未来。要多给学生贴上一些积极的标签，发挥标签的暗示和引领作用，促进孩子向着积极的方向发展。要坚决禁止给学生贴上诸如"大脑迟钝""不可救药"等消极的标签，防止负罗森塔尔效应的出现。

（二）异性效应

异性效应是指异性同学间相互吸引，相互促进的一种心理效应，其表现是两性共同参加的活动，较之只有同性参加的活动，参加者一般会感到愉快，干得起劲出色。异性效应是一种普遍存在的心理现象，也是一种正常、健康、积极的心理效应。"男女搭配，干活不累"是异性效应的最通俗的说法。异性效应产生的原因是，当有异性参加活动时，异性间心理接近的需要得到了满足，因而会使人获得程度不同的愉悦感，并激发起内在的积极性和创造力。男性和女性一起做事、处理问题都会显得比较顺利。

在学校生活过程中，学生为了使异性产生好感，总希望自己在异性面前表现好一点，希望给异性留下一个深刻的印象；当与异性在一起时，会更注意自己的言行举止，因而出现女学生的好打扮，男学生在女学生面前的"英雄行为"。班主任在工作中，要多组织一些集体活动，让男女同学更多地在集体活动中接触、认识和感应，促进异性同学间正常情感的释放和建立；在组织各项活动时都要坚持男女搭配的原则，切不可担心出现异性交往问题，故意把男同学与男同学或女同学与女同学分成一组，那样的效果会适得其反。

（三）鲶鱼效应

挪威人在海上捕得沙丁鱼后，如能让它们活着抵港，卖价就会比死鱼高好几倍，但只有一条渔船能做到带活鱼回港。人们观察发现这条船的鱼槽内不过是多了一条鲶鱼而已。原来当鲶鱼装入鱼槽后，由于环境陌生，就会四处游动，而沙丁鱼发现这一"异类"后，也会因紧张而加速游动。如此沙丁鱼便延长了寿命，这就是"鲶鱼效应"。

运用鲶鱼效应，通过个体的"中途介入"，对群体起到竞争作用，它符合人才管理的运行机制。这一原理在教育上有很好的应用，如班级中新转入非常优秀的学生时，经常可激发班级一部分同学，甚至全体同学的学习动力，也可在班级管理中引进一些竞争机制，制造一些鲶鱼效应，激活班级管理的平稳状态，促进班级快速发展。

（四）角色效应

社会生活中，每人都扮演着各种角色，且会通过对角色规范的理解，力求使行为合乎角色的规范，这就是角色效应。由于很多班主任普遍存在着对学生社会角色期望的偏差，如好学生的标准就是学习好，学习好的标准就是成绩好，对学生成长和角色发展都带来了消极影响。学生也经常出现角色的偏差，以爸爸是经理、爷爷是高干等为炫耀，把自己与长辈的角色等同起来，养成狂妄自大、目中无人的畸形心态。

在班级管理中，班主任要根据学生实际，合理地确定学生的角色，通过采取角色扮演、角色创造等形式，来实现学生的角色行为。如有的学生纪律性较差，不太好管理，可让他负一点责任，当个小组长、科代表或某种临时负责人等，有了这样一个"头衔"后，他就会在心理上把自己列入学生干部的行列，好好表现这方面的能力，而不是带头违反纪律，给老师添麻烦。

（五）破窗效应

美国斯坦福大学心理学家詹巴斗用两辆一模一样的汽车做实验，把一辆停在帕罗阿尔托的中产阶级社区，另一辆停在相对杂乱的布朗克斯街区。同时，把停在帕罗阿尔托社区的汽车保持良好状态，把停在布朗克斯街区的那辆车牌摘掉，并把顶棚也打开。结果停在布朗克斯街区的那辆车一天之内就被人偷走了，而停在帕罗阿尔托的那一辆，一个星期也无人问津。后来，詹巴斗用锤子把停在帕罗阿尔托那辆车的玻璃敲了个大洞，结果，仅仅过了几个小时，车就不见了，人们把这一现象称为破窗效应。破窗效应形成的原因是，如果有人打坏了一个建筑物的窗户玻璃，这扇窗户又得不到及时的维修，别人就可能受到某些暗示性的纵容去打烂更多的窗户玻璃。

在班级管理中也会出现"破窗效应"，如班级环境比较杂乱，很多同学就会无意识地随地乱扔东西，相反班级环境非常干净整洁，就会出现相反的效果。"破窗效应"不仅表现为环境方面的功能，班级同学的行为习惯等也会受到"破窗效应"的影响。

（六）分散效应

在美国纽约郊外某公寓前，一位叫朱诺比白的女子在结束酒吧工作回家的路上遇刺。等一次凶手出现，她绝望地喊叫："有人要杀人啦！救命！救命！"听到喊叫声，附近住户纷纷亮起了灯，打开了窗户，把凶手吓跑了。但一切恢复平静后，凶手又返回欲等二次作案。她又一次喊叫，附近的住户又打开了电灯，凶手又逃跑了。就在她认为自己已经无事，回到自己家，上楼时，凶手却又一次出现在她面前，将她杀死在楼梯上。在这个过程中，尽管她大声呼救，邻居中至少有 38 位到窗前观看，但无一人来救她，甚至无一人打电话报警。人们把这种众多的旁观者见死不救的现象称为责任分散效应。

大量实验和调查结果发现，这种现象不能仅仅说是众人的冷酷无情，或是道德日益沦丧的表现。因为在不同的场合，人们的援助行为确实是不同的。当一个人遇到紧急情境时，如果只有他一个人能提供帮助，他会清醒地意识到自己的责任，对受难者给予帮助。如果他见死不救会产生罪恶感、内疚感，这需要付出很高的心理代价。但如果有许多人在场的话，帮助求助者的责任就由大家来分担，造成责任分散，每个人分担的责任很少，旁观者甚至可能连自己的那一份责任也意识不到，从而产生一种"我不去救，别人会去救"的心理，造成"集体冷漠"的局面。

在班级管理中，班主任一定要注意责任明确、职责分明，否则容易出现责任分散现象，管理的效率明显降低。魏书生在班级管理中提出的"人人有事干，事事有人干"的管理原则便是为了避免责任分担效应的出现。

六、学与教的心理学

（一）教师特征

每位教师都有自己的一套教学观念和方法，有些老师认为教学就是"教师教，学生学"，因而采取填鸭式的教学方法；而有些老师则认为应该发挥学生的主动性，主张让学生动手操作，自己发现问题、提出问题和解决问题，在活动中学习和提高学习能力。另外，研究还发现，教师的性格特征也会影响教学过程，严厉的老师更倾向于采用传统教学法，课堂气氛较不活跃；而民主活泼的老师则更愿意采用新式教学法，更愿意多作尝试，课堂气氛更活跃，学生在老师面前也能够更自由的表现自己。

（二）学生特点

学生也有自己的一套"读书哲学"，有的学生坚信学习靠积累，坚信"笨鸟先飞"，相信一份汗水自然会有一分收获；而有些学生则认为天生愚笨的人再怎么努力也是白搭，"越勤越显其拙"，因而根本不愿意多下功夫，还看不惯别人下苦功。

持这两种不同观念的学生在学习上的表现存在不同，也许对自己能学好、容易出成绩的科目，两者可能没有明显的区别，但遇到难度大、学不好，不感兴趣的科目，前者可能还会踏踏实实地学下去，后者则可能很快就放弃了，结果自然也就不一样。教育上提倡"因材施教"，主张根据学生的不同特点施以不同的教育、提不同的要求、采用不同的教学方式来实施教学。因此，教师必须了解学生的个性特点，了解学生的学习动机和学习能力、学习习惯，才能做到教育的有的放矢，并最大限度地发挥其功效。

（三）教学方法

不同教学方法对于不同学科、不同教学内容有什么影响，以及教师如何与教学方法进行匹配，才能取得良好的教学效果等，也是教育心理学的研究内容。动手操作的方法，对于物理、化学等操作性强的科目可能很有用，但对历史、语文等科目可能却没什么效果。对同一门学科的不同内容来说，同一种教学方法的作用也可能相差很远。同样，不同的教师有各自的教学方法，活泼的老师能够和学生达成一片，采用活动教学法时更自如，而严厉的不苟言笑的老师却很难做到这一点。对学生来说也是如此，有些学生喜欢自己发现问题，因而探索性的方法更适合他们的学习，而有些则不然。

（四）自我评价

1. 时间安排

学习效果不良者应反省的问题：是否很少在学习前确定明确的目标，是否常常没有固定的时间安排，是否常拖延时间以至于作业都无法按时完成，计划是否是从来都只能在开头的几天有效，以及是否把所有的时间都花在学习上等。

2. 注意能力

学习注意力较弱者应反省的问题：注意力完全集中的状态是否只能保持 10 ~ 15 分钟，学习时身旁是否常有小说、杂志等使人分心的东西，学习时是否常有想入非非的体验，以及是否常与人边聊天边学习等。

3. 学习兴趣

学习兴趣低者应反省的问题：是否一见书本头就发胀，是否只喜欢文科而不喜欢理科，是否常需要强迫自己学习，以及是否从未有意识地强化自己的学习行为等。

4. 学习方法

学习方法不适者应反省的问题：是否经常采用题海战来提高解题能力，是否经常采用机械记忆法，是否从未向学习好的同学讨教过学习方法，是否从不向老师请教问题，以及是否很少主动钻研课外辅助读物等。

一般说，回答上述问题，肯定答案越多，学习效率越低。如某学生毛病是这样的：在时间安排上，他总喜欢把任务拖到第二天去做；在注意力问题上，他总喜欢在寝室里边与人聊天边读书；在学习兴趣上，他对专业课不感兴趣，对旁系的某些课却很感兴趣；在学习方法上，主要采用机械记忆法。只要这位学生的"病"一列出来，就能采取有效措施进行治疗。

（五）自我改进

1. 概览：读一本书可借助标题了解书籍的大概内容，要抓住开头，结尾及段落间承上启下的句子，形成一个比较明确的目标，这样有利于进一步学习。

2. 问题：学习时把注意力集中到人物、事件、时间、地点、原因等问题上，同时找一找有哪些不懂的地方。如学习课文，预习中的提问可增加你在课堂上的参与意识。

3. 阅读：阅读是要找到问题的答案，不必咬文嚼字，只注重对意思的理解。有些书应采用快速阅读，有助于提高你的知识量；有些书则采用精读法，反复琢磨含义。

4. 背诵：读几段后，合上书想想究竟前面讲了些什么，可用自己的语言做些读书摘要，从中找出关键的表达词语，这样做既有助于记忆复述，又有助于提高表达能力。

5. 复习：复习的作用是避免遗忘，及时复习是最有效的，随着时间的推移，复习可逐渐减少，但经常性地复习有助于不断巩固学习效果。

七、教育心理学的应用

（一）注入式

有些新来的老师过分关注自我的展示，唯一调节课堂的方法就背几个别人的段子，他们所采用的是单一的"注入式"教学方式，即教师直接告诉学生答案。他们潜意识中认为：教师是演员和中心，学生仅仅是观众；教师演得越精彩学生越崇拜，课就越成功。学生就是被动接受的容器，老师上课给他们灌得越多，他们就掌握得越多。

（二）启发式

新东方有一位令人敬仰的王强老师。在他的口语课上，无论班级的规模有多大，他都坚持使用两个麦克风，一只在自己手里，另一只永远在学生手中。他打破了只有老师一人控制课堂的模式，这就是所谓的"启发式"教学，即：教师提出问题，启发学生思考自己得出问题的答案。老师们内心中有这样观念：学生是主角和中心，老师只是提出问题启发学生思考的导演或导师；师生间的互动越好，学生学习的效果就越好。学生不是容器，而是可以被点燃的篝火，老师提出的问题或者组织的活动越贴近学生的需求和生活，学生就会越积极，学习效果会越好。"启发式"可以促使学生思考，使他们成为学习的主人，因而这种教学法可以作为"注入式"的补充。

（三）互教法

这是一个发生在美国教学课堂上的真实故事：一位老师正在绘声绘色地给

学生讲课，一位女生举了手，她怀着忐忑不安的心情告诉老师，黑板上有个单词好像拼写错了。老师转身一望，意识到的确出现了拼写错误。接着，她既没有否认，更没有给自己的错误找借口。而是当场把错误更改过来，并说非常感谢这位同学，因她帮助老师发现了一个错误。她不但拼写掌握得好，还很有勇气。若干年后，这位女学生成为美国一位知名的女作家。每当她回忆起这段往事，都特别感激当年老师的一句话，使得她信心倍增，凭借着自己坚定的信念，真的做出了成就。这位老师使用的就是第三种教学方式"互教法"，即不仅教师教学生，学生也可教老师，学生也可教学生。"互教法"通过让学生轮流扮演老师的角色，让每个人都体验到被关注和被尊重，有机会展示自我最擅长的一面，从而使每个人形成了一种"我能行"的自我概念。有句古话说得好："师不必贤于弟子，弟子不必不如师。""互教法"恰好体现了古人所说的"教学相长"，教育工作者若能将这种教学模式与"注入式"和"启发式"相结合，就能达到教学的最高境界，真正成为教学的艺术大师。

【巩固与提高】

1. 简述教育心理学的原则和方法，并说一说它在教育教学中的重要意义。

2. 教育心理学的主要理论有哪些？分别给出每种理论的基本内容。

3. 分述教育心理学的六种效应，并结合实际谈谈各种效应在班级管理中的应用。

第6讲　青年教师的成长之路

　　科教兴国是硬道理，名师兴校亦是如此。名师自有名师的风采、名师的品格、名师的业绩。名师的价值在于其教育教学理念、教育教学观点、教育教学研究和教育教学艺术等，他们智慧中凝结着学术的精华。在名师的智库里，有成长的经验、精深的理论、教学的个性、经典的作品，可供需要者淘金。正因为名师的经典，才有名师成长、名师培养、名师团队之说！

一、青年教师的素养修炼

（一）愿景修炼

1. 教师成长阶段

　　青年教师的成长一般分五个阶段，即适应期、发展期、成熟期、高原期和创新期，其中，逾越高原期是青年教师成长关键。

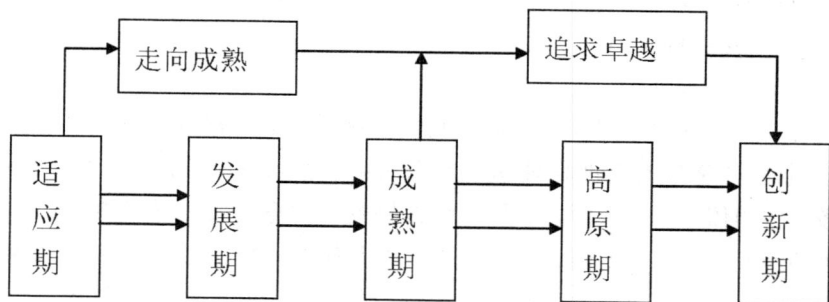

2. 二次发展理论

　　青年教师要走向成功，仅有第一次专业成长是不够的，真正起决定性作用的是其第二次专业成长。第一次成长主要靠经验的积累；第二次成长主要靠用理论来反思自己的经验。第一次成长主要表现在行为方式的变化，第二次成长更重要地表现为思维方式的变化。

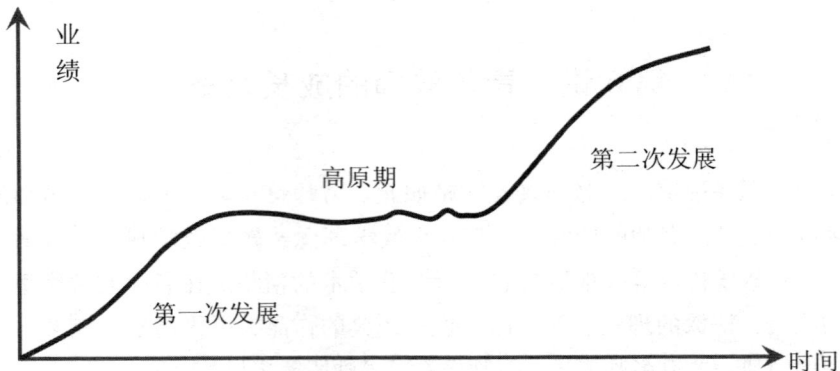

3. 生涯发展阶梯

青年教师的发展一般要跨越五个台阶，即教学技能（3～5年）→教学模式（5～10年）→教学境界（10～15年）→教育哲学（15～20年）→教育信仰（20年以上）。我国现代诗人、散文作家朱自清在《教育的信仰》中说道："教育者须对于教育有信仰心，如宗教徒对于他的上帝一样；教育者须有健全的人格，尤须有深广的爱；教育者必须能牺牲自己，任劳任怨。"

（二）学术修炼

1. 扎实的专业知识

具有扎实的专业知识，是教师的底气。教育教学过程中，不少教师会产生这样的困惑："学过的新课程理念为什么用不上？"往往是课改理念普遍认同，课堂教学涛声依旧。什么面向全体、合作探究、注重启发，尽可能多给学生留下思考的空间，统统做不到，到底依然是"满堂灌""注入式"。究其原因，是教师没有抓住学生这个主体，缺少学科教学知识。可见，教师不仅要有深刻的学科知识，还要有宽广的学科教学知识，有效的课堂教学要两者有机融合。

法国科学家庞加莱在谈教学时说："在学科教学中，要使学生懂得科学，就要引导学生首先认识什么是科学！比如，自然科学是由一系列事实、公式和法则建立起来，就像房子用砖瓦砌成的一样。但是，若把一系列事实、公式和法则就看成科学，那就犹如把一堆砖看成房子一样，科学教育比组成它的事实、公式和法则要深刻的多得多。"可见，从学科知识到学生知识，必须架起学科教学知识这座桥梁。

提升学科教学知识，是教师专业发展的关键！研究表明：学科教学知识（PCK）是教师专业知识中最核心的知识，它最能区分学科专家与教学专家、高成效教师与低成效教师间的不同。PCK的核心内涵是：课程的知识＋学科的知识＋学生的知识＋教学的知识，课堂教学总是基于教材、教师、学生这三大要素之间的交互作用而形成的。与其说 PCK 是一种知识，不如说是一种教师所特有的"转化"智能，即将学科知识转化成学生有效获得的学科教学智能。

2. 宽广的学科视域

具有宽广的学科视域，是教师的眼界。学科视域是对所任教学科内涵及本质的理解与把握。这里，我们以物理学科为例。物理是一门科学，没有物理修养的民族是愚蠢的民族。物理是一种智慧，自 20 世纪中叶以来，在诺贝尔化学奖、生理学或医学奖、经济学奖的获奖者中，有一半以上的具有物理学的背景。物理是一种文化，它以实验为基础，客观性上表现为真；物理学成果造福于人类，目的性上体现出善；物理学还在人的情感、意识等方面反映了真正的美。

3. 丰厚的文化底蕴

具有丰厚的文化底蕴，是教师的根基。理科教师要有人文素养，文科教师要有科学背景，所有教师都要有哲学头脑。学校教育好比一盘磨：上磨是科学，底磨是人文，磨心是哲学。

（三）心智修炼

1. 为学而教

为考而教，拨开知识本位的迷障，这是知识本位；为教而教，摆脱学科本位的羁绊，这是学科本位；为学而教，回归学生本位的取向，这是学生本位。

2. 何为教学

华南师大郭思乐教授说：如果你告诉学生，3 乘以 5 等于 15，这不是教学；如果你说，3 乘以 5 等于什么？这就有一点是教学了；如果你有胆量说：3 乘以 5 等于 14，那就更是教学了。可见，在启发中教、在探究中学，才是教学的真谛。

3. 有效教学

（1）大道至简

课堂形态要回归本真。但凡最普遍、最本真的东西都是最简洁的，这是我们识别事物真伪的一条准则，也是作为评价一堂好课的重要标准。

（2）大智若愚

教师思维应该是"还原"和"稚化"，这里的"还原"是展现教师的思维过程，"稚化"是回归学生的思维起点。一般说，课堂教学有三种思维活动，即前人的思维活动、教师的思维活动和学生的思维活动。引导学生思维活动的最好办法是教师与学生一起思考，不是代替学生思考，或者比学生更聪明地思考，师生思维同频共振才是最佳做法。

课堂是允许学生出错的地方！诸如"把学生的错误消灭在萌芽状态中"的说法是不科学的。学生做对了，说不定只是模仿；学生做错了，绝对是他的原创。教师的角色应该是学生思想的助产婆，负责的老师经常给学生找麻烦，因为高明的教法是先问迷糊再教明白。

（3）大成若缺

完美的东西要有一点空缺，不能求全求美，这样才有生命的张力，教学同样不应片面地追求完美无缺，要学会运用留白艺术。教学留白的作用是：留下缺口，以拓展学生自主学习时空；留下窗口，去扩大学生学习视野；留下接口，让学生了解知识发展趋向。这样的教学时空才会给教师和学生都留下思考余地，产生良好的教学效果。

没有人能教会任何人任何东西。要琢磨出如何去教学，就在于要弄清楚什么时候应该闭上自己的嘴。教育名师给出"三讲"和"三不讲"的教学经验值得借鉴，即核心问题要讲、思路方法要讲、疑难之处要讲；学生已会的不讲、不讲也会的不讲、讲也不会的不讲。

二、青年教师的成长途径

（一）理论学习

1. 目的意义

加强教师专业理论学习，转变教育教学理念，改进教育教学方法，提高教学专业素能和教育教学水平。

2. 学习内容

一是教育综合知识，如《教育学》《心理学》《教育法》《教师法》《中小学教师职业道德规范》《现代教育理论》等。二是学科专业知识，如《中学教师专业标准》《现代教育技术》《教材教法》《课标考纲》《班级管理》《名校教学案例》等。

3. 学习要求

每学期至少读一本专业教学理论，内容由学校指定或自己选定，要上报学校教科室备案，教学之余进行认真学习，并做好学习笔记。

（二）自我转型

1. 转型创新内涵

在以"双核"素养为背景的基础教育课程改革中，要实现课堂教学的重建，让课堂教学焕发出生命活力，必须关注教育主体的生活质量、生命价值和意义，加强教学行为的转型与创新。

（1）唤醒学生对真知的渴望

学生学习与人类学习是有很大的区别。学生学习是用已有的知识、方法、能力和心智水平去同化或顺应新知识，教学关键是引领学生想明白，而不是教师讲明白。而引导学生学习的前提是唤醒学生对真知的渴望。

（2）培养学生独立思考能力

学生缺乏独立思考能力的主要原因是过于接受学习。教师天天以传授知识为目标，学生时时以应付考试为目的，处处以标准答案为准则，最终以升学为唯一追求。天天进行反复的练习，盲目的抄写，无休止的记诵，结果使学生的大脑得到了"不思考"的训练。久而久之，学生就可不用去独立思考了。事实表明，不管教师用何种先进教学方式，都是以学生的独立思考为前提，以独立学习为基础的，教学中，教师要注重对学生独立思考能力的培养。

（3）提升学生的组织学习力

"学习力"体现学生的学习动力、能力、毅力和创造力。学习需要创造性地解决创新学习的问题。学习并不是机械地接受，不是简单的模仿，不是"死读书，读死书"，也不是积极的消化吸收，或纠正和改造旧有知识。而是要举一反三、融会贯通和灵活运用，更是根据已学知识，结合自己的经验与想象，进行新的创造，这才是学习力最有价值的体现，是学习力的最高境界。因此，要取得良好的学习效能，必须要有自律、自强、自觉、自主、自为的刻苦精神，更要有自我组织学习能力。

（4）教学生处理未知的能力

教育教学中，常常要注意转换以适应教学目标和情境变化。根据目标和情境变化，重组知觉和反应倾向的控制加工过程，称为注意转换，包括空间转换、物体转换、特征转换、规则转换和任务转换等。转换思维是学生进行学习的一种重要的方法，对提升学生正确处理、应对未知问题的能力大有帮助。要让学生面对新问题学会建立与旧知能的关联，学会化未知为已知。

（5）掌握现代化学习的策略

现代学习方式包括自主学习概念、理论基础、本质特点和元认知理论，自主学习的教学策略，合作学习的情意功能，研究性学习的历史观察、现状分析、目标定位等。以自主、合作、探究为主要特征的学习方式越来越为人们所关注，并逐渐成为主流。这里主要介绍互助学习和智慧学习两种方式。一是互助学习：互助协作反思性学习充分发挥协作小组中的良性差异互动，使得学生的学习活动更加生动、活泼和丰富多彩。二是智慧学习：学习者通过他者的引领以及自身的努力，灵活地调整学习策略，自觉的思维活动，生成并创造出自我学习智慧的过程。要实现智慧学习，需要学生在学习过程中获得持久的智慧生长动力。在学习活动中，可通过"寻找中间地带"、刷新"经验系统"、开掘"立体功能"等策略，使学生的学习智慧，尤其是内在的成长动力不断被激发出来，最终形成一种学习与创造并存的智慧学习方式。

2. 教学设计转型

教学设计是以培养学生搜集和处理信息的能力，以培养学生获取新知识的能力，以培养学生分析和解决问题的能力，以培养学生交流与合作的能力等为目的设计的。教学设计是根据课程标准的要求和教学对象的特点，将教学诸要素有序安排，确定合适教学方案的设想和计划。

（1）教学目标分解

学科素养目标的层级性：一是双基水平，基础知识和基本技能；二是问题解决，以基本方法和基本学科思想为核心；三是学科思维，在系统的学科学习中通过体验、认识与内化等，逐步形成相对稳定的思维方法和价值观。目标分解路径：学科素养要求→学段标准→课时教学目标→学习目标→阶段活动目标→问题目标→学生发展核心素养。

（2）深度学情分析

学情分析是为了解学生的学习准备情况及其学习风格，为制定学习目标、选择教学策略、单元学习评价及具体教学实施提供依据。著名专家迪克－凯瑞认为，有关学生的有用信息包括八项：已有技能、已有知识、学习态度、学习动机、学业能力、学习偏好、教师信任和群体特征，这些都会影响教学的设计。

（3）创建课程资源

课程资源的结构包括校内课程资源和校外课程资源。校内课程资源，除了教科书外，还有教师、学生，师生本身不同的经历、生活经验、学习方式、教学策略都是非直接的课程资源，校内各种专用教室和各种活动也是重要的课程资源。校外课程资源，主要包括校外图书馆、科技馆、博物馆、网络资源、乡土资源和家庭资源等。

（4）处理认知生成

课堂教学要完成认知目标，就需要解决好"突出重点""突破难点"和"处理生成点"等常规问题，要帮助学生理清头绪，从而有效地学习教材。所谓教学重点是某知识单元的核心，或是后继学习的基石，或有广泛应用的知识点等；所谓教学难点是指学生接受比较困难的知识点，或问题不容易解决的地方；所谓生成点是在学习相关的新知能后，以问题为载体的深入提炼或应用，它是培养和检验学生有效学习能力的重要教学形式，也是使学生深入领悟教学内容的精髓，内化为解决问题的真正能力。

3. 教学实施转型

新课程改革已走向内涵发展期，关注的是课堂教学行为的变化，如"学案教学、问题导学、自主学习、小组合作、体验探究、展示交流"。这场变革的实质是从"如何教"走向"如何学"，其关注点是学习组织、学习起点、学习过程、课堂形态、教育角色、教育评价等。

（1）打开学生认知系统

中学生处于特殊的人生阶段，在认知心理上通常有一些特殊表现。如意志脆弱、自制力差、易受暗示等。当外界有诱因时，学习持续性容易动摇；当生活学习不顺心时，易悲观、失望、自暴自弃。当对教师或新内容有排斥心理现象时，新知能的接受力很差。

（2）唤醒学生认知经验

认知经验是学生加工新知能信息的重要方法和技术，有助于从记忆中提取信息，为接受新知能做准备，另外，还有对信息有效加工整理和对信息分门别类的系统储存等功能。因此，学习过程中，要让学生学会将所学内容画出网络关系图，完善认知结构，并关注教学过程的台阶性和渐进性。同时，基于唤醒学生高效的"自觉学习"，就要让学生学习变得有趣味、有活力、有情境、有挑战性，更要把核心学习过程还给学生，而不是简单地将课堂中的时间和空间还给学生。

（3）体悟并感知新知能

学习要重视身体参与以获得充分的感性知识，即"亲身体验"，才能进而升华出理性知识。体验式学习中的"体验"是指学生经历个性化的自主学习过程并获得经验，包括学习对象的知识和获得这些知识的方法。学习新知能仅有体验是不够的，还要关注学生对体验后的感悟，更要让学生多器官参与教学活动，放飞他们的心灵，引领其走向新智能学习。

（4）内化并理解新知能

知能的内化必须让学生明白"为什么要学""怎样学"和"怎么用"，才可能让课堂行进在正确的方向上，让新知自然地生长与内化。学生对新知理解后，还必须经过实践的检验，方能达成内化。除此还要让学生从易到难依次进行变式运用，即正向运用、逆向运用和变形运用。这样才能面向全体学生，使新知能得到很好的内化，并让不同层次的学生获得不同程度的发展。

（5）创造并掌握新知能

首先，通过自身活动所得到的知识与能力比由旁人硬塞的理解得透彻，掌握得快，同时也善于应用，还可保持较长久的记忆。其次，通过再创造，可帮助人们树立"学科知识学习是人类活动"的观念；发现是一种乐趣，或者说是人的人性，通过再创造能够引起学生兴趣，激发学习动机。再次，通过再创造能够培养学生的学习能力，运用学科思维研究现实世界以及学科领域内部各种具体现象的能力；通过再创造可以帮助学生在正确地认识学科体系的形成过程中，体会学科系统形成体系的必要性及其作用。

（6）改进知能结构体系

知能结构化，是指将每节课或每单元逐渐积累起来的知识点按照一定的分类标准加以归纳，使之条理化、纲领化，要做到纲举目张，而不是像一盘散沙。知识是一点一点地累积的，但不应该是堆积的。要教给学生所学的基本结构、原理、思想方法和其内在联系，在教学过程中要努力创设问题情景，促进学生自主建构概括化和结构化的知识内容。

（7）促进新知能的巩固

理解了学习材料，若不经过复习，仍然会遗忘，即使是下位学习，仍需安排复习与巩固。教师要学会指导学生对学习材料进行深层加工，如对学习材料进行分类、系统化，或对材料进行分段、概括段意、编写提纲、提出问题等。加工方法可以增进学生对材料的理解，也能提高保持与回忆的效率，有益于知识巩固和经验提升。

（三）练基本功

1. 训练内容

一是书写功，钢笔、软笔书写的功夫；二是简画功，教学版图简笔画的技能；三是技术功，现代网络信息操作应用技术；四是制作功，微课或课件制作的手段；五是表达功，教育叙事演讲的口才；六是写作功，教学设计或论文写作的水平。

2. 训练方法

学校为每位教师配备笔记本电脑一台，宽带网络覆盖全校，课堂实现班班通，校内资源共享。要求每位青年教师积极参加"一师一优课""一课一名师"和各级、各类教育教学评选活动，到大课堂上去锻炼。每期上交一篇教育教学专业论文、一节教学设计课件、一件自录微课作品、一堂主题班会方案、一节教学汇报课教案，存入教师业务档案作为教师成长的记录。

3. 比赛激励

学校通过开展"青年教师基本功大奖赛"和"教学优质课""教坛新秀""教学骨干"的评选活动，激励青年教师大练基本功，稳步推进、茁壮成长。

（四）教研科研

1. 请进来：请外地知名专家来校为青年教师举行专题讲座和业务培训，或邀外校骨干教师来校与青年教师举行同课异构教学活动，以长补短。并将学习心得和教学设计存入学校教师业务档案。

2. 走出去：选派青年教师到外地进修学习，开阔视野、更新观念。鼓励青年教师积极参加各级各类评教评学活动，到大场合中去锻炼，提升自我。坚持问题导向：需要什么就请进什么样的专家，需要什么就外出学什么，之前做好准备，有的放矢、带着问题学习，学习后并落实会议，贯彻到基层。

3. 听评课：青年教师除上好自己的课程，完成教学任务外，更重要的听课评课。要求听老教师的示范课、名师的优质课、骨干教师的研讨课、同龄教师的公开课。每周3～5节，随听随评、耐心学习、虚心请教，并认真填写听评课记录备查。切实做到听课者必须参与评课、低资历老师先评课、评过的问题不再重复、说优点必须先说不足、说不足必须给建议！

4. 教研会：青年教师注重教研会中的集体备课，把课标和教材读透，做到"精"；把教学重点和难点找出，做到"准"；把学科进展和走向把握好，做到"新"；把学科知识深度和广度领会到位，做到"深"；把知识前后联系并达到融会贯通境界，做到"熟"。

5. 做课题：学校要求一线领导和教师人人有学校教学教研课题，骨干教师有市县级教研科研课题，学科带头人有省级以上教育科研课题，合作交流、一起探讨、共同提高。

（五）拜师收徒

1. 师徒组合

（1）师傅选择：依据"能者为师"的原则，主要从学校德才兼备、乐于助人的各级名师和经验丰富的老教师中选出。

（2）收徒对象：坚持"惑者为徒"的原则，主要是刚进校门或教龄在三年以下的新教师，在自愿申报后，选择肯学习、好钻研、求上进的青年教师优先作为收徒对象。

（3）师徒组合：依照"双向选择"的原则，师傅选择徒弟，徒弟选择师傅。一般是"一师收一徒"，"一徒拜一师"，师徒同在一个年级教学，便于开展带教活动。

（4）检查验收："拜师收徒"三年一期，也可提前出师，学年伊始举行"青年教师拜师会"。学校主持双方签订"拜师收徒"责任书，并向带教老师发聘书，"传、帮、带"工作自此开始。

2. 师徒职责

（1）师傅尽职尽责、诲人不倦。指导徒弟备课、写教案，审查徒弟的考试命题；经常听徒弟的授课，每周至少一节，并及时给予点评；带领徒弟参加校本教研和教科研活动，指导撰写教科研论文；三年力求把徒弟培养成为骨干教师，赶上甚至超过自己的教学水平。

（2）徒弟虚心求教、尊敬师长。接受师傅在备课、上课方面的指导，认真完成教学任务；经常听师傅的课，每周2～3节，学习师傅的教学方法和教学艺术；在师傅引导下积极参加教科研活动，走教改创新之路；三年后胜任本职工作，力争成为教坛新秀或骨干教师。

3. 检查验收

（1）考评办法

考评实行四个结合，即将"拜师收徒"与常规教研活动结合起来，带教老师要充分利用平时教研时间传经送宝，解决徒弟教学中的疑难问题，提高业务水平；将"拜师收徒"与教学测试成绩结合起来，如高考或大型阶段考试中徒弟所带班级的优秀学生人数、班级平均分和学科平均分位次，均作为师徒的共有成绩；将"拜师收徒"与各级、各类评优评先结合起来，学生积极参与、努力拼搏取得各种荣誉称号，均作为师徒的共同荣誉；将"拜师收徒"与带教老师的评职晋级结合起来，"师徒结对"的过程和成果，作为带教老师在职称评审材料中青年教师培养的一项经历和成果。

（2）考核等第

结对期满，师徒申请，由学校教科室组织检查验收。通过师徒述职、听汇报课、师生测评、学校考评等方式予以鉴定。

【巩固与提高】

1. 教师成长分哪几个阶段？结合实际谈谈"二次发展理论"在教师成长中的重要作用。

2. 当前教育教学转型包括哪些内容？结合自身情况谈谈如何实现"自我转型"？

3. "拜师收徒"是青年教师成长的有效途径，请说出师徒双方的职责什么？

02

| 德育篇 |

第二章

德育教育

第7讲　中学生核心素养及培养方法

学生发展核心素养，主要是指学生能够适应终身发展和社会发展需要的必备品格和关键能力。核心素养是关于学生知识、技能、情感、态度、价值观等方面要求的综合表现，是每位学生获得成功生活、适应终生发展不可或缺的共同素养，其发展是一个持续终身的过程，可教可学，先在家庭和学校中培养，后在生活和工作中不断完善。

一、总体架构

中国学生发展核心素养，以科学性、时代性和民族性为基本原则，以培养"全面发展的人"为核心，分为文化基础、自主发展、社会参与三个方面，综合表现为人文底蕴、科学精神、学会学习、健康生活、责任担当、实践创新六大素养，具体细化为国家认同等十八个基本要点，图示如下：

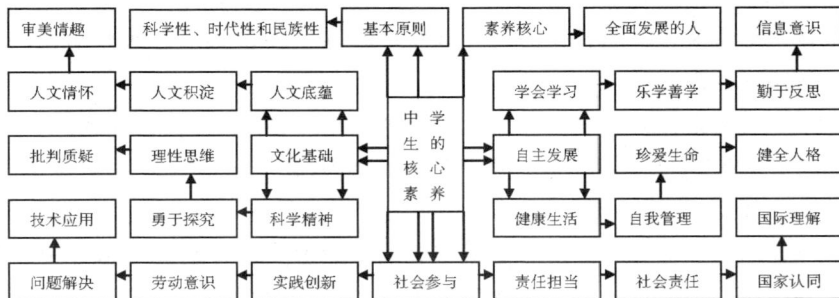

二、基本内涵

（一）文化基础

文化是人存在的根和魂。文化基础，重在强调学习人文、科学等领域的知识技能，掌握和运用人类优秀智慧成果，涵养内在精神，追求真善美的统一，发展成有宽厚文化基础，有更高精神追求的人。

1. 人文底蕴

（1）主要表现

①人文积淀：具有古今中外人文领域基本知识和成果积累，能理解和掌握人文思想中所蕴含的认识方法和实践方法等。

②人文情怀：具有以人为本的意识，尊重、维护人的尊严和价值，能关切人的生存、发展和幸福等。

③审美情趣：具有艺术知识、技能与方法的积累，能理解和尊重文化艺术的多样性，具有发现、感知、欣赏、评价美的意识和能力，具有健康的审美价值取向，具有艺术表达和创意表现的兴趣意识，能在生活中拓展和升华美等。

（2）培养方法

①识字、写字是提升人文底蕴文化基础的依据根本。从识字、写字入手，激发学生学习汉字的浓厚兴趣，养成主动识字的良好习惯。读万卷书，行万里路，识字、写字需达到一定数量，才能开阔眼界，增长知识和能力。"字如其人，人如其字"，一个人能写一手好字，给人第一感觉就是他是有文化底蕴和高尚品质的人。

②自主阅读是提升人文底蕴文化基础的有效途径。"腹有诗书气自华，最是书香能致远"，如果胸中藏有诗书，谈吐就会很儒雅，气质就会很好。课堂上要让学生正确、流利且有感情地读课文，借助工具书和生活积累，理解字词大意，还要诵读优秀诗文，背诵名篇佳句。从而在阅读中体会快乐，获取知识，开阔视野，丰富文化内涵。

③主动交流是提升人文底蕴文化基础的必要环节。学会认真倾听，主动向他人请教，并说出自己的见解，可利用口语交际课，或交流汇报会等来完成。与人交流，要文明得体、举止文雅、谈吐大方，有重点、有主次、有顺序。

④写作能力是提升人文底蕴文化基础的有效方式。要培养学生乐于书面表达，增强学生习作的自信心，愿意与他人分享习作的快乐。能用简单的书信和便条与别人进行交流，观察周围事物，不拘形式地写下见闻，通过日记、读书笔记等方式加以提升。

可见，用书香构筑完整的人格并非一朝一夕能成，更不是一两节课的功夫。注重落实，浸润学生于无声处，才有"东船西舫悄无言，唯见江心秋月白"的妙处。知识与能力影响一个人未来发展，但唯有人文底蕴的厚度才能决定一个人未来发展的高度。

2. 科学精神

（1）主要表现

①理性思维：崇尚真知，能理解和掌握基本科学原理和方法；尊重实据，有实证意识和严谨的求知态度；逻辑清晰，能运用科学的思维方式认识事物、解决问题和指导行为等。

②批判质疑：具有问题意识，能独立思考、独立判断、思维缜密，能多角度、辩证地分析问题，正确做出选择和决定等。

③勇于探究：具有好奇心和想象力，能不畏困难并有坚持不懈的探索精神，能大胆尝试且积极寻求有效的问题解决方法等。

（2）培养方法

①在科学阅读中熏陶科学精神

科学教育离不开科学阅读。鼓励学生阅读科学家的成长故事，了解他们科学研究的过程及为之付出的努力。如艾芙·居里，在母亲去世后写成《居里夫人传》，描写了居里夫妇的工作精神和处事态度，学生读后必受其科学精神的熏陶。

②在科学探究中形成科学素养

科学教育离不开科学探究的实践活动，如实验操作，数据收集、整理分析，以及形成结论的逻辑推理等。如实验操作要学生在数据整理与分析的基础上提出新见解，以及独具创新地给出结论。这样学生自然能逐步形成相关的科学素养。

③在生活实际中培养科学兴趣

兴趣是一种自觉的动力，一种特殊意识的倾向。教师应结合具体教学内容，紧密联系生产和生活实际，突出知识的实用性。如杠杆的应用、吸水笔原理、收音机与电磁波、电视机与磁场、卫星与通信等。通过这些知识介绍，使学生认识到科学知识在日常生活、工农业生产乃至高科技领域中的地位作用，从而更相信科学，热爱科学，增加学习兴趣。

④在实践活动中激发科学意识

让学生去发现问题是培养科学精神的重要一步，只有将好奇心激发起来，学生才能主动去探求，去寻求问题的答案，才能培养科学精神。同时，创新能力的培养需要学生的不断实践，不断探究才能实现。

⑤在课堂教学中培养科学精神

第一，注重有关科学史的教学。科学发展史是课堂教学的一项重要内容，是人类文明发展过程中一笔宝贵的精神财富，通过科学家的典型事迹，可培养学生良好的科技意识。实际教学中要选用适当的科学史材料，如"两弹一星"精神、长征系列火箭、神舟飞船的发射等，促使学生了解科学家的科学态度、研究方法及献身科学的精神。

第二，培养学科实验操作能力。加强实验教学，有助于培养学生的动手操作能力、观察能力、独立分析和解决问题的能力，同时也使学生受到良好的科技意识教育。这里要求：指导学生自主完成学生实验，注重学生动手操作能力的培养，决不能图省事，由自己演示或讲解；多做探索性实验，激发学生探究物理知识的兴趣，培养学生的科学探究的能力，增强学生的科技意识；积极开展实验设计，通过学生自己思考设计实验，培养学生的发散思维能力和创新设计的能力。

第三，积极开展学科课外活动。与课堂教学相比，课外活动具有更大的灵活性和选择性，可充分发挥学生的个性特长，开发智力，培养学生探索创造和应变能力。首先，要尽量多地把学生吸引到课外活动中来，使学生有机会参与科技研究和制作，促进心智机能的发展。其次，尽量多地安排实践性活动，接触社会，接受科技信息，给学生创造动手机会，丰富学生的感性知识。再次，通过开展小制作、小发明活动，培养学生的创造精神。也可根据学校的优势条件，从实际出发开展科技活动，培养学生的科技技能。最后，组织社会调查活动，利用学科教材知识，结合实际解决生活和生产中的实际问题。

（二）自主发展

自主性是人作为主体的根本属性。自主发展，重在强调能有效管理自己的学习和生活，认识和发现自我价值，发掘自身潜力，有效应对复杂多变的环境，成就出彩人生，发展成为有明确人生方向和生活品质的人。

1. 学会学习

（1）主要表现

①乐学善学：能正确认识和理解学习的价值，具有积极的学习态度和浓厚的学习兴趣；能养成良好的学习习惯，掌握适合自身的学习方法；能自主学习，具有终身学习的意识和能力等。

②勤于反思：具有对自己的学习状态进行审视的意识和习惯，善于总结经验；能够根据不同情境和自身实际，选择或调整学习策略和方法等。

③信息意识：能自觉、有效地获取、评估、鉴别、使用信息；具有数字化生存能力，主动适应"互联网＋"等社会信息化发展趋势；具有网络伦理道德与信息安全意识等。

（2）培养方法

①转变教学观念，树立正确的学生观

一些教师过于强调教师的"主导作用"，结果出现"满堂灌""满堂问""满堂练"等现象，学生处于被动地位，课堂死气沉沉。实际上，学生不是被动的机器，而是有主观能力的"人"。学生接受教师的"教"，都是通过自身的内化活动来实现。教师要在发挥主导作用的同时，最大限度地发挥学生的主体作用，增大学习的自由度，使学生真正掌握学习的主动权，做到会学习。

②改革教学模式，实施自主性的学习

强化教学的双边活动，教师要尽量做到精讲、少讲，把传授知识和指导学法融为一体，要引导学生学与思结合、动手与动脑结合、合作学习与探究学习结合，鼓励独立思考、主动学习，从而学会学习。为此，必须打破传统的教学模式，倡导适合学生自主能力形成的课堂教学结构。做法主要包括：激发学生学习兴趣，因为学习兴趣浓厚，情绪高涨，就会主动、深入地学习，且能广泛地涉猎相关知识，遇到困难时表现出顽强的钻研精神；建立和谐的师生关系，实践表明，学生热爱一位教师，也会热爱这位教师所教的课程，因此也会积极主动地探索这门学科知识，从而促进自主学习意识的形成；合理规划每天的学习任务和学习时间，且按照既定的时间表行事，这可帮助学生克服惰性，使其按部就班、循序渐进地完成学习任务。

③改进教学方法，主导与主体相结合

双边活动是一个信息处理过程，在教师信息输出与学生信息输入过程中，使"主导"与"主体"达到最佳结合，以利于学生高效率地学习。具体是正确处理好三个关系。一是处理好善教与善学的关系。紧紧抓住培养学生能力的全过程，帮助学生完成从学会到会学，又到善学的飞跃。二是处理好点拨与探究的关系。点拨是学生探究的深化，主要是帮助学生查漏补缺，拓展思路，学会思考解决问题的方法，从而激活学生思维，把探究逐步引向深入。三是处理好举一与反三的关系。教师要做到"举一"具有方向性、代表性和超前性，要求学生做到既要有"反三"的追求，又要有恰当的思维表现，即对"举一"产生跃跃欲试的愿望。

④激发学习兴趣，树立学习必胜信心

兴趣是最好的老师。让学生乐学，最有效的莫过于激发学生内在的学习兴趣。首先，创造条件让学生体验到学习成功的快乐。许多学生学习成绩不好，并不是智力问题，而是因为体会不到学习带来的快乐。其次，让学生在知识运用中产生学习的兴趣。给学生机会运用所学的知识解决问题，当他们发现所学的知识有用，并还不够用时，就会产生继续学习的愿望。再次，帮助学生树立学习的信心。如果学生对学习充满信心，就会全身心地投入学习中去。可无论学习成绩好差，学习压力都会让学生失去学习的信心。面对失去学习信心的学生，教师要想方设法帮助其回复自信，才能使学生学会学习。

⑤端正学习态度，形成良好学习习惯

学习态度是指学生对学习及其学习情境所表现出来的一种比较稳定的心理倾向，通常可从学生对待学习的情绪状况和意志状态等加以判定。第一，学习态度调节学习行为。表现在学习对象的选择上：与既存态度相吻合的材料，容易被吸收、同化、记忆，与个体的信念、价值观违背的材料，则容易被阻止或歪曲；表现在对学习环境的反应上：当学习态度与教学环境一致时，就会积极努力地学习，当某些原因对学习环境产生不良态度时，就会产生不利于学习的不良行为，如逃学、反抗等。第二，学习态度影响学习效果。学习态度对学习效果的影响作用，已被许多实验研究所证明。在学校情境里，学习态度好的学生，学习效果总是远大于学习态度差的。第三，学习态度反映耐受能力。学生学习中对挫折的耐受力，与学习态度密切相关。如认为学习很有意义，喜爱学习的学生，在学习中遇到困难与阻力时，耐受力就高，表现出吃苦耐劳、百折不挠和勇往直前的精神。相反，一个认为读书无用，对学习不感兴趣的学生，学习中遇到困难或遭受失败时，耐受力就低，往往表现出灰心丧气，甚至一蹶不振。

2. 健康生活

（1）主要表现

①珍爱生命：理解生命意义和人生价值；具有安全意识与自我保护能力；掌握适合自身的运动方法和技能；养成健康文明的行为习惯和生活方式等。

②健全人格：具有积极的心理品质，自信自爱，坚韧乐观；具有自制力，能调节和管理自己的情绪；具有抗挫折能力等。

③自我管理：能正确认识与评估自我；依据自身个性和潜质选择适合的发展方向；合理分配和使用时间与精力；具有达成目标的持续行动力等。

（2）培养方法

①充满自信，培养意志力

自信是一种与自我约束和进取心相联系的健康心理品质，是一个人走向成功的关键。有自信心的学生终究能战胜困难，使自己成为学习的主人，而缺乏自信心的学生，永远只能"望洋兴叹，临渊羡鱼"。日常生活中要给学生锻炼机会，鼓励学生自己动手，完成力所能及的事情；常对学生说："要正确认识自己，看待自己，相信自己，切勿眼高手低，华而不实，要诚恳踏实，坚持走自己的路，坚持就是胜利，成功就在眼前！

②减少依赖，培养独立性

让学生放开手脚去表达内心智慧，并进行丰富的想象，给学生创造独立思考和解决问题的机会，促使学生尝试困难和创新。当学生表现出独立行为时，哪怕是微小的一点，都应及时给予鼓励，树立起"我能行"的信心。只要不失时机加以引导，学生就会逐渐脱离父母和教师独立地做事，久而久之，独立性就能自然形成。

③参加活动，促进交往性

情绪消极、多愁善感、压抑愤怒和悲观失望容易使学生发生心理障碍，这些可通过积极参与集体活动来消除或改善。人都有交际的需要，只有与老师、父母、同学正常、友好地交往，才能消除孤独感，获得安全感和安慰感。另外，学生还要学会情绪的自我调节，做到合理宣泄。将自己塑造成一个情绪稳定、意志坚强、人际关系和谐、社会适应性好的人。

（三）社会参与

社会性是人的本质属性。社会参与，重在强调能处理好自我与社会的关系，养成现代公民所必须遵守和履行的道德准则和行为规范，增强社会责任感，提升创新精神和实践能力，促进个人价值实现，推动社会发展进步，成为有理想信念和敢于担当的人。

1. 责任担当

（1）主要表现

①社会责任：自尊自律，文明礼貌，诚信友善，宽和待人；孝亲敬长，有感恩之心；热心公益和志愿服务，敬业奉献，具有团队意识和互助精神；能主动作为，履职尽责，对自我和他人负责；能明辨是非，具有规则与法治意识，积极履行公民义务，理性行使公民权利；崇尚自由平等，能维护社会公平正义；热爱并尊重自然，具有绿色生活方式和可持续发展理念及行动等。

②国家认同：具有国家意识，了解国情历史，认同国民身份，能自觉捍卫国家主权、尊严和利益；具有文化自信，尊重中华民族的优秀文明成果，能传播弘扬中华优秀传统文化和社会主义先进文化；了解中国共产党的历史和光荣传统，具有热爱党、拥护党的意识和行动；理解、接受并自觉践行社会主义核

心价值观，具有中国特色社会主义共同理想，有为实现中华民族伟大复兴中国梦而不懈奋斗的信念和行动。

③国际理解：具有全球意识和开放的心态，了解人类文明进程和世界发展动态；能尊重世界多元文化的多样性和差异性，积极参与跨文化交流；关注人类面临的全球性挑战，理解人类命运共同体的内涵与价值等。

（2）培养方法

①在学科教学中渗透社会责任担当教育

现行中学各学科教材，都突出"道"的价值意义。可在学科教学中渗透社会责任意识教育，既能体现编写原则的落实，又能突出核心素养的社会参与能力的培养，进而加强对学生社会责任意识的培养。当前我国处于社会转型的关键时期，市场经济的趋利性一定程度弱化了社会责任意识教育，学校通过学科教学进行渗透，才能培养较高社会责任感的优秀人才。

②在社会实践中渗透社会责任担当教育

中学生要实现德、智、体、美、劳全面发展，参与社会实践既是培养路径，又是检测手段。通过参与各种社会实践，形成一种比较的氛围，激发学生好胜心理，逐步强化社会责任意识的培养。不过，在学生参与社会实践活动中，宜表扬而不宜批评，宜激励而不宜说风凉话，教师要通过各种表扬激励手段，形成你争我抢的局面，让落伍者赶上先进者。

③把公民教育与社会责任培养联系起来

公民教育是社会责任意识培养的重要途径，社会责任意识是公民教育的重要组成部分。把公民教育与社会责任意识培养联系起来，不是要把社会责任意识培养从公民教育剥离出来，而是从公民教育中突出社会责任意识培养的重要性。中学生处于人生成长的特殊阶段，是青少年向成人过渡的重要时期，只有把握好时机开展社会责任意识培养，才能增强学生社会责任感，培养学生自我反思的能力。

综上所述，培养中学生的责任担当素养，要站在高处、谋在远处、做在细处、落在实处，从课堂教学、课后实践、教育反思等方面建构全面培养策略，进一步发挥学校、家庭和社区作用，为学生全面发展提供强大的保障。

2. 实践创新

（1）主要表现

①劳动意识：尊重劳动，具有积极的劳动态度和良好的劳动习惯；具有动手操作能力，掌握一定的劳动技能；在主动参加的家务劳动、生产劳动、公益活动和社会实践中，具有改进和创新劳动方式、提高劳动效率的意识；具有通

过诚实合法劳动创造成功生活的意识和行动等。

②问题解决：善于发现和提出问题，有解决问题的兴趣和热情；能依据特定情境和具体条件，选择制订合理的解决方案；具有在复杂环境中行动的能力等。

③技术运用：理解技术与人类文明的有机联系，具有学习掌握技术的兴趣和意愿；具有工程思维，能将创意和方案转化为有形物品或对已有物品进行改进与优化等。

（2）培养方法

①树立自信，扫除心理障碍

要培养学生创新能力，先要培养学生的创新精神，树立学生的自信心，使学生相信有能力实现创新愿望，克服在创新问题上存在的自卑心理。其次是引导学生想创新、爱创新、敢创新、会创新，激发其创新热情，为学生培养创新能力扫除心理障碍。还要尊重学生的个性，多从学生的角度去思考、去评价，善于发现学生探究活动中的闪光点，及时给予肯定和鼓励，激发学生的创新动机。

②构建情景，激发创新兴趣

激发学生创新兴趣是提高学生创新能力的原动力，而学生创新兴趣是一个渐进过程，需要不断培养。课堂教学是学校教育的主渠道，要把学习过程作为创新学习的重要环节，贯穿在教学始终，引导学生主动构建知识，获得创新学习的快乐。实践证明，入情入境的教学能吸引学生的注意力，激发学生的学习情趣，充分调动学生的积极主动性，让学生在课堂上敢想、敢问，再通过想和问，激发学生创新兴趣。

③创造环境，提供活动空间

培养创新能力，应该为学生创造一个良好的创新环境，如应搞好物理实验室、化学实验室、生物实验室、微机室、语音室、电教室、图书阅览室等学习环境的建设，并随时对学生提供服务。同时，通过实验，使学生体验探索知识，追求科学真理的乐趣，激发学生的创新热情，使学生主动地去探索，不断提高创新能力。

④开展讨论，培养创新思维

讨论是学生参与教学的重要方面，更是进行创新学习的重要形式。实践证明，开展课堂讨论，一方面可发挥学生"群体"的学习作用，获得更多自主学习的机会，还可在讨论中互相启发、互相帮助、互相评价，学会合作、学会交流；另一方面，讨论可以使学生敢于标新立异、大胆求新，进而发展学生的创新思维。

⑤积累知识，敢于质疑解疑

学生掌握基础知识和基本技能是进行创新的基础，也是学生进行创新活动所必须具备的素质，学生要有效地学习和积累知识，并注意相关知识的联系。在此基础上，引导和鼓励学生大胆质疑，不迷信传统的经典理论，敢于向经典理论挑战，敢于打破常规，敢于提出问题，并尝试解决问题，以此提高创新能力。

⑥参加实践，提高创新能力

学校要增开社会实践课，使学生将学习知识与实践体验结合起来，形成新的知识和技能。社会实践是多种多样的，如搞社会调查研究，写社会调查报告，搞专题研究，参加科技活动，搞小发明，小制作等。培养学生动手动脑的能力，以此拓展学生发展空间，扩大学生视野，增长学生知识，提高社会适应能力和合作能力，使学生在实践活动中学会发现、学会探索、学会创新。

三、落实途径

素质是人性之本，能力之源；素养是人性之树，品格之干。素质强调人的"质"，侧重人的质量；素养强调人的"养"，侧重人的能力。这里共同突出"素"字，意为平时所养成的良好习惯。培养学生的"核心素养"，首先，要将学生发展核心素养培育反映在教育活动与过程中，反映在课程、教学、课堂、活动、文化中，进行系统的链式设计；其次，要增加培育学生发展核心素养的教育多样化供给，用丰富多彩的课程资源为核心素养转化成基本素质提速增效。还要推进各种教育资源跨界融合，搭建学生发展核心素养生成的"立交桥"。

（一）通过课程改革落实核心素养

基于学生发展核心素养的顶层设计，指导课程改革，把学生发展核心素养作为课程设计的依据和出发点，进一步明确各学段、各学科具体的育人目标和任务，加强各学段、各学科课程的纵向衔接与横向配合。

（二）通过学科教师落实核心素养

教育问题是社会关注的重大问题，培养孩子的核心素养，是学校和家长共同的任务。培养学生的核心素养，教师起着关键作用。一是要有一个严格的标准和规章制度，让老师有章可依，知道在教育学生时该做哪些工作，不至于偏离轨道。二是在知识理论方面培养学生的核心素养，帮助他们认识人生，认识生活，认识生命的价值。三是开展读书活动，丰富学生的文化底蕴。尤其现在，很多学生都喜欢玩手机、玩游戏，对纸质书籍已经毫无兴趣，这时多开展一些趣味读书活动，可让学生养成热爱读书的好习惯。四是开展校园科技比赛，多带领学生参加科技展览活动等，可帮助学生对科学技术产生兴趣，让他们领悟到科学魅力，进而培养其科学精神。五是多开展动手活动，给学生讲清学习能力的重要性，让学生自主学习。六是和家长一起培养学生的健康生活方式，如不酗酒、不抽烟、讲卫生等。七是在学习生活中培养学生的责任担当，如鼓励学生独立做事，不骄傲、不自私，成绩面前不争功，失误面前不推过，敢作敢为等。八是开发学生的思维，让学生多动脑筋，在实践中不断创新和发展。

（三）通过教学实践落实核心素养

学生发展核心素养明确了 21 世纪应该培养学生的品格与能力，可通过促进专业发展，指导教师更好地贯彻落实党的教育方针，改变当前存在的"学科本位"和"知识本位"现象。此外，还可通过学生发展核心素养的引领，帮助学生明确未来的发展方向，激励学生朝着这一目标努力奋斗。

（四）通过教育评价落实核心素养

学生发展核心素养是检验和评价教育质量的重要依据。建立基于核心素养的学业质量标准，明确学生完成不同学段、不同年级、不同学科的学习内容后应该达到的程度要求，把学习内容要求和质量要求结合起来，可有力推动核心素养的落实。

【巩固与提高】

1. 中学生核心素养制定的基本原则是什么？以什么要求为核心？包括哪三个方面？

2. 简述"六大核心素养"的基本内容，并分别说出各自的主要表现。

3. 结合自己的教学实际，举例说明学科教学素养的培养方法。

第 8 讲　爱是教育的永恒主题

教育是教师的天职，优质教育是"爱"的硕果。学习是学生的任务，高效学习在于"兴趣"！爱在细微处，施在点滴间。生活处处不细节，教育更是如此。顾明远先生"没有爱就没有教育，没有兴趣就没有学习，教书育人在细微处，学生成长在活动中"的教育理念，将"爱"与"兴趣"完美地诠释在细微处、镶嵌在活动中，话语简单而明了，至理却素朴，纯真又和谐。真正让每位教育工作者领悟到教育的高尚、兴趣的魅力、实践的重要和点滴的可贵。

一、生命教育

顾明远先生说：教育的本质是生命教育。然而，生命教育不是一种教育模式问题，而是教育理念的问题。学校要通过生命教育转变教育观念，更新教育方法，使学生幸福地学习、生活。教育是传承文化、创造知识、培养人才的社会活动，是人类生存发展和超越自我的重要途径。人类和其他生物一样，首要生存，次要繁衍，再要发展。要生存就要解决衣食住行，要繁衍就要生儿育女，要发展就要教育和学习，把前辈的生活经验传授给下一代。这三者是密不可分的，人类只有不断发展创新，才能战胜恶劣环境，获取更好的生存繁衍条件。因此，人类发展史就是通过教育，不断学习、不断创新、不断超越自我的历史，从这点说来，"生命教育"更是"爱"的教育。

（一）追求身心发展

自古以来，教育家都追求如何使下一代的生命得到更好发展。虽然东西方的教育理念不同，道理是一样的。无论是西方的苏格拉底、柏拉图，还是东方的孔子、孟子，都追求人的身心健全发展。皆因人类进入阶级社会后，一方面教育被统治阶级所利用，另一方面被统治的阶级接受不到应有的教育，教育本质被掩盖了，教育成了各种利益集团的工具，忽视了人的生命的发展。

（二）生活即是教育

时至文艺复兴，批判了神的统治，打破了神权，提倡人权。儿童发展问题逐渐得到教育家和思想家的重视。特别是启蒙思想家夸美纽斯、卢梭等都非常关注儿童的自由发展。20 世纪以来，美国进步主义教育家杜威主张"儿童中心主义"，提出"教育即生长""教育即生活""学校即社会"，再一次引起对学生生命发展教育的关注。陶行知先生从杜威那里得到启发，在中国创建"生活教育"，并把杜威的教育理念反转过来，提出"生活即教育""社会即学校"。两者理念是一致的，都是在关注学生的生命发展，只是在方法上有所不同。

（三）转变教育理念

"生命教育"概念是何人最先提出已无从考证，也不重要。重要的是如何理解和实施。近年"生命教育"逐渐热络起来，因为现在教育弊端实在太大，违背了教育本质，压抑了学生发展。具体说，学生为考试而学习，不是为发展而学习，每天埋头于沉重的作业负担中，身体健康受到伤害，思想品质得不到提高，学生生命受到摧残。这就需要通过"生命教育"来转变教育观念，更新教育方法，使学生健康成长，并结出爱的硕果。

二、爱的内涵

"没有爱就没有教育"是从教师的角度说的，强调教育中"爱"的意义，即教师工作必须建立在"爱"的基础上，不仅用"爱"做教育，且要用教育去传承"爱"。我国古圣先贤的教育就是从"家爱"开始，儒家爱护儿女更是始于"胎教"。"教育之没有情感，没有爱，如同池塘没有水一样，没有水，就不成其池塘，没有爱就没有教育。"不过，师爱绝非是偏爱（以个人喜爱施爱）、溺爱（无原则的宠爱）和假爱（出于私心去爱），她是一种高于友爱、异于母爱的崇高之爱。一份份尊重，一份份宽容，一份份理解，善待并关爱学生是做好教育工作的前提。具体说来，对学生的爱，就是一切为了学生，为了一切学生，为了学生的一切，真正把学生装进心里，摆在教育的主体位置。如老师需要客观、公正地评价学生，不掺杂主观色彩、不戴有色眼镜看人，并能引导学生去质疑、探究、发现、审美，主动与其交流，走进学生的内心世界，帮助其形成科学的人生观、世界观和价值观。爱的最高境界在于"引路"，根本宗旨是为被"爱"的人找到一条光明灿烂的路子。这是智慧，更是一种心底坦荡的大爱！

三、趣的激发

"没有兴趣就没有学习"是从学生的角度说的，也是说给教师听的，强调学习中"兴趣"的价值。兴趣是一个古老而又现实的话题。著名圣人、教育家孔子说："知之者不如好之者，好之者不如乐之者"，学习兴趣是激发创造性思维和开发智力的催化剂。大科学家爱因斯坦说："兴趣是最好的老师"，学生只有感兴趣，才能最大限度地挖掘自身潜力。事实证明：兴趣总是与专注、追求、乐观、热情、兴奋、自信和愉快相关联的。兴趣是学习的动力，有了兴趣，学生才能主动、自觉地学习；兴趣能引起积极思考，高昂的兴趣可激发脑肽的释放，这是学生记忆与学习的关键激素；兴趣能提高学习效率，因为兴趣能使脑神经处于积极状态，不会使学生感到学习是一种负担。在当代教育中，关注学生兴趣发展，就是关心学生内心真实的需要，即关照他们的幸福感！

四、爱趣关系

顾明远先生强调教育之"爱"和学习之"兴趣"的重要意义，是谨防出现两个"没有"的结果，若真的出现了两个"没有"，那就是没有了教育和未来，岂不悲哀！遗憾的是，如今确有少数教师表现出对学生不友好、不理解和不尊重，时而以"负责"的名义摧残学生身心健康，程度还十分严重。试想，学生生活在集中营般的环境内，哪能感受到教育之爱？没有节假日，没有业余爱好，没有个人乐趣，岂能不痛苦至极？以至于学生在考上大学后，便不想学习、不爱读书、厌恶作业等。我们说，学习需要拼搏，教育也支持争分夺秒。但拼搏和勤奋都应是学生的自觉行为，教育要做的事，恰恰就是使学生愿意拼搏勤奋，追求卓越，这一切都离不开"爱"和"兴趣"。

然而，以"爱"施教，"兴趣"激学，绝不是喊出来的，必须付诸实践，务实工作。这就是顾明远先生的谆谆教诲："教书育人在细微处，学生成长在活动中"。第一，校长既是管理策略的制定者，更是管理工作的实施者。不能只在室内运筹帷幄，更应坚持群众路线，常到教师中去、学生中去、教学第一线去。只有身体力行，把爱洒向校园的每个角落，工作落实的具体，才能真正调动广大师生的教学积极性。如此，学生素质和教育质量的提升便是水到渠成之事了。第二，教师要在细节中以身立教。中国精细化管理研究所所长汪中求先生强调："细节决定成败"，教师的一言一行、一举一动，即使是无意识的习惯和动作，都会对学生产生潜移默化的影响。教师只有言行一致，才能在细节中做表率；只有文明礼貌，才能在细节中做典范；只有倾注爱心，才能在细节中见真情。教师无小节，节节是教育；教育无小事，事事皆楷模。只要从点滴入手，从小事做起，在细节中言传身教，为人师表，率先垂范，就一定能取得教育的成功。第三，教育要以开展活动促成长。一是让学生在"活动"中学会观察：观察是人们认识世界的主要途径，只有亲身接触，仔细观察，才能获得真知。二是让学生在"活动"中亲身感受：把活动真正交给学生，激发学生的表达欲望，点燃学生的思维火花，若活动中每个环节都给学生表达的机会，他们的感受定会满满。三是让学生在"活动"中产生兴趣：有意义的活动会让学生有趣，在深入开展活动的过程中可使学生产生兴趣，再把兴趣与高尚理想和远大目标结合起来，即可升华为志趣。四是让学生在"活动"中进行探究：参加学科教学活动或社会实践活动，尤其是研究性学习活动，可使学生自主组合、自选课题、积极探究，利于形成创新思维和创新能力。五是让学生在"活动"中学会合作：团结是力量，只有认真合作、互帮互助，才能集思广益，取得学习进步。六是让学生在"活动"中获得成长：实践出真知，活动塑造人，经得起风雨，才能见得到彩虹，高素养的学生才能逐步成长起来！总之，教育是一门艺术，更是一种事业。赋予学生最为真诚的"爱"，激起学生最为浓厚的"趣"，定会促进学生品格智力的综合发展。教师不能将爱停留在口头上，而应建立在对学生理解、尊重与信任的基础上，把教育看作是爱的事业，无私奉献，付诸实践，才能成就广大受教育者，使学生成为有血有肉的栋梁之才。

五、爱的践行

（一）加强师德教育

教师是人类灵魂的工程师，教师的一言一行，一举手一投足，对学生非常重要！正如教育家赞可夫所说："对学生的爱，首先应当表现在教师毫无保留地贡献出自己的精力、才能和知识上，以便在对自己学生的教育教学中，在他们的精神成长上取得最好的成果。"可见，"师德"不是简单说教，而是一种深厚的知识内涵和人格品位的体现。师德需要培养、教育，更需要自我修养。师德的最高境界不在那些上纲上线的条条框框里，也不在那些歌功颂德的豪言壮语中，而是简单地存在于教师对待职业的朴素态度上，以及平日对待学生的言行和举动中。因此，学校主要领导应把师德放在首位，开展教师行为规范教育，加强师训工作，举办"争做优秀教师和优秀班主任"和"我为教育献爱心"等系列活动，比工作、比爱心和比奉献。

（二）送爱心到课堂

课堂是学校教育的主阵地。学校主要领导只有关注课堂、抓住课堂，才能更好地落实"爱"的教育。教师只有带着爱心走上讲台，才能走进学生的心田；只有拥有一颗爱学生的心，才能投入到教育事业；只有会施爱于学生，才能使学生学会怎样去爱。我们说，教育不同于工业制造的生产流水线，产品是冰冷的东西，没有生命、没有体温，只有统一的样式、统一的尺寸，且残次的产品还可以重新制造。教师的对象是学生，是一个个鲜活的个体，有独立的人格，有丰富的感情。优秀教师，往往能使学生因羡慕其魅力而喜欢其课程，从此由"爱"科学变为"迷"科学，直至"痴"科学，进而终身从事科学研究，取得杰出成就。所以，教师课堂必须是有爱和有温度的，这就是教育上常说的"做一个有温度的教师"。

（三）用谈心传爱心

某天，一位教师在校园里散步，忽然远处传来一声问候，他诧异地驻足等待那人走近后，才知是多年前带过的女学生，此行专为看他，不是巧遇。交谈中，学生不停地感谢老师，她说，上学期间学习目的不明确、成绩不好、思想负担重，多次想到退学，是老师经常安抚她，交流谈心，使她重拾信心，奋力拼搏，最终才如愿以偿地考上大学，身心都得到发展。由此可见，善于与学生谈心就是爱，教师既是知识的传播者，又是学生心灵的疏导者。学生在求学的路上难免遇到坎坷，且离开父母寄宿学校，这时教师就要充当家长角色，做好学生心灵的导师，要善于倾听学生的话语，并针对学生出现的问题给出合理化的解决。这种交谈可以是非正式的，如在走廊或操场、课前或课后、教室或办公室等。爱要无微不至，做到"处处留心，时时在意。"不仅要有爱，更要让学生明白自己是被爱。绝不能让学生对学习生活丧失信心，或产生迷茫，教师要充当灯塔给学生指明前进方向。

（四）致力激励教育

一个脏兮兮且沉默寡言的孩子，童年里没有得到应有的快乐，总是受到别人的指责与批评，连他的兄弟姐妹都嫌弃他。某日，其继母感慨地说："噢，这孩子如果把脸洗干净就能露出聪明、伶俐、可爱的脸蛋。"孩子惊讶地抬起了头。后来，他在继母的鼓励中不断成长。这孩子就是拿破仑·希尔博士。其实，不少成功人士都是在很多赞美与肯定中获得自信，从而走向成功的。因此，学校主要领导要采取激励措施，多表扬、少批评。如可结合校情制定《教学工作奖励制度》，利用学校宣传栏、校园网络和电子屏幕即时进行表彰；可开展各种具有激励性的竞赛活动，每次大型教学素质测试后评出"优秀之星""勤奋之星"和"进步之星"等。

（五）进行爱心教育

爱国主义教育是振奋民族精神和增强民族凝聚力的需要，是树立民族自尊心和自豪感的需要，更是培养有理想、有道德、有文化、有纪律的社会主义道德公民的需要。所以，学校主要领导要全方位进行"爱心"教育，从细微做起。如以"爱我、爱家、爱校、爱国"为内容，开展国旗下讲话、师生征文比赛和励志演讲活动，举行班级学生主题班会，鼓励学生从我做起、从身边做起、从小事做起，奉献学校和社会；开展向贫困学生和社会孤寡老人献爱心活动，以实际行动关爱他人，助人为乐。另外，也可借此培养学生的品德和意志，如对学生进行"军事教育""法制教育""信念教育""诚信教育""感恩教育""尊师教育"和"意志教育"等。同时，学校还可立足于"先做人，后成才"的德育观点，努力推进优秀传统文化走进课程课堂，在校园内营造热爱优秀传统文化的良好风气。

（六）打造教育环境

校园环境文化是学校教育的重要组成部分，以其强大的育人功效成为学校不可或缺的办学资源。故而，学校主要领导应通过校徽校风、教风学风、校歌校训、校容校貌、校园文化氛围对学生产生潜移默化的影响，以达到环境育人的目标。如学校建校史陈列馆、师生荣誉室、校友博士墙，写壁字壁画、铸雕塑雕像、书班级名片，为校内楼房、道路命励志之名，注重走廊文化、班级文化建设等，实行文化治校，培育时代英才。

（七）家校联合教育

没有家长参与的学校教育是没有针对性、没有个性的教育。学校和家庭这两个"教育者"，不仅要"一致行动"，且要"志同道合"。家校教育是天平左右的砝码，失去一方或减少一方的分量，天平都会倾斜，学生健康发展便会受到影响，"爱"的教育就会缺失。因此，学校领导要重视家校联合教育，让家校"挚爱"落到实处。如成立家长委员会，让家长代表参与学校部分管理，行使部分教学监督权；定期召开座谈会，让班主任、任课教师和家长共同研讨学生成长；开展家庭走访、电话访谈或问卷调研，了解学生家长的反映，解决学生存在的问题；加强家校联系，建立家校通讯、家班通讯、微信通讯和联系卡片等，及时交流学生学习情况。

【巩固与提高】

1. 结合工作实际，谈谈对"教育的本质是生命教育"这句话的认识。

2. 怎样理解"没有爱就没有教育"和"没有兴趣就没有学习"这两句话？

3. 简述如何以爱施教，做一名有温度的老师。

第9讲　学校德育工作内容与方法

德育是教育者培养受教育者品德的活动，是思想教育、政治教育、法纪教育和道德教育的总称，包括家庭德育、学校德育、社会德育等。德育教育更是人心和灵魂的教育，是一个人内在修养的教育，是一个人能否成功的教育。对学生进行德育教育是广大教师所肩负的使命，对学生未来良好的发展起到奠基作用。通过思想品德教育，培养学生具有先进的思想、高尚的道德，能充分发挥精神力量对社会发展的促进作用。同时，德育是促进人的全面发展教育的一个重要组成部分，人的全面发展教育的核心就是教会学生做人和创造性的工作，良好的思想品德会使人有博大的胸怀、远大的志向、高尚的情操。因此，学校应把德育教育置于所有工作的首要核心地位。

一、适应性和规范化教育

（一）德育目标

适时帮助新生，让其爱上中学阶段的学习生活；落实学校各项常规，形成良好纪律规范；确立班级奋斗目标，创造良好的班级教育氛围，初步形成积极进取、勤奋团结的班集体。

（二）实施细则

组织学生参加军训，培养学生严格的组织纪律性，锻炼学生吃苦耐劳的意志品质和善于合作的团队精神，为初步形成班集体创造条件；对学生入学必然遇到的衔接过渡问题给予适时指导，加强面对挫折的心理辅导；组织学生参加入学教育，明确学习任务和要求，提出新学年要求，制定包含出勤、纪律、卫生、就寝、文明道德和集体荣誉等管理细则。

（三）教育范例

1. 军事教育

（1）军训意义

培养学生良好的坐、立、行仪态、良好的精神风貌、严格的组织纪律性；养成吃苦耐劳的品性、雷厉风行的作风；减少对家庭的依赖，培养独立的生活习惯。

（2）军训内容

主要是队列练习，包括立正、稍息、停止间转法、行进、齐步走、正步、跑步、踏步、立定、蹲下、起立、整理着装、整齐报数、敬礼、礼毕、跨立拉练等。此外，还有汇报表演科目：军体拳、匍匐前进、紧急集合、队列汇操、编方队、合练等；执行纪律条令：规范集合、行进间和在会场的行为；进行行为教育：遵守一日生活制度、与教官和教师打招呼等礼仪训练、进入办公场所的报告等。

（3）军训感悟

①入学军训内容给人们的感觉其实十分简单，不过就是原地转法、正步、立定、齐步走，这些平时看起来十分基础的动作，可真正要做时并非想象中的那样简单。一天下来学生极为疲惫，全身都疼，但他们没有一个退缩，坚信坚持就是胜利。

②学生通过拓展训练，深刻地理解到了什么叫"团队"。在困难和挑战面前，学生们凝心聚力，充分体现了团队精神。的确，如果没有团队精神，军训所有拓展项目都将无法进行。正是全体学生严格要求自己，注意细节、一丝不苟，训练才得以顺利完成。

③学生深深体会到团队协作在任务执行过程中的重要性时，也学会了如何突破自己心理的极限，可以说军训是一次难得的经历。通过这次训练，学生最终能真正实现个人某些心理障碍的跨越，同时也体会到个人能力的发展潜力。

2. 挫折教育

（1）挫折形成的原因

青少年正处于由不成熟向成熟的心理发展期，由于心理发展的不平衡性，应对挫折经验的不足，容易产生诸多心理问题。具体表现为：期望与现实的冲突、社会理想与现实生活的冲突、独立与依赖的冲突、自尊与自卑的冲突、求知欲望与识别能力低的矛盾、情感与理智的矛盾，这些矛盾与冲突如果不能很好地解决，极易使学生产生挫折感。

（2）挫折教育的方法

①创设挫折情境

古人"头悬梁，锥刺股"的方法值得借鉴。有一定挫折情境，学生总会受到锻炼。日本人提倡"吃苦教育"，让学生冬天穿短裤行走，就是一种锻炼。所以，在平时的学习生活中有意识给学生一点挫折，让其吃点苦头，会使他们受益终身。

②正确对待挫折

"宝剑锋从磨砺出，梅花香自苦寒来。"要让学生明白，在前进的过程中总会遇到挫折。不经过艰苦的磨炼，就像温室里的花朵一样，没有强大的生命力。

设计教育活动要让学生感受痛苦，磨练其意志。如当学生陶醉于自己的成绩中，忘乎所以时，教师可有意识地设计一些难度较大的题目，给学生一次失败体验，让其在挫折环境中磨炼意志。当然，在教学中渗透挫折教育，关键在于怎样正确对待挫折。要在教学中渗透理想是美好的，而实现理想却是漫长曲折的，鼓励学生要有战胜困难的勇气，不怕吃苦、不畏挫折。

③加强心理辅导

一是理解、信任学生，消除对立情绪。对立情绪是学生受挫后的逆反心理反应，教师要通过正面积极的教育，经过促膝谈心，提高学生的思想认识，增强理智。同时，教师还要创设宽松、和谐的环境，消除对立情绪。二是表扬鼓励学生，消除自卑自弃。教师和家长对学生的教育不要太急，更不能在公开场合大肆批评，而要根据因材施教的原则，依据循序渐进的要求提出目标和任务，让学生有"跳一跳，够得着"的感觉，让他们体验成功的愉悦，增强前进的信心和毅力，消除自卑。

二、人生观和价值观教育

（一）德育目标

引导学生遵守学生守则和中学生的常规要求；帮助学生确立合理的学习程序，养成良好的学习习惯，形成良好的思维品质，初步形成符合实际的学习方法；以爱国主义为主题的教育，增强学生的集体荣誉感，形成良好的行为规范，初步树立顽强的意志品质和情操。

（二）实施细则

加强学生常规纪律要求和学生常规意识，养成日常行为习惯，进行文明、礼貌、礼仪教育；以主题班会的形式，开展形式多样的教育活动，如爱国教育、法制教育、创新教育、规范教育、养成教育和诚信教育等。

（三）教育范例

1. 行为教育

（1）主要原则

"以人为本"是中学生日常行为习惯养成教育遵循的主要原则，即根据学生年龄、智力和心理发育的阶段性特点，以及认知程度等采取的区别化教育。以人为本的原则本质上就是人性化教育，其重要性在于将学生置于学习主体的正确定位，而非错误地将学生当作被动接受知识和教育的客体。

（2）教育策略

①构建校内教育网络

实施党委（党支部）→团委（团支部），德育工作领导小组→政教处→思品课教师，工会→关工委等三条线管理模式。通过校内外教育网络，加速横向与纵向、内部与外部合力的形成，构建三重、全方位、多层面的养成教育结构体系，以此达到社会共同参与、齐抓共管。

②开辟家校两块阵地

学校是德育教育的主阵地，是学生学习、生活的主要地方，要充分利用学生在校园内的学习、生活等方面对学生行为习惯进行教育培养。同时，要经常召开家长会，同家长沟通，要求学生在家参加一些力所能及的劳动，做到家校一样，养成文明行为习惯。

③三条渠道四个途径

学校要利用课堂教育、班级管理、实践劳动三条渠道，通过自我服务劳动、家务劳动、公益劳动、文明礼仪教育四个途径，使学校与家庭密切配合，老师与家长共同联手，学校与社会齐抓共管。第一，利用德育课堂及各学科课堂教学，渗透德育教育，教学生做人的道理，学会怎样做好事和做好人。第二，利用班级管理对学生进行教育。如组织学生认真学习《中学生守则》《中学生日常行为规范》，并对照进行教育训练，使其言行举止受到约束，逐步养成文明行为习惯。第三，对学生进行爱国主义教育。分清真善美、辨别假恶丑，达到爱憎分明。从爱我寝室、教室到爱我学校，爱我家园，进而达到热爱祖国。

④采取三项有效措施

一是榜样引领。榜样的力量是无穷的，要学习外面的先进经验，同时要善于挖掘内部典型，树立榜样，以点带面，典型引路。二是制度制约。建立有可操作性的激励机制和规章制度来约束激励学生的言行，如学校制定班级考核细则、就寝就餐制度、学习考试制度、卫生检查制度等，班级对学生进行操作评定等。三是考核评比。对平时工作进行检查登记，每月进行月评、学期进行综合评比，人与人比、组与组比、班与班比，奖优罚劣、奖惩分明，形成比学赶帮超，争做文明人，共创和谐校园的氛围。

2. 爱国教育

（1）目的意义

爱国主义教育目的是要振奋民族精神，增强民族凝聚力，树立民族自尊心和自豪感，做有理想、有道德、有文化、有纪律的社会主义公民。以"爱我、爱家、爱祖国"为主题，鼓励学生从我做起、从身边做起、从小事做起，以实际行动为实现国家富强而奋斗。

引导青少年树立正确的人生观、价值观，端正态度，培养深厚的爱国情感。

学校要把爱国主义教育渗透到各学科的教学中去。教师要结合实际，引导学生客观评价历史，对当今时事进行讨论，让爱国主义教育融会贯通。对于全面提高学生的综合素能，进一步激发其爱国热情，积极投身到学科智能学习具有很大的现实意义。

（2）方法措施

①引与扶："引"表现在德育中就是引导、指导和诱导。所谓"扶"，即帮助和扶持。爱国主义教育内容很多，老师不可能，也没有必要每一项内容都抓得具体、周到。在教育中可指明方向和路径，让学生自己去"走"。在进行爱国主义教育中，先从爱学校、爱家乡做起，向学生提出要求，宣布计划和目标实施方案，引导学生去思考、去行动。在接受教育的过程当中，很多方面需要"扶"着学生去走。如有极少数学生认识有偏差，行动不持久，可利用校会、班会和政治课教学反复进行教育。

②知与行：对学生进行教育，就要使学生认识到某方面的知识，弄懂某方面的道理。"知"是"行"的基础，"行"是"知"的升华；"知"是"行"的前提，"行"是"知"的目的。没有"行"的"知"是失去意义的"知"，没有"知"的"行"是盲目的"行"和不巩固的"行"。只有"知"与"行"结合实践，教育才真正有收效。如在培养学生爱学校、爱家乡的活动中，讲明道理后，引导他们回乡进行社会调查，亲身感受到自己责任。由此，他们自然而然地对爱学校、爱家乡就有了更深的认识。

③管与放：爱国主义教育总离不开"管"字，如升国旗仪式时如何列队，姿势怎样，保持什么样的精神面貌等，教师应给学生讲清楚、道明白，并严格监督。在行为举止特征上，不可要求千人一面、千口一腔，一切按要求进行。当管则管、当放则放，管有益于学生和社会群体和谐，放有益于个性发展。

④高与低：面对受教育的学生，教育者的姿态要做到"高"与"低"的结合。尤其是德育工作者，必须在思想境界、知识修养、才智见识、道德风范上要比学生高，即"学高为师，身正为范"。在具体的爱国主义教育过程中，不能处处以师长自居，要做学生的朋友，平等待人、勉励学生。既要站得高，又要放下架子；既要像老师，又和学生交朋友；既要理解学生，又不能随意迎合。

3. 法制教育

（1）法制教育的意义

青年学生是祖国的未来、民族的希望，是特色社会主义现代化的建设者和接班人，党和政府十分关心和高度重视青少年的成长。近年来，由于各种消极因素和不良环境的影响，青少年犯罪率日渐突出，给社会、家庭和个人造成了严重的危害。在推进依法治国中，加强对青少年的法制教育，对促进青少年的健康成长具有很大的现实意义。

（2）法制教育的措施

①依法治校，严格管理

成立法制教育领导小组，负责学生在校期间的安全保卫、纪律检查工作，组织校警和学生会成员检查学生到校出勤、遵守纪律情况；调动学生积极性，实行自主管理，促进养成教育的实施，如成立"行为规范督察组"，从学生日常点滴行为抓起，让陋习从身边走开；实现警校共建，不断拓展法制教育的途径，聘请法制教育辅导员，帮助后进和失足学生。

②加强宣传，营造氛围

利用板报、橱窗法制图片展，宣传学生守则和行为规范。充分发挥校园广播的作用，通过校园快讯、班校见闻、名人轶事、问题征解等栏目，对学生进行宣传引导，使他们对日常行为规范的理解深入持久。

③丰富形式，开展活动

设定法制安全教育活动月，组织学生观看一些法制报告，开展"摒弃陋习，树立新风，规范行为，从我做起"活动，培养学生良好的习惯。一是充分发挥组织优势，在学校、社区、农村广泛开展"两法一制"宣传活动，上下联动、齐抓共管、营造氛围；二是充分争取社会支持，依靠宣传、司法等各职能部门，设计有效活动载体，实现全方位宣传教育；三是设计丰富多彩的活动形式，通过开辟法律专栏，组织主题座谈会、法律宣传咨询、系列演讲活动等，增强青少年依法自我保护的能力。

④设立基地，强化队伍

聘请法制副校长，在学生中开展法律知识竞赛和与法制有关的社会实践活动，帮助有问题的学生，治理周边环境，维护中学生合法权益等。建立法制教育基地，使青少年法制教育落到实处，以保障青少年法制教育的顺利进行。

三、立自信和树榜样教育

（一）德育目标

努力探索富有生活化和实效性的德育新途径，切实加强学生思想道德建设，促进班风、学风和校风的建设。

（二）实施细则

好的榜样能为学生成长铺下健康的底色，即引导学生确立好的学习榜样，这就是"追星"；帮助学生寻找心目中的榜样，把学习榜样的"感人事迹和优秀品质"作为学星的最终目标,即激励学生学习先进,这就是"学星";开展"校园之星"评选活动,激发个体的主体精神,让学生在评价过程中认识自我、建立自信、体验成功、主动发展、健康成长,即每名学生都是一颗闪耀的星,这就是"争星"。

(三) 教育范例

1. 自信教育

自信心是人一种积极的心理品质,是培养学生各种良好习惯的动力基础,更是人格的核心。缺乏自信是制约学生健康成长的严重阻碍,犹如拿破仑所说:"默认自己无能,无疑是给失败创造机会。"为了战胜在学习中遇到的种种困难,加强学生自信心培养很有必要。

(1) 自信心的重要作用

自信心是一个人对自身价值和能力的充分认识和评价,是激励人们自强不息地实现理想的内部动力,是一个人成才所必备的良好心理素质和健康的个性品质。它犹如混凝土建筑中的钢筋,是学生学习生活的力量源泉,是他们取得最终胜利的保证。范德比尔特说:"一个充满自信的人,事业总是一帆风顺的,而没有信心的人,可能永远不会踏进事业的门槛。"居里夫人有句名言:"我们应该有恒心,尤其要有自信心!"古往今来,凡在事业上取得成就的人,无一不是以坚强的自信心为先导。

(2) 现代学生自信现状

我国有一个根深蒂固的观念——"望子成龙、望女成凤",在学生成长过程中,父母总要求他们必须不断进步,却很少考虑他们是否具有这样的能力、是否有信心去面对这么多的困难和期望。当困难一来、事情一多、期望一高时,孩子们丝毫没有信心去面对这一切,具体表现为对什么事都不敢尝试,害怕竞争、害怕失败……

(3) 学生自信心的培养

①体验成功法:自信受到成功率的制约,一个人的自信度与他的成功率成正比。成功的次数越多,自信心越强;失败的次数越多,自信心就越弱。正如魏书生所说:"培养学生自信心要从扬长开始。"要让学生在日常生活和学习中体验到成功,体会到成功的喜悦。进而让学生在内心深处感受到"我也行""我能行"。为此,在课堂教学中要多方了解学生实际知识水平,分层设置问题,多给对学习缺乏自信心、学习压力大的学生创造机会,让他们获得成功的体验;在作业批改中,要多给学生一些激励性的评价,如"你进步了!""做得太好了!"等评语,让学生知道老师对他作出了肯定性的评价。在操行评语中,一定

要针对不同层次的学生进行不同地评价，尤其要让那些自卑的学生从老师评语中找到希望和肯定。

②激励培养法：美国著名心理学家杰丝·雷耳说："称赞对温暖人类灵魂而言，就像阳光一样。"对学生任何一点值得鼓励的地方，都应该加以肯定、赞扬，激起他们的自尊和自信，并通过持续不断的鼓励，使其持久地保存下去。第一是信任激励：信任就像一座桥，沟通了师生间的感情。后进生只有在得到鼓励和平等的信任时，才会有自信地微笑，才会积极主动地参与学习，最终走向自信。第二是尊重激励：自尊心是一种值得肯定的心理品质，是一种高尚纯洁的心理品质，是人们进取的动力。每位老师都要尊重学生，以"朋友和共同学习者"的身份与学生相处，为学生创设一个融洽、和睦、协调的学习环境，不要挫伤其自尊心。第三是赏识激励：第斯多惠说过："教学的艺术不在于传授本领，而在于激励、唤醒和鼓舞。"教师在教学中要善于应用激励手段，增强学生的荣誉感、自豪感和学习信心。

③经验交流法：世界上有很多人都有过不够自信的经历，教师在平时要多和学生交流，利用班会时间，让学生大胆说出心中的困惑和疑虑，帮助他们解决平时种种不自信的想法和做法。同时，教师也可把自己不够自信的经历讲给学生听，让学生明白，即使教师也有不自信的时候，让他们不要太畏惧，要正视自己的不足，增强自信。

④配合家长法：教师要充分利用好与家长的交流平台，及时向家长了解和反映学生的日常学习、生活情况，双方好共同发现和解决问题，同时，教师要帮助家长改变不正确的教育方法和态度，要求家长给学生更多的爱和表扬，让学生看到自己的进步，相信通过努力是能够成功的，以免学生自卑情绪的出现。只有学校教育和家庭教育、社会教育密切配合，才能使学生自信心得到全方位的培养，从而达到更好的效果。

2. 榜样教育

榜样是指作为仿效的人或是事例。榜样包括名人的典范、教育者示范、学生中的好样板。以他人的先进思想、优良品质和模范行为来影响学生思想品德，使学生从富于形象性、感染性和可信性的榜样中受到深刻教育，这就是榜样的作用。榜样示范法是以他人高尚的思想品德、模范行为和卓越的成就来影响学生品德的方法。

（1）名人的榜样作用

邓亚萍从小就酷爱打乒乓球，她梦想着有朝一日能够在世界赛场上大显身手，却因为身材矮小，手腿粗短而被拒于国家队的大门之外。但她并没有气馁，而是把失败转化为动力，苦练球技，持之以恒的努力终于催开了梦想的花蕾，她如愿以偿站上了世界冠军的领奖台上。在她的运动生涯中，总共夺得了 18 枚世界冠军奖牌，令人羡慕。邓亚萍的出色成就，不仅为她自己带来了巨大的荣耀，也改变了世界乒坛只在高个子中选拔运动员的传统观念。

（2）教师的榜样作用

"其身正，不令而行；其身不正，虽令不从。"这句话强调了教师的榜样作用，特别是班主任，一言一行无时不对学生产生感染和熏陶。学生具有很强的"向师性"和模仿性心理特征，老师的一举一动，都可能成为学生模仿的对象。作为教师要时刻注意自身的品格、学识、涵养对学生潜移默化的影响。如要求学生不乱扔果皮纸屑，不说脏话，教师首先要做到，如果老师随手乱扔，随口脏话连篇，又怎么教育好孩子呢。

（3）先进的榜样作用

先进人物言行具有导向性，以先进人物为榜样激励学生，对学生进行正面教育会收到良好的效果。先进人物言行的榜样作用，一是教育：由于中学生生活阅历较浅，道德观念较薄弱，以先进人物为榜样激励学生，符合中学生的认识特点；二是感染：人类高尚的品质、情感、意志和行为都能在正面的人和事中体现出来，学生模仿时受到一定的感染而形成积极向上的思想情感，并将这种内在情感外化为行动；三是矫正：向先进人物学习，学生便会经常用先进事迹对照自己的言行举止，检查自己的不足，引起自愧和内疚，从而自觉抵制外界的不良诱因，克服缺点以矫正自己的不良行为。

（4）学生的榜样作用

优秀学生的榜样作用有很直接具体的意义，由于同学们生活、学习在一起，学习环境和经历基本相同，学生中的榜样为学生所熟悉，更具有可比性，能起到立竿见影的示范作用。教育心理学中指出有四种同辈人最易被模仿：一是学习好的同学，二是运动场中有较高技能的同学，三是被教师表扬的同学，四是小团体中公认的"首领"。教师要经常注意、发现和了解学生中出现的好人、好事、班级中出现的榜样，并有意识地宣扬这些好榜样。

四、讲文化和颂传统教育

（一）德育目标

引导学生深入社会，感受民俗、民族文化和民族精神，接受传统文化教育，如美德教育、诚信教育等。

（二）实施细则

安排志愿者活动和适合中学生的社会实践活动，让学生关心社会、关心人生，感受世界；借助节假日，让学生参观庙会等，引导他们参加各种民俗活动，深入民间文艺活动，了解民间艺术与风俗，了解传统文化；开设经典诵读课程，要求学生践行《弟子规》，更好地理解中国古代文化魅力等。

（三）教育范例

1. 文化教育

学校是传统文化教育的主渠道、主阵地，有着先导与示范作用。皆因社会上功利主义盛行，多数学校没有将优秀传统文化教育放在首位，学生普遍存在吃苦耐劳精神差，不善于团结协作、精神困顿，缺乏必要的应对生活的精神素养，缺少助人为乐的品质行为。因此，学校要立足于"先做人、后成才"的德育观点，努力推进优秀传统文化走进课程、课堂，在校园内营造热爱优秀传统文化的良好风气。

（1）传统美德教育与爱国主义教育相结合：爱国主义思想培育了中国人的正义感和是非观，形成了民族的浩然正气，出现过无数仁人志士，如"北海牧羊"的苏武、"精忠报国"的岳飞、"虎门销烟"的林则徐，以及爱国诗人陆游等。教师应通过讴歌爱国志士与其感人的事迹激发学生的爱国之情，从而增强学生建设祖国、振兴中华的责任感。

（2）传统美德教育与集体主义教育相结合：中国人历来把"天下为公""克己奉公"作为价值坐标。范仲淹"先天下之忧而忧，后天下之乐而乐"的强烈社会责任感，为历代所颂扬。教师可把"先忧后乐"作为学生的格言和道德准则，以此激励学生热爱祖国、热爱集体、热心帮困的精神动力。

（3）传统美德教育与遵法守纪教育相结合：古人倡导"责己严，待人宽"，说明古代思想家已经具备了勇于自我批评、加强道德修养的自觉性。"不贪为宝"等典故表明了古人非常重视道德品质修养，把不贪作为人生的珍宝，这对引导学生严于律己，自觉抵制拜金主义、享乐主义，加强道德修养，树立正确的人生观、价值观具有重要作用。

（4）传统美德教育与尊师孝道教育相结合："仁爱孝悌"是中华民族传统美德中最具特色的思想精华。"仁"的核心是"爱人"，"仁爱"以"孝悌"为根本，崇尚"父慈子孝""兄友弟恭"，从而形成一种浓厚的家庭亲情，有利于形成"尊老爱幼"的社会风尚。以此教育学生在家孝敬父母、在校尊敬师长、在社会敬老爱幼、助人为乐。

（5）传统美德教育与文明礼貌教育相结合："与人为善""平易近人"等成语说明了人要以善良、谦让、诚恳、宽容的态度处理人际关系。"举案齐眉"

"让枣推梨""宾至如归"等典故，说明了夫妻、兄弟、亲友等礼貌之行。教师要坚持晓之以理、动之以情、导之以行的原则，突出文明行为的训练和养成。

（6）传统美德教育与立志成才教育相结合：古人是非常重视立志成才的，并倡导自强不息、持之以恒。如大禹为根除水患"三过家门而不入"，屈原为挽救楚国的危难而"上下求索"，还有"磨杵成针""悬梁刺股""羲之墨池"等故事，表现了古人有一股为实现理想而甘愿吃苦的决心和恒心，这无疑对教育学生立志成才具有极大的启发作用。

2. 诚信教育

（1）陶行知诚信教育

"先生不应该专教书，他的责任是教人做人。学生不应该专读书，他的责任是学习人生之道。"陶行知先生用"千教万教教人求真"这样的格言勉励自己，用"千学万学学做真人"这样的警句激励学子。其实求真是一种科学、严谨的治学态度，同时也是诚信精神的最好体现。他说的"真人"内涵是丰富的，但最根本的却是"诚信"，诚信是做人的基本准则，也是"做真人"的基础和保证。陶行知先生一生都在"追求真理做真人"，教育生涯是强调一个"真"字，认为"真教育是心心相印的活动，唯独从心里发出来的，才能打到心的深处"。可见，"真"是高尚人格的血液，道德的根本目的是"建筑人格长城的基础"。

（2）诚信教育的措施

①教师要以身作则

要教育学生诚实守信，教师必须要首先严格要求自己，要处处为学生做出榜样，因为学生的模仿能力很强。学高为师，身正为范。只有严于律己，在各个方面成为学生的表率，才能有较高的威望，学生才容易接受并照着去做。

②课中让学生感知

立足课堂是对学生进行诚信教育最有效的途径。特别是语文课，教师要积极挖掘教材中的道德元素，引导学生做到诚信。因现实生活中，正义与邪恶同在，丑恶与善良并存，可谓真理是太阳，歪曲理论是黑云，教师吹掉黑云，真理就自然给学生看见了。

③与家庭密切联系

学生诚信的形成，更依赖于家庭环境。在家里，父母与孩子朝夕相处，耳濡目染、潜移默化。教师必须与家庭取得密切联系，并携手共进。如家访、开家长会、发放家校联系卡等。

④面向社会讲诚信

组织学生开展以"诚信"为主题的活动，共同"明礼诚信。"让他们在活动中实践"诚信从我做起，诚信从身边做起，诚信从今天做起"。如假期组织"诚信小组"到街头宣传，或到街头寻找诚信榜样。还可举行"诚信"演讲，倡导诚信之风，弘扬诚实守信等。

五、讲信念和励心志教育

（一）德育目标

帮助学生确立人格自主、行为自律的信念，开展以励志教育为中心的系列德育活动，引导不同层次的学生，努力实现成人、成才的成功目标。

（二）实施细则

把成功心理暗示法引入励志教育，不断对学生进行成功暗示；大力渲染信念目标追求，努力在校园内营造励志文化氛围，以激发学生的学习信心和潜能；在升旗仪式和班会课上，组织学生庄严宣誓，提升自律品格；主题班会围绕励志教育进行，重点突出意志教育和挫折教育。励志教育离不开养成教育，要让学生知道什么时间做什么事，什么事情怎么做，使其形成良好习惯。

（三）教育范例

1. 意志教育

意志是指在认识和变革现实的过程中，人自觉地明确目的，有意识地支配行动，努力克服困难，实现目标的心理过程。良好的意志品质是学生学习成功的重要保证，它可使学生摆脱来自各方面的干扰，对学习中遇到的种种问题，敢于探索，勇往直前。

（1）树立远大的志向

"有志者事竟成"，学生只有树立远大志向，才能激发出火一般的热情，充分发挥主观能动性，冲破重重阻力障碍，为实现自己的志向而奋斗。教师要引导学生制定短期、中期和长期的学习目标。短期目标要具体明确，只要去做，就会达到；中期目标要立足现实，只有努力，才能达到；长期目标要定得高远，只有拼搏，才能实现。

（2）从点滴小事做起

"不积跬步，无以至千里，不积小流，无以成江海。"从小事做起，持之以恒，是磨炼意志的好方法。前苏联科学家巴甫洛夫，以工作精确细致著称，他写字十分工整，像印刷出来的一样。还有达·芬奇画画从画蛋开始等。有的学生意志不够坚强，又不肯从小事做起，以为一节课、一次作业，无关紧要。岂不知，就是从这小小的一堂课，一次作业，滋长了意志薄弱，最后才导致学习上的"全线崩溃"。反之，学习上意志坚强的人，必定认真对待每一堂课，每一次作业，积小胜为大胜，获得学习上的成功。

（3）坚持不懈地锻炼

体育除了能"强筋骨"之外，还能强意志，对学生来说，培养坚强意志的最好途径莫过于坚持体育锻炼。许多体育锻炼"三天打鱼，两天晒网"或半途而废的人，归根到底就是缺少"坚持"两字。从这个意义上来说，学生什么时候能真正坚持体育锻炼了，他的意志也就坚强了。

2. 信念教育

理想是每个人所向往的远景目标，是人生的精神支柱。它激励人们为事业和未来努力奋斗。中学生理想教育特点鲜明：一是社会转型，必然会使学生的价值观、人生观和世界观发生深刻变化，并产生巨大的影响。二是中学生正处在逐渐从稚嫩走向成熟的过渡期，这期间他们的人生观、世界观将初步形成。

（1）先进引路法

积极培养优秀青年学生入团或入党，是理想教育的一项重要工作。学校可建立团章或党章学习小组，组织学生中的入团和入党积极分子学习理解团和党的纲领、奋斗目标、性质、任务等，使他们更加坚定自己的正确理想。在条件成熟时，吸收优秀学生入团或入党，使他们迈向共产主义理想目标，同时，也对其他学生起着引路导向作用。

（2）修养指导法

在教师指导下，学生通过各种方式进行自我修养。如组织"读书交流会""艺术欣赏会""难题辩论会"和"成才论坛"等活动，既能丰富课余生活，又能提高思想水平。

（3）主题活动法

围绕一个主题，学生自己设计、筹备、组织和开展教育活动，如"主题班会"等。这样的方法特别能激励学生充分发挥创造性，使其在自我教育中得到思想的升华。

（4）环境感染法

在学校环境布置和文化氛围的营造中，注意突出英雄模范人物和中国历代科学文化名人。这些对理想执著追求和不懈奋斗的精神风貌，会对学生理想的形成产生潜在的影响。此外，像18岁成人宣誓仪式、不同年龄层次的法制教育、社会热点或新闻事件的个案评析等，都是开展理想教育的适用方法。

六、讲责任和弘美德教育

（一）德育目标

加强美德和美好教育。教育学生表达感恩，立志刻苦学习，承担自我、国家、集体和社会的应有责任。

（二）实施细则

面对缺乏对自我、他人、集体、社会的责任的学生，要抓住"五四"青年节的机会，举行大型以"成人、责任、进取、感恩"为主题的成人仪式，提醒学生时刻记住自己的承诺。让学生写《给父母的一封信》，教育学生表达感恩，宣誓用成绩来报答亲人。同时，通过举办感恩主题班会、读感恩文章、办感恩日报、放感恩歌曲等多种形式弘扬感恩精神。

（三）教育范例

1. 感恩教育

"感恩教育"的核心是"感"和"恩"，基础是"爱"。感恩，绝不是对父母恩情简单的回报，它是学生本身的一种责任，更是人类精神境界的一种追求。人离不开群体，唯有学会感恩，感谢生活、感谢父母师长，才会更加热爱生命，关爱他人，收获和平与快乐。苏霍姆林斯基说过："只有爱妈妈，才能爱祖国。"百善孝为先，一个人如果连父母都不爱，又怎能爱他人和祖国？"羊有跪乳之恩，鸦有反哺之义。"只有不忘父母之恩、人民之恩、祖国之恩，才能弘扬中华民族"孝廉"之美德，才能培养自身的道德修养、爱国情操。感恩教育具有深远意义。

（1）转变观念

要明确感恩教育的重要性和必要性，切不能认为开展感恩教育活动会浪费学时，无益教学成绩；要跟随素质教育推进的步伐，使学生逐渐养成感恩父母、感恩同学的良好习惯。"孩子的心灵是一块奇异的土地，播上思想的种子，就会获得行为的收获；播上行为的种子，就会获得习惯的收获；播上习惯的种子，就会获得品德的收获；播上品德的种子，就会获得命运的收获。"利用各种场合和时机在学生心底播撒"善"的种子，让学生用感恩之心去感受世间的亲情、友情，在接受他人关爱、支持和援助时，学会给予他人回报。

（2）营造环境

校园环境包括物理环境、心理环境、人文环境等，它对学生成长起到潜移默化的作用。长期以来，学校德育教育存在一个致命的盲点，即缺少对教育对象的理解及基于理解、平等、宽容之上的对话。教师要用爱心感化学生，与学生建立平等、和谐的关系，使之"亲其师，信其道"。尤其对学习成绩暂时较为落后的学生，要"动之以情"，注重鼓励。同时，要在校园宣传栏、楼道、走廊等地方张贴感恩教育名言，如"孝子之至，莫大乎尊亲""一日为师，终身为父"等。

（3）小事做起

让感恩成为习惯，及时感恩他人的付出和帮助，让感恩成为一种美德、一种态度、一种信念、一种责任，更是一种使命。在日常教学管理中，注意抓住学生学习生活的点滴，有意识地渗透感恩教育。教学生从身边小事中学会体察生活、知恩图报、回馈社会。学会知恩图报就是让学生知道，报恩很简单，可以是对父母的点滴孝心，也可以是对师长、同学、朋友的关心，对社会弱势群体的关爱等，如起床问声好、进门忙报到、出门打招呼、睡觉道晚安、分别说再见、感激表谢意、就餐让个座、自己事自己做等等。

（4）专题活动

在特定的日子，如在"三八"节、母亲节等，组织感恩活动，学唱感恩歌曲、出感恩黑板报、撰写感恩征文等；中秋节给父母写一封感恩信或送一份小礼品；五一劳动节开展"为父母洗一次脚"的活动；教师节给老师送上一份贺卡等。

2. 尊师教育

（1）尊重教师的劳动

教师的劳动是一种复杂的脑力劳动，其劳动对象是人，劳动工具是人，劳动"产品"也是人。教师劳动的过程没有时间与场所的限制，教师作息也没有"八小时"或"上班下班"的概念。教育家赞可夫说："教师的劳动非常复杂，要求付出巨大的精力。"所以，学生应该尊重教师的劳动。

（2）尊重教师的人格

学生在心中设计理想教师的形象并无不对，但不能将之作为评判教师现实形象的唯一尺度，更不能简单化地对教师进行情感上的褒贬。有些学校确实存在少数教学能力低、师德水准不尽人意的教师，但大多数教师并不如此，他们在专业上比学生懂得多、钻得深。所以，一旦发现教师的不足，也不用失望埋怨，更不该随便取不雅的绰号，而应以谅解的态度，与人为善，不在课堂内外损害教师的人格。

（3）在校学生的礼仪

一是课堂礼仪：遵守课堂纪律是学生最基本的礼貌。当教师宣布上课时，学生要迅速肃立，向老师问好，待老师答礼后，方可坐下。在课堂上，学生要认真听老师讲解，集中注意力，独立思考，重要的内容做好笔记。下课时，学生需起立，与老师互道"再见"。二是仪表礼仪：学生穿着要合体适时、整洁大方，讲究场合。在校遵守学校规定，穿校服，以示学生良好的形象。三是言谈礼仪：首先，学生要注意学生身份。不说粗话，使用文明语言；不说脏话，不说气话，指桑骂槐，容易伤害人。其次，用语要礼貌，如常用口语化的礼貌语"您好""请""谢谢""对不起""再见"等；常用书面化的礼貌语，初次见面说"久仰"，许久不见说"久违"，等待客人说"恭候"，客人到来说"光临"，探望别人说"拜访"，起身作别说"告辞"，中途先走说"失陪"，请人别送说"留步"，请人批评说"指教"，请人指点说"赐教"，请人帮助说"劳驾"，托人办事说"拜托"，麻烦别人说"打扰"，求人谅解说"包涵"等。四是尊师礼仪：学生在校园内进出与老师相遇时，应主动向老师行礼问好；进老师的办公室或宿舍，应先敲门，经老师允许后方可进入；在老师生活工作场所，不能随便翻动老师的物品；对老师相貌衣着不应指指点点、评头论足，要尊重老师的习惯和人格。

【巩固与提高】

1. 学校德育教育主要包括哪几个方面？谈谈学校德育教育的重要性。

2. 学校传统文化教育的基本内容是什么？简述传统文化教育的方法与措施。

3. 学校法制教育的重要意义是什么？如何进行法制教育？

第 10 讲　家校联系工作内容与方法

家校联系指家庭和学校为实现共同的教育目标，通过语言等多种媒介进行的信息传递和思想交流的行为。在家校联系过程中，教师可把学校的教育计划、教育目标、教育方法和日常活动告诉家长，让他们对学校教育有一个大致的了解。家长也可以把自己的家庭背景、经济、生活情况告诉学校，以便老师有针对性地进行教育。可以说，没有家长参与的学校教育是没有针对性和没有个性的教育，没有学校帮助的家庭教育多数是盲目自发的教育，所以，要家校合作的教育才能实现完备健康的教育。

一、家校联系的意义

（一）促进青少年健康成长

家校合作的目的是为了孩子健康成长，让孩子充分享受来自老师和家长的关怀，让教育给孩子带来欢乐。由于家庭情况不同，家长对教育子女成才的目标观念各不相同，家长对子女的教育理念也不相同，所以家庭教育需要学校教育的配合。具体分析每个孩子的实际情况，才能正确引导孩子，让孩子健康成长，成为有用之才。

（二）促进家校间信息交流

学校与家庭两方面的教育是否密切配合，关键在于要及时交流信息。教师需要了解学生在家庭中的表现及对待父母的态度等，以便有针对性地做学生思想工作。家长也需要了解孩子在学校的表现，更需要知道学校是怎样开展工作的。可见，建立家校联系这一渠道，能使学校教育与家庭教育更有时效性、针对性和一致性。

（三）优化学校教育的环境

学校教育虽然严格按照国家的要求办学，但社会和家长要求也是学校教育不断优化的一种动力。比如，在家长委员会的牵头下，家长会会调动家长及社会成员改善社会环境的积极性和主动性，不断地提出改善学校教育的要求，传授社会上的经验，学校可充分利用家长的教育资源，优化校内外环境，使学生接受的教育更完整。

二、家校合作的角色

（一）领导角色

学校领导首先是鼓励士气的组织者，要对家校合作进行大力宣传和指导、支持与鼓励，使教师对家校合作充满信心和热情，营造家校合作的育人氛围；其次是家校合作的策划人，要带头参与家校合作的计划制订，主持大型合作活动；最后是家校活动的实施者，要通过自身的人格魅力和个人能力，机智地处理家校间的矛盾，使家校合作顺利开展。

（二）教师角色

教师是家校合作活动的具体策划者、组织者和参与者，更是家长的朋友、学生的知心人。教师进行一次家访，需要提前做很多准备工作；开一次家长会，亦是如此，要布置会场，请家长和学生代表发言等。在家校合作中，教师与家长是平等的，教师不应利用特殊尊严，去影响孩子在家长心目中的地位或家长在孩子心里的地位。教师要发现孩子的闪光点并告诉家长，与家长共享，让家长感到荣幸，也要帮助孩子在心中树立起父母伟大和无私的形象。可见，无论是"教师走出去"，还是"家长请进来"都需要教师去组织实施。

（三）家长角色

首先，家长是学校教育的合作者而不是指责者。学校教育在改革过程中会遇到许多困难和挫折，一旦问题出现，家长应密切配合学校，多合作少指责，为教育的健康发展出谋划策。其次，家长是学校教育的智慧者而不是观察者。学校教育需要家长的参与，家长要用智慧和真诚来支持教育，不能只在形式上成了一名观察员而不是实质上的参与者。最后，家长是学校教育的鼓励者而不是批评者。学校教育的发展需要家长的鼓励和宣传，特别是处于领导岗位上的家长的积极参与和友情配合。

三、家校联系的途径

（一）家长会议

家长会是学校、班主任、任课教师和家长沟通的平台，家长在家长会上不应仅是关注学生的成绩，而更应关注学生的成长过程。家长要树立全面正确的家庭教育观念。

1. 家长会内容

一是学校向广大家长宣传家庭教育的意义和作用，提高家长对家庭教育重要性的认识，指导家长认真遵守《中华人民共和国未成年人保护法》《中华人民共和国义务教育法》等法律法规，切实承担起法律赋予家长在培养教育子女方面的义务和责任；向家长传播科学的家庭教育知识方法及未成年人生理、心理发展特点和营养保健常识，指导家长对子女实施道德教育、素质教育及心理健康教育等。二是学校要引导家长从更多的角度发现学生的闪光点，充分认识到孩子的优势所在；关注学校教育教学工作的重点、难点及热点，积极开展家庭教育理论与实践的调查研究，为学校家庭教育的开展提出意见和建议。

2. 家长会要求

学校在期中和期末考试结束后召开家长会；年级在开学初召开学生与家长的集体会；班级分层召开家长会，并留存家长会档案资料。召开家长会要做到准备充分、计划详实、目的明确、中心突出、组织有序、时间选择恰当。家长会要力求全面又重点突出，既讲成绩又谈不足，既有事例分析又有理论阐述，既有商讨又要有指导。另外，还要将尊重、平等、合作原则贯穿在家长会的全过程，充分尊重家长，耐心倾听家长的意见与建议，积极进行互动交流，在交流中探讨，在探讨中解决问题，使家校教育得以持续、健康、和谐地发展。同时，要不断充实和创新家长会的内容和形式，充分利用有效资源，使家长会具有吸引力，让更多的家长积极参与到学校教育活动中来。

3. 家长会模式

家长会切忌形式单一，不能只谈学习，忽略学生思想、态度、情感以及生活发展能力，应该形式多样、不拘一格。如活动式，让家长参与教师、学生的活动，在互动的氛围中相互沟通；交流式，就教育中的共性问题进行理论探讨，或做个案分析，或召开经验交流会；对话式，就一两个突出的问题进行亲子、师生、教师与家长的对话；报告式，就学生入学后某个阶段或某个共性问题，请专家做报告并现场答疑，以提高家长的教育素质；展示式，展览孩子的作业、作品或学生现场表演等，让家长在学校班级背景中了解自己的孩子；分类式，可根据不同的内容、类型，分别召开小型的家长会。

（二）家庭访谈

家庭访谈即家访，是家长会的延续和补充，是对学生个案有针对性地研究和教育，是密切联系学校和家庭的重要环节。首先，要建立学校领导牵头、班主任组织、科任教师参与的全员家访制度。要求班主任每学期登门家访数量不少于30%，特殊学生要常访、多访。科任教师每学期要对所教学生登门家访不少于10人次。切实做到学期工作有方案、家访过程有记录、期末考核有检查，这是教师评职晋级的重要内容。其次，家访既要面向全体，又要突出重点。要坚持"六个必访"，即学生有经常违纪行为的必访，学生学习成绩明显下降的必访，学生家里出现重大事件的必访，学有潜力和特长的必访，学习困难和有问题的必访，学生心理和情绪不稳定的必访。第三，注重每次家访的实效，访前教师要精心准备，设计好家访内容，确定家访的目的，明确要解决的问题，事先要与家长取得联系，告知家长家访时间，主动取得支持。访中教师要注重宣传教育法律法规。通报学校发展情况和学生在校表现情况。了解学生家庭情况、家庭构成、家长受教育程度以及学生与家长的沟通程度，与家长共商提高学生学习能力和养成良好行为习惯的方法措施。家访要以表扬为主，多提学生的优点，多鼓励学生；讲学生缺点，要注意语气，以建议的方式表达。要尊重家长，耐心倾听家长的介绍与意见，做到因人而异，因势利导，切忌训斥学生和家长。

（三）家长座谈

1. 规模宜小：由于时间、地点、工作性质的制约，把所有学生家长都邀请来一起座谈很不容易。即使都来了，泛泛而谈，效果也未必好。一般情况下，以邀请6~10名家长为宜，效果好且具有目的性，如独生子女家长会、后进生家长会、家长经验交流会、女孩子的妈妈会等。

2. 内容宜精：家长座谈会最忌面面俱到，每次座谈要目标明确，最好集中解决一个中心问题。如就学校管理措施向家长征求意见，或向家长汇报学生各方面发展情况等。只有内容精炼、话题集中，才能群策群力共同会诊，突破教育中需要解决的难点问题。

3. 谈话宜实：每次家长座谈会都必须结合学生实际和家长实际展开讨论，确实解决一些实际问题。如互相通报学生家校情况，研究教育学生的对策和搞好家庭教育问题等。使家长感到来了有所得，不来有所缺，从而激发他们积极参加下次座谈会的积极性。

4. 形式宜活：可根据学生的学习情况，召开汇报型家长座谈会；或根据学生存在的问题，召开专题型家长座谈会。无论采取何种形式，家长座谈会都应是班主任和家长思想的双向交流，而不是"一堂言"。要尽量改变领导讲话、班主任汇报、学生代表发言、留下个别家长谈话等固定形式。

（四）家校联系

1. 校班讯通：校讯通或班讯通可提高家校沟通的效率，信息包括学生在校表现、考勤情况、单元测验、考试成绩、学校通知、期末评语等。班主任及任课教师可通过校讯通或班讯通，即时把学生信息发送给家长，让家长及时了解学校动态发展、教师教育理念，更好地了解孩子在校的学习生活。

2. 电话访谈：对一些自我控制能力较弱，经常出现过失的学生，班主任或任课教师可电话联系家长，了解该生在家表现并及时告知学生在校情况。这样教师和家长都能及时把握学生情况，并根据实际表现，富有针对性地督促他们完成作业、改正缺点。一般说，班主任每学期电话访谈不少于班级人数的50%，科任老师不少于30%，电话访谈时要做好电话访谈记录。

3. 联系卡片：家校联系卡是家校联系最方便、最灵活、最实用的渠道。它既省时又增强透明度，能及时将学生学习、思想品德、体育健康、获奖处分、重大活动、作息时间、加班放假等信息反映给家长；能帮助教师了解学生在家的情况，以使教师和家长充分进行信息交流。所以，教师与家长都要认真对待家校联系卡，每月按时发放，如实填写，不能应付了事。

4. 家长信箱：为了提高办学质量，学校必须面向社会和家长，随时接受监督。如通过QQ群或微信群建立"家长信箱"，及时了解家长对学校教育教学工作的反映。学校对家长反映的情况进行整理，会同相关部门及老师共同解决，做到求实公正、快捷有效。

5. 家校活动：请家长进校参与学校教育活动，包括参与学校计划的制订与后勤管理，使教育教学更加透明。如学校确定每月一天为家长开放日，让家长进课堂、进操场、进食堂去体验感悟，增进对校方的了解，征求他们对学校工作的建议和意见。这既利于加强老师与家长的了解与信任，也有助于家长对学校的支持与合作。

四、为家庭教育支招

1. 自学预习

就学习过程而言，教师只是引路人，学生才是学习的真正主体，学习中的大量问题，主要靠学生自己去解决。阅读是自学的一种主要形式，通过阅读教科书，可独立领会知识，把握概念的本质内涵，分析知识前后联系，理解教材、深化知识和形成能力。提前预习教材、自主查找资料、研究新知识的要点重点、发现疑难问题，能掌握听课的主动权，使听课具有针对性。

2. 专心上课

学生在课堂上要集中精神，专心听教师讲课、认真听同学发言，抓住重点、难点和疑点，边听课边思考。即使已经超前学过了，还是要认真听，把教师的思路、同学的思路与自己的思路进行对比分析，找出解决问题的最佳途径。

3. 独立作业

做作业的目的是巩固所学的知识，培养独立思考能力，不是为了敷衍教师或是应付家长。有的学生做作业的目的不明确，态度不端正，采取"拖、抄、代"，会做的马马虎虎，不会做的就不动笔；有的好高骛远，简单的会而不对，复杂的对而不全，这些不良习惯严重影响了学习效果。因此，在做习题时要认真思考，注意总结定义概念、原理方法、解题思路等。

4. 练后反思

习题做完后，要进行五个层次反思：习题怎样做出来的—想解题采用的方法；习题为什么这样做—想解题依据的原理；为什么想到这种方法—想解题的思路；哪种方法更好—想多种途径，培养求异思维；能否变通一下而变成另一习题—想一题多变，促使思维发散。如果发生错解，更应进行反思：错解根源是什么？解答同类试题应注意哪些事项等。

5. 复习归纳

每天把学习内容回忆一遍，每周做一次知识梳理，学完一章做一篇复习总结。对记忆性知识，每一遍复习的用时不需多，但反复的遍数要多，才能加深印象。每章、每节的知识是分散和孤立的，要想形成知识体系，课后必须有小结归纳。每学习一个专题，要把分散在各章中的知识点连成线、构以面、结成网，使学到的知识系统化、规律化和结构化，运用时才能联想畅通，思维活跃。

6. 整理错题

平时要把有疑问、易弄错的问题随手记下，经常查看。用本子记下有意义的题目，并将类似问题一同研究，找出解题技巧和办法。另外，要养成客观评价自己的好习惯，这是一种健康心理的体现。只有客观地评价自己、评价他人，才能评出自信、评出不足，从而达到正视自我、不断反思、追求进步的目的。

【巩固与提高】

1. 结合当前教育环境，谈谈"家校联系"在学校教育工作中的重要性。

2. 家校联系的途径有哪些？说说自己如何进行家庭访谈？

3. 家庭教育是学生教育的重要组成部分，请你为学生家长们的教育支招。

第11讲　学生良好习惯的培养方法

英国教育家洛克说："事实上，一切教育都归结为养成儿童的良好习惯，往往自己的幸福都归结于自己的习惯。"我国当代教育家叶圣陶说得更明确："什么是教育？简单一句话，就是要养成习惯。"其实，教师的职责，就是帮助学生培养良好习惯；学生的学习，就是养成自己的良好习惯。

一、行为习惯的内涵

（一）习惯的概念

习惯就是指人的行为倾向。习惯是一种行为，且是稳定的，甚至是自动化的行为。用心理学观点说，习惯是刺激与反应之间的稳固链接。每个人身上有很多习惯，有好习惯，也有些不好的习惯，如随地吐痰、乱扔纸屑、大声喧哗、做事拖拉等。坏习惯是一种藏不住的缺点，别人看得见，自己往往看不见。因为习惯是一种"自动化"的行为，潜意识表现的行为，并不一定是自己所希望的行为。不过，良好的习惯益于自己、益于他人、益于社会。

（二）常见的习惯

1. 行为习惯

（1）信守承诺

法国古典主义文学作家莫里哀说："一个人严守诺言，比守卫他的财产更重要。"走正直诚实的生活道路，必定会有一个问心无愧的归宿，而失掉信用的人，在这个世界上将无法生存。"对人以诚信，人不欺我；对事以诚信，事无不成。"信用既是无形的力量，也是无形的财富。自尊建立在信守承诺之上，所以，要对自己和别人遵守承诺。

（2）学会感恩

波兰裔法国籍女物理学家、放射化学家居里夫人说："不管一个人取得多么值得骄傲的成绩，都应该饮水思源，记住是老师为自己的成长播下了最初的种。"感恩即是灵魂上的健康，忘恩的人落在困难之中，是不能得救的。生活需要一颗感恩的心来创造，滴水之恩当涌泉相报。为别人鼓掌就是在给自己的生命加油，学会感恩，才懂得如何实现自己的价值。

（3）学会原谅

法国·福莱说："一个不肯原谅别人的人，就是不给自己留余地，因为每一个人都有犯过错而需要别人原谅的时候。"友谊的本质在于原谅他人的小错，与人为善就是善于宽容。有时宽容引起的道德震动比惩罚更强烈，我们应该遇方便时行方便，得饶人处且饶人。憎恨和生气都是对自我的惩罚，释怀才是对自己的善意。更重要的是学会原谅他人，包括自己。每个人都会犯错，只有学会原谅才能成为一个更强的人。

（4）不要放弃

水滴石穿，不是由于它力量强大，而是由于昼夜不舍的滴坠。成功的必然之路就是不断地重来，一个人只要坚持不懈地追求，就能达到目的。因为忍耐和坚持虽是痛苦的事情，但却能渐渐地为你带来好处。请记住：失败是暂时的。在生活中遇到挑战的时候，决不能自暴自弃，变得很消沉。要会直面挑战，调动全身力量寻找解决办法，坚持到底，就是胜利。

（5）善于思考

伟大的哲学家、科学家和教育家亚里士多德说："人生最终的价值在于觉醒和拥有思考的能力，而不只在于生存。"把时间用在思考上是最能节省时间的事情，一分钟的思考抵得过一小时的唠叨。一个人年轻的时候，不会思索，他将一事无成。真正的智慧，都是曾经被人思考过千百次。科学灵感决不会从天而降，科学上的"偶然的机遇"，只能给那些善于独立思考的人，而不是给懒汉。思考与实用结合，才能产生明确的概念，从而找到一些简便方法。

（6）学会给予

印度著名文学家、哲学家泰戈尔说："埋在地下的树根使树枝产生果实，却不要求什么报酬。"人家帮我，永志不忘；我帮人家，莫记心头。在花中采蜜是蜜蜂的娱乐，花将蜜汁送给蜜蜂也是花的快乐。雷锋说过："人的生命是有限的，可为人民服务是无限的，我要把有限的生命，投入到无限的为人民服务之中去。"因此，人要重视自己的价值，给世界创造价值。

2. 生活习惯

（1）富有同情，常说谢谢

换一个角度思考，用同情心客观地处理问题，这样生活中就会少一些冲突，多一点快乐。同时，对生活中的祝福要学会欣然接受。向那些帮助过你、给你方便、让你生活变好的人，随时随地表示感谢，表达出欣慰之情非常重要。

（2）学会交友，经常微笑

根据哈佛调研，影响个人幸福最重要的因素是人际关系。一个人若想变得开心，就要多交朋友，他们能让你的生活变得丰富快乐，更有意义。另外，不要把生活看得太严肃，要学会在每日的奋斗中寻找幽默感和笑声。当你面对一个挑战时，如果倾向于最坏的想法，就要抓紧时间转换这种状态，因为只有乐观才能驱动成功。

（3）做好自己，不断用脑

每个人都有局限性，有时很努力去做一件事情，结果也会事与愿违。所以，要做最好的自己，然后放手，因为当你尽了全力，才会没有遗憾。另外，学习可让人保持年轻，梦想能让人充满活力。人运用大脑进行运作的时候，就不大会想不开心的事情，从而变得开心和满足。

3. 学习习惯

（1）课前预习

经常有这样的感觉，如有进行课前预习，听课时就感觉会比较轻松。但课前预习要有目标，不能走马观花；要抓住预习的重点，把重点放在自己难以理解的问题上。预习时应对要学内容认真研读、加以思考，把不懂的问题做好标记，以便有重点地去听、去学、去练，这样就会达到事半功倍的效果。

（2）认真听课

课堂45分钟是最关键的，同学们上课必须盯着老师听，跟着老师想，调动所有感觉器官参与学习。课堂上要做到情绪饱满，精力集中；抓住重点，弄清关键；主动参与，积极分析；大胆发言，展示思维。一心不能二用，不要在学习的同时干其他事。

（3）上课记录

"好记性不如烂笔头"。课堂上要动笔做简单记录，对重点内容、疑难问题、关键语句进行"圈、点、勾、画"，把关键性的词句记下来。实验表明：上课光听不记，仅能掌握当堂内容的30%，一字不落地记也只能掌握50%，上课时记要点语句，课下再去整理，则能掌握所学内容的80%。所以，不抄笔记是不行的，人人都会遗忘，有了笔记，复习时才有基础，不过，也无需要全记，只记一些书上没有的典型例题与典型解法即可。

4. 读书习惯

良好的阅读卫生习惯有利于学生身心健康的发展，教师要经常强调阅读的卫生习惯，如阅读时要有正确的坐姿，千万不要躺在床上读书，眼睛和书本的距离要适度等。

（1）每天阅读

每天阅读，关键在于坚持，养成自觉的阅读习惯。学生最好从一年级做起，一到时间，就开始阅读，在家长的帮助下进行，逐渐形成家庭的生活惯例。如此，就会自然而然地养成每天阅读的习惯，哪一天不读书，就"寝食难安"。不过，要充分考虑到学生兴趣、个性，要给学生自由选择阅读材料的空间，循序渐进，方能进入正轨。

（2）专心阅读

专心阅读就是身心合一，聚精会神。养成这一习惯，必须做到：姿势端正，端正的身心有助于唤起注意、记忆、思考等各种心理牲征；环境安静，阅读时应尽力避免干扰，做到轻松幽静、空气清新、光线适度；作息定时，应专心致志，按时作息，这有利于阅读习惯的养成；地点固定，学习场所单纯不变，可以控制心理倾向；尽量默读，默读能提高阅读速度，而出声阅读不仅速度慢，还会出现"口到眼到心不到"的现象。

（3）读书动笔

徐特立先生说："不动笔墨不读书。"阅读时边思考边动笔，可以抓住重点，深入理解；做摘录、记笔记及时记下心得体会，对积累资料和活跃思想十分有利。当然，"动笔"的方法习惯因人而异。教师可以就如何记笔记对学生进行定期指导。

（4）边读边思

阅读是一项复杂的心智活动过程，必须培养学生养成阅读思考的习惯，指导学生读书时常问"为什么"和"为什么不"的习惯。问"为什么"，可以由表及里，深入思索；问"为什么不"，可以培养逆向思维，克服思维定势的影响，有利于学生创造性思维的形成。

5. 规范习惯

（1）规范答题

一份工整、清晰的答题卡，无疑会让阅卷教师眼前一亮。阅卷教师希望看到的是能够减轻阅读量的卷面：一是书写工整，卷面清洁，字迹清晰；二是在规定的答题区域答题；三是表述根据分值思考的要点，尽量用分号或①②③④等符号清楚表述；四是语言简洁明了，答中要害；五是语言表述规范，尽量用专业术语等。

（2）试卷扫描

现在高考以及各类大型统考都是采用计算机阅卷，先扫描再评阅，试卷扫描的范围和清晰度直接影响得分，常见情况是：若不使用规定的2B铅笔，可能识别被误判为"空选"，造成失分；若用蓝色钢笔书写，可能扫描字迹较浅，或无法辨认，容易误判或不给分；若作图未使用规定铅笔，或下笔太轻，会造成扫描看不清楚，影响得分；若语言表述不扼要，书写超出答题区域也会造成不得分或少得分。

（3）评卷误差

高考老师在网上阅卷中发现了很多不规范的答题情况，如答题超出指定区域、字迹潦草、涂抹严重、选考题题号填涂与作答不符、答案不分层次等，类似的丢分情况实在不应该。评卷误差的产生，归纳起来有两个主要原因：一是解题过程的规范性，二是书写的规范性。如字迹无法辨认，或容易引起歧义，或解答题未化简到最终结果等。

（4）答题不规范

①字迹潦草和字迹过淡

高考阅卷是在计算机中阅读扫描后的考生答题卡，没有平时纸质阅卷那么清晰易认，加上高考阅卷时间短、任务重，字迹潦草、过淡等实为不该。因此，书写能力较差的学生平时应加强书法练习，不仅字要书写得工整大方，整个卷面也要做到干净整洁；考试时要使用配套的 0.5mm 专用水芯笔，避免笔迹过淡或过浓导致扫描不清晰等。

②超出规定的区域答题

个别学生答题时还没想好便匆忙作答，以至于格式没安排好，超出了该题预留的答题位置。然而，网上阅卷超出规定区域的答案无效。因此，考生答题时，要想好了再动笔，先答什么，后答什么，要有条理，不能写了半天还没切入主题，重要的东西没地方写，只能再东找西找地方写，以至结果不能得分，实在遗憾。

③解题答案与分块书写

有的学生考试答案布局不合理，内容分成几块。"分块"现象容易导致阅卷教师漏阅得分点，造成得分过少的现象。因此，书写答案前应先确定需要书写的要点数，规划好答案的整体布局，或打好草稿，再从左上角往右下角书写，这样才不会出现"分块"现象；要做到答题时条理分明，避免书写后又补充答案的现象。

④作图规范与卷面整洁

部分考生在答题卡上作图不清晰，要么过淡，要么就东一条线、西一条线，字迹没擦干净，显得很脏，让阅卷老师很难辨识清楚，容易失分。因此，作图题要本着清晰干净的原则，该用尺子的地方一定要用尺子，线条要重些，但又不能让其看起来显得很脏。

二、习惯养成的方法

（一）反复训练法

习惯是一种动力定型，是条件反射积累和强化的结果，必须经过长期、反复的训练才能形成。专家学者认为严格要求，反复训练，是形成良好习惯最基本的方法。如坚持做定时练习，考试就不会超时；坚持规尺作图，考试就不会乱画；坚持规范解题，考试就不会缺少步骤和要点；坚持认真阅读，考试就不会漏读和漏意。跳水皇后高敏的每一个翻滚动作都要在蹦床上练习若干次；跨栏短跑冠军刘翔的每一个跨步都需要无数次练习；世界篮球名将姚明的每一个抛球动作都需要很多次训练；钢琴家的每一个指法都需要无数次的弹奏，等等。

良好的学习行为习惯一旦养成是非常愉快的，可养成的过程，却是一个"痛苦"的过程，需要战胜许多困难、经过许多练习。特别是对已形成不良习惯的同学，要矫正就更需要有坚强的意志，不断地同坏习惯作斗争。所以在训练中要强调"反复""严格"四个字。

（二）检查对照法

中学生行为规范和各种道德行为要求是学生良好习惯形成的一面镜子，日常生活学习过程中学生应严格按照要求去做，要对照规范要求，进行行为批评和自我批评。保持好的习惯，克服差的陋习，勇于挑战自己，在检查、对照和克服中进步。此外，教师可用周围好的典型范例，激发学生养成良好行为习惯的自觉性。如做事不专心、完成作业磨蹭的学生，可请做作业快的同学有针对性地谈体会、感受，把习惯养成与趣味活动结合起来，做事磨蹭自然就会克服。

（三）榜样激励法

榜样的力量是学生良好行为习惯的典范，是行为规范的模式。榜样是活的教科书，具有生动、形象、具体的特点，对学生有更大的说服力、更强的感染力。在遵守纪律方面，多给学生寻找身边的榜样，挖掘他们身上的优点。每个人都有争强好胜心理，就会不由自主地以他们为标准要求自己，养成严格遵守纪律的习惯。榜样有矫正作用，它像一面镜子，可使学生经常对照检查，改正自己的不良行为。经常参观优秀班级同学的礼貌表现、组织纪律、集合列队、课间活动等，能够使学生找出不足，很好地规范自己的行为。

三、习惯养成的步骤

（一）耐心发动，逐渐加速

俗话说："有志者，立长志；无志者，常立志"。要养成良好的学习习惯，第一步就要说到做到，坚定不移。计划每天要记 10 个英语单词，就要一天不落地去记；意识到写字潦草、做题马虎，在写字、做题时就要多加注意，确保字字工整，题题复查；制订了学习计划，就要定时定量地去完成；决心使自己的学习成绩位次前移，就要千方百计地挖掘自己的学习潜能。

（二）控制时空，约束自己

人的行为，很大程度上受情景因素影响。如学生已经认识到打游戏机的副作用，决定不再打游戏机，可人一走近游戏厅就会忘乎所以，控制不住自己。因此，在习惯形成的过程中，自己的自制力还不强的，应从控制自己的活动时间和活动空间入手来约束自己的行为。在时间上，从早上起床一直到晚上就寝，都安排满有意义的学习活动，不让一日虚度，不让一时空耗。在空间上，严格控制自己的活动范围，歌厅、游戏厅、录像厅、台球室等游乐场所，无论自己多么好奇，无论别人怎么引诱，也不去。

（三）偶有偏离，及时调整

许多同学自制力比较差，在好习惯形成过程中，或者在坏习惯克服过程中，容易出现反复、拖拉、敷衍、放任等现象。这就要求学生严格监督自己，发现偶有偏离，立即做出调整。如发现自己的字写得不规整了、上课时精神溜号了、没有执行或没有完成学习计划了、躺着看书了、走路或骑自行车时思考问题了……立即作出改变。培养习惯，就像走路一样，发现走的路线不对，及时调整到对的轨道上去，久而久之，才能踩出一条小路来。

【巩固与提高】

1. 什么是良好的习惯？为什么说人的成功离不开良好的行为习惯？

2. 何谓良好的学习习惯？课堂的良好学习习惯包括哪些？

3. 简述学生良好习惯的培养方法和步骤。

03

|教 学 篇|

第三章

教学研究

第 12 讲　中学教学论与有效教学

如果一线教师对有效教学的内涵没有透彻的理解，就无法将之用于教学实践，有效教学便是空谈。作为专门讨论教师有效教学行为的教学论，其定义五花八门、争论多多。所以，把握或理解教学论的内涵需要从教学发展史的角度入手，否则定是雾里看花。因此，有必要从有效教学诞生前后的行为主义、认知主义和建构主义等理论方面给出一个理解视角。

一、影响中国教育教学的理论

（一）赫尔巴特四步教学法

19 世纪前期，德国哲学家、心理学家、科学教育学的奠基人赫尔巴特创立了四阶段教学法，包含：明了、联合、系统、方法四个部分。明了，即教师运用直观、演示等多种方法提示教材，学生对新教材的提示全神贯注，集中精力理解教材，进行钻研，努力明了新概念。联合，即教师通过分析和学生谈话，使新旧知识产生交融，学生专心期待新旧知识联合产生的结果，由模糊到清晰。系统，即教师通过综合教学、分析比较，将知识形成概念、定义、定理和定律，学生将新旧知识联系后的内容系统化，通过深思、追忆进行深入理解。方法，即教师通过多种方法指导学生练习、作业，将知识理论应用实际，培养思维技能，学生接受应用、练习巩固。该教学法于清末流传到我国。

美国心理学家、赫尔巴特派的莱因把此理论和阅读教学结合起来，创立了五阶段教学法：一是预备，复习旧课，进行与新课有关联的事项问答；二是揭示，向学生说明教学目的和学习特点；三是比较，把新的教学内容同学生已经学过的内容联系起来；四是概括，归纳全文的中心思想，得出结论；五是应用，指导学生应用新学的知识，完成练习，或写短文。

美国著名哲学家、教育家杜威，在前两者基础上又创立了五步教学法：第一步，教师给学生创设一个课题，情境必须与实际经验相联系，使学生产生要了解它的兴趣；第二步，给学生足够的资料，使学生进一步观察、分析，研究该课题的性质和问题所在；第三步，学生自己提出解决问题的设想，或提出一些尝试性的多种解答方案；第四步，学生自己根据设想，进行推理，以求得解决问题的方案；第五步，进行实验验证，要求学生根据明确的假设方案亲自动手去做，以检查全过程所达到的结果是否符合预期的目的，在做的过程中，发现设想和假设的真实性和有效性。

（二）凯洛夫五环节教学法

前苏联著名教育家凯洛夫传承赫尔巴特派的理论，强调知识的系统学习和教师的主导作用。他强调三中心，即以教师为中心，以课堂为中心，以知识为中心；注重五环节，即组织教学、复习旧课、讲授新课、巩固新课、布置作业。新中国成立初期，中国教育苏化，凯洛夫所著《教育学》被奉为法典圣经，凯洛夫被戏称为"教（育之）皇（帝）"，五环节教学模式得到教条主义、形式主义的推广，其庞大惯性力量一直延续到现在。

（三）赞可夫的五步教学法

前苏联著名教育家、心理学家，现代教学论的代表赞科夫认为，传统的教学体系只注重传授知识、技能和技巧，现代教学应该同时完成掌握知识与促进个性发展的双重任务。为了体现教学与发展的主要思想，实现"以最好的教学效果来达到学生中最理想的发展水平"，他提出了五条教学原则，即以高难度进行教学的原则；以高速度进行教学的原则；理论知识起指导作用的原则；使学生理解学习过程的原则和使全班学生包括和后进生都得到发展的原则。

学生在积极参与教学活动中增加自己的知识储备，发展自己的探索能力和创造能力。教师能及时了解学生掌握知识、技能和自我发展的状况，使自己的教学活动更符合学生的实际。在五步教学法的实施过程中，学生智力活动过程和认识活动的水平，以及学习动机、学习兴趣、注意力、思维状态、求知欲望等均得到体现，对师生双方的自我调整和控制都很有利。

二、有效教学理论

（一）有效教学概念的由来

以前，有一所为了应付新世界的变化，并以造就英雄为教育目标的动物学校，其教学目标是克服所有动物各自与生俱来的缺点。为此，该学校设置了跑、跳、爬、飞、游泳等课程，希望把每一种动物都培养成全能型动物。该校的办学理念是：谁也没有弱项，大家都是英雄！所以，每个在这个学校就学的动物都必须修完全部课程。

鸭子在这个学校里是游泳能手，可其飞行水平才刚刚及格，跑的能力也极差。于是，它必须拼命地加课以强化跑的技能。但直到它把脚都跑烂了，成绩都长进不大。虽然学校认为，这个成绩还可以接受，但鸭子却更担心了。因为它可能再也没有什么可以骄傲的强项了。与鸭子相反，兔子则属于另一个类型。兔子跑得极快，但不会游泳。老师要兔子拼命地练习游泳，可由于过度训练，最终导致它精神崩溃。

同样地，松鼠爬得飞快，却没有飞行的本领。但老师不让它爬到树上，而是要它飞上树。在飞行课上，松鼠一再受挫，致使它最后的一点自信也丧失了。除此之外，老师还超负荷地训练了马，要它专注于爬行。结果，马在爬行课上勉强只得了"及格"成绩，最擅长的跑，成绩却没有"及格"。

鹰是个问题学生，在爬行课上，打败了所有对手立于大树的顶端。可它取得这样好的成绩，并不是老师教的，而是它运用自己的训练方法。草原鼠没有上这所学校，因为学校没有打洞的课程。不过，草原鼠依然能够把自己的后代个个训练成专门打洞的能手。甚至它还自己创办了私立学校，且生源充足。

最后，显然动物学校失败了。究其原因：一是教育目的和理念是空想的，以致教学无效；二是教学目标是学生不可能做到的，所以即便有低效的例子，也耗费了太多的教育成本，本质上依然是无效教学。

教学要彻底告别"动物学校"，深挖学科教学内涵，提高教学质量，推进和实现有效教学。而何谓"有效教学"？从操作层面表述可用"简洁、多样、生成、意义"八字概括。"简洁"指教学目标简单明了，该让学生做什么、做到什么程度应该明晰，教学设计结构、层次合理，可发生的结果一目了然。"多样"指营造开放的学习环境，引导学生多角度、多方面地探究活动。"生成"是指多样化的学习活动，促成学生独立思考和自我建构，引发学生提出问题和解决问题的过程。"意义"指教学生成的结果显见，既包括时下的外在行动，也包括潜在的内化过程。

（二）有效教学的学术争论

1. 百家争鸣

面对现代的教学实际，人们产生了诸多困惑。教学的有效性是否就是完成了教学任务、达成了教学目标？教师讲得清楚，学生听得明白，是不是有效教学？教的学生100%上大学，60%以上名校，能说他们没素质吗？

2. 价值取向

"素质教育"与"应试教育"之所以引起"有效教学"的争论，关键原因是"教育价值"取向的不同。理直气壮地说"以考代教"和"以考促学"的理由，实际上已经是一种不客观了，因为这没有顾及"谁拥有知识"的问题。"有效教学"之所以不是无聊问题，在于它实现了从"传统教学"向"现代教学"的转变，如不把学生作为主体，放在核心位置，就无从讨论教学是有效还是无效的问题。

3. 有效教学

所谓"教学"是指教师引起、维持或促进学生学习的所有行为，学生"有无进步或发展"是教学有没有效益的唯一指标。就是说，"有效教学"所指向的学生进步或发展，是基于学生在学习过程中的自觉的投入，而像死记硬背乃至一切由被动学习获得较高的分数，都缺少增值意义，将被判定为无效教学。

（三）有效教学的理论依据

1. 行为主义理论

美国心理学家约翰·华生认为，人类的行为都是后天习得的，环境决定了一个人的行为模式，无论是正常行为还是非正常行为都是经过学习获得的，其可通过学习而更改、增加或消除。他认为"行为"是有机体用以适应环境刺激的组合，有的表现在外，有的隐藏在内，人和动物没什么差异，都遵循同样的规律。

此外，从美国著名学者斯金纳的程序教学理论看，教学研究已经纳入科学范畴。其一，教学被视为一个按照严格逻辑顺序编制的程序，它是针对教学内容设定教学目标，并将教学信息转换成一系列问题和答案的活动过程；其二，学习是循序渐进的，学生夯实了已学的内容，进入新内容的学习才顺理成章；其三，学习需要及时强化，并适时调整学习步调。显然，教学是由目标锁定，并有"科学程序"规定教师的教学行为。

2. 认知主义理论

20世纪50年代中期，美国教育心理学家、认知心理学家布鲁纳的认知主义与行为主义相对立，源于"格式塔学派"的认知主义学习论经过一段时间的沉寂，再度复苏。20世纪50年代后期，随着布鲁纳和美国心理学家奥苏贝尔等认知心理学家的创造性工作，学习理论又进入了一个辉煌时期。学派认为，学习就是面对当前的问题情境，在内心经过积极的组织，从而形成和发展认知结构的过程。学派强调刺激反应之间的联系是以意识为中介的，更强调认知过程的重要性。

瑞士近代儿童心理学家皮亚杰认为，学习是帮助学习者在头脑里建立知识结构的过程，学习能够使新材料和旧材料结为一体，形成一个认知结构。布鲁纳强调，学习是学习者主动形成认知结构的过程，教师应该做的是：促使学生主动地形成认知结构；作为学科教师不是教授零碎的知识，而应该呈现学科的基本结构，使学生通过发现活动，提高智慧潜力，最终将外来动因变成内在动机形成认知结构。奥苏伯尔则认为，学习变化的实质在于新旧知识在学习者头脑中的相互作用，进行同化和改组，从而产生新的意义。

美国行为主义心理学家加涅提出"学习条件论"和"信息加工学习论"。"学习条件论"强调，学习是一种将"外部输入的信息"转换为记忆结构，并以"人类作业"为形式的输出过程，此过程，要经历接受神经冲动、选择性知觉、语义性编码、反应组织、检查作业等阶段。"信息加工学习论"强调，学习是学习者神经系统中发生的各种过程的复合，学习者通过感官接受刺激，通过大脑转换信息，再通过肌肉动作显示学到的内容。

3. 建构主义理论

在皮亚杰、智力三元理论的建构者斯滕伯格及前苏联卓越心理学家维果茨基等人影响下，二十世纪八九十年代认知主义发展到建构主义，认为"任何学科的学习和理解都不像在白纸上画圆一样，学习需要在新旧经验的相互作用中进行"。学习过程是对新信息的理解，并超越所提供的信息而建构的过程，是从记忆系统中所提取的信息，并接受具体情况进行建构的过程。学习者以"自己的方式"建构对事物的理解，因不同人看到的是"事物不同"的方面，不存在理解的唯一标准，但可通过学习者的合作，使理解丰富和全面。

建构主义理论主张由"情境""协作""对话"和"意义建构"构成学习环境中的四大要素，即学习环境中的情境必须有利于学生对所学内容的意义建构；协作应贯穿学习过程的始终；对话是协作过程中不可缺少的环节；整个学习过程的最终目标是意义建构。具体来说，建构主义强调人的主观能动性，即要求学习者积极主动地参与教学，在与客观教学环境相互作用的过程中，学习者积极地建构知识框架。可见，教学绝不是教师单纯给学生灌输知识和技能，而是学生通过驱动自己学习的动力机制，积极主动地建构知识体系。课堂教学的中心应该在学生而不在教师，教师在课堂教学中的角色是引导者、促进者和帮助者。

4. 多元智力理论

美国心理学家加德纳创建了"多元智力论"，他认为人的智力由七种紧密关联但又相互独立的智力组成，即语言智力、节奏智力、数理智力、空间智力、动觉智力、自省智力、交流智力，它比智商理论，即语言智力、逻辑智力广阔得多。事实上，各种智力只有领域的不同，没有优劣之分和轻重之别。在一定条件下，优势智力可向其他智力迁移。同理，每个学生都有发展的潜力，只是表现的领域不同而已。

5. 后现代主义论

后现代心理学是后现代主义与心理学结合的产物，是90年代在西方兴起的一种新的思潮，它包含了许多不同的理论流派，如建构主义心理学、解释学心理学、女权主义心理学、后认知主义、后实证心理学和话语心理学等。在一定程度上，后现代主义心理学思想反映了科学技术飞跃发展的信息社会从产业商品过渡到消费商品时人们的思维方式和社会心态。

在后现代主义看来，世界是开放的、多元的，为高中课堂教学评价提供了新视野，即每个学习者都是独一无二的个体，教学不能以绝对统一的尺度去度量学生的学习水平和发展程度，要给学生的不同见解留有一定的空间。所以，课堂教学不仅要注重结果，更要注重过程。

三、以学生为中心的有效教学

（一）教师能够营造开放的学习环境

"为何而教"在理论上是对学科教学本质的追问，旨在揭示学生将学到什么，在形式上营造开放的学习环境，构建以学生为中心的课堂教学。其实，课堂环境越自由，学生才越愿意释放自己的学习能量。只有教师相信学生具有形成相对稳定的观点和价值判断的能力，学生才能承担起学习过程中的主体角色。

（二）需要教师留给学生悬念的期望

给学生"悬念的期望"，虽不如以教师为中心的课堂有序和有预期达成，但只要教师有能力让学生理解和组织学习，扮演好学习环境的提供者、学习问题的咨询者、创造性学习的合作者，以及资源弹性支持者的角色，课堂教学就会有效果。

（三）要合理把经验与知识关联起来

教师要帮助学生选择适宜的方法，不是去认识"我该知道多少"，而是去认识"知道怎样知道"的道理，以使课堂也具有社会交流功能。在课堂学习环境中，承认学生各有各的需要和想法。若要学生参与探究活动，就要让他们获得自我表现的机会。教师既是学习的指导者，也是参与者和学习者。教学应符合"学习维度"理论，即学习包含个体与环境间的互动过程和内部心智获得与加工的过程。

（四）顺应数字化时代学生学习要求

教学要顺应数字化时代学生学习要求，比如，让学生自由做事、定制；强调公开、公平、公正，愿意承担监督员的角色；习惯性地把娱乐融入工作、学习和社会生活中；注重协作，要求速度，主动地尝试各种创新，等等。据此，教师教育应减少对学习自由的限定，以促使学生的思维更加活跃。教师不仅要理解学生的思考，激励学生集中精力去完成应做的事情，还要有能力帮助学生把握学习节奏，研究达成最佳学习效果的方法。

四、教师课堂教学的有效决策

（一）教学决策

美国学者威廉·威伦等在《有效教学决策》中，列出了教师做教学决策的两个方面：一是信念体现，包括直觉组成部分，即经验、传统和个人需求，理性组成部分，即教学原则、建构主义、教学研究、学术贡献和验证实践；二是教学内容，包括计划实施、教学互动决策、教学评价决策等。

1. 教学信念

教学是一项富有创造性的工作，是习得性行为和教学经验的结晶。教学质量取决于教学前所做出的教学决策，影响教学的主要因素是引发学习活动。教学应建立在有效策略、方法、技术的基础上，注重激发学生的动机。学生既要进行个人学习，也要进行小组学习。实践表明，在愉快的教学环境中学习效果最好。

2. 教学内容

首先，围绕教学设计确定明确的达成目标。教师要合理地选择教学内容和资源，灵活地采用教学方法，及时地反思教学效果；要根据学生实情分析教学材料和对象来确认教学目标。而如何组织教学活动及达成怎样的效果取决于教学目标的确定，而教学目标的达成又是由教学设计体现的，即计划决策的质量。其次，教学互动影响教学过程的有效性。教学活动决策的核心在学生，即学生的学习热情是否饱满、学习态度是否端正、学习经验是否够用、学习方法是否得当、学习有否创造潜能等，都是教师进行教学决策的关键点。再者，教师要谋求最佳的教学效果，应通过观察诊断和学习评价及时调整教学决策，处理好课堂上各方面的问题，促进有效教学。从有效教学角度说，"效果"不全是"果"，而是这个"果"如何结出来的，也就是说，"过程比结果重要"，"过程就是结果"。

（二）教学反思

1. 反思是一种教学回忆。有效的教学反思需要对自己的教学工作做全面细致的回顾。准确回忆的基本方法是由宏观到具体，如这节课讲的什么内容？问了哪些问题？哪些学生回答了问题？印象最深的课堂表现有哪些？教学反思要从印象最深的人和事开始，思考其背后的原因。

2. 反思是一种自我评价。反思往往以"我"为中心展开，反思的过程要经历回忆、分析、判断、改进等几个环节。其中，自我判断和评价是反思的关键所在，只有自己认同的结果和道理，最终才有可能转化为行动。自我评价有积极的引导作用，前提是自我评价须有科学的标准，即以学生为中心。

3. 反思是一种行动研究。反思不是目的，目的是改进行动。教师要把自己的教学实践作为一个认识对象，放在历史过程中进行思考和梳理，同时不断地获取学生的反馈意见，最后一块儿整合思考；要教师跳出自我反思，即通过开展听课交流，研究别人的教学长处，找出差距，提升自己。

4. 反思是一种专业发展。教学现象多姿多彩，教学问题多种多样，二者背后有共性的问题，但解决问题却不一定要靠共性的方法。教学反思不能人云亦云，应从实际出发，用得当的方法解决自己的问题。如果坚持从自身出发、立足于学科特色，那么进行不懈地教学反思便能够促进专业发展，有助于成为出色的学科教师。

【巩固与提高】

1. 现代有效教学理论有哪些？说说早期哪些教育理论对"中国教育教学"影响很大。

2. 什么是有效教学？它包含那些因素？主要标志是什么？

3. 结合有效教学的内涵，谈谈如何提高自己课堂教学的效率。

第 13 讲　教育科研课题研究程序与方法

教研是指对教学工作的研究，即学科教学研究，其内容是来自教学实践中的问题，研究成果直接为教学实践服务，具有群众性、普及性和应用性。科研则是以教育理论为武器，以教育现象为对象，以科学方法为手段，遵循一定的研究程序，有目的、有计划地以获取新教育科学规律性知识为目标的创造性实践活动，其成果直接为教育实践和教育未来服务。

一、教科研的异同

（一）研究对象

教研是一种实践运用研究，也就是对已有的教育理论和教育规律在实践中的行动研究。科研是一种探索性的活动，主要是对未知领域的教育理论和教育规律的一种探索验证；是一种创造性的活动，不能走别人走过的路，不能重复别人已经做过的研究。

（二）研究内容

教研研究的是教师在教学中实际、具体和真实的问题。科研研究的是教育教学各个领域规律性和发展性的问题。

（三）研究目的

教研的目的是为了搞好教育教学，提高教育教学效率和质量，是"知其可为而为之"。科研的目的是对教育工作中需要解决的新的重大问题，在理论上实现新的突破，以此推动教育理论和教育实践有效发展，是"知其不好为而为之"。

（四）研究过程

教研是以上级教育主管部门下发的管理性文件为依据进行研究工作，主要途径是通过开展多种形式的教研活动来达到提高教育教学质量的目的。科研是有目的、有计划，连续和系统的研究活动。从选题、立项、实验、分析，到结题总结、成果鉴定等，有一个完整连续的过程。科研在研究过程中，需要对教育现象和教育实践中的事实，进行了解、收集、整理、归纳，从而发现和认识教育现象的本质规律。

（五）成果应用

教研是对教学过程中局部的、微观部分的研究，成果的应用范围往往只适应于一个学科、一个地区或一个单位。科研侧重于教育经验的提炼和教育规律的发现，侧重于理论研究和整理，研究成果可在大范围内进行推广应用。

（六）参与主体

教研是每一个教师都必须做的事，也是人人都能做的。科研不是每一个教师都必须做的，也不是所有教师都能做的。总之，教研是促进教师的横向发展，目的在于厚。科研是促进教师的纵向发展，目的在于尖。

纵然教研与科研有诸多的区别，但二者共同作用于教育，是密不可分的。教研是基础，科研是指导，教研与科研不仅是教育管理的两个抓手，也是促进教师从"经验型"走向"专家型"和"学者型"的最佳途径。把教研与科研有机融合，以科研带教研，教研促科研，向教研要质量，向科研要效益，应当成为教育科研与教研工作的一个基本思路。

二、科研课题选定

（一）选题原则

1. 价值性

首先是理论价值，要有利于发现教育规律和学生身心发展规律，有利于检验、修正、创新和发展学科教育理论体系；其次是实践价值，要有利于提高教育质量，有利于师生轻负担，有利于师生素质的持续发展。

2. 迫切性

针对教育理论、学校工作和个人教学迫切需要解决的问题，如理论学习、教师培训、课堂教学的有效性问题等。

3. 创新性

科研的生命在于创新，原创性的"新"称全新，发展性的"新"称半新，验证性的"新"称刍新，改错性的"新"称更新。

4. 可行性

做科研课题必须进行充分论证，确保具有可行性，包括资料保证、时间保证、人力保证、物力保证和经费保证等。

（二）选题方法

1. 模仿法：先"借助拐杖走路"，对同仁研究过的课题进行模仿，如"课堂教学有效性的研究"和"学校如何进行成功教育的研究"等。

2. 改换法：对别人已有的课题进行改装变成自己的研究课题，如"有效教学法在课堂中的应用"和"有效教学法在某课型中的应用"。

3. 拿来法：把学校主要领导的重要讲话及其提出的要求，拿来变成课题进行研究，如校长强调考后教学的重要，你便可研究"考100分后的做法"等。

4. 迁移法：把某一课题从中学迁移到小学或从某一学科迁移到另一学科，从而形成新课题，如"高中环境教育课程化实践的研究"变成"小学环境教育课程化实践的研究"等。

5. 添加法：把某一课题再添加一定的研究范围从而变成一个新课题，如"加快提高青年教师素质的研究"添加为"加快提高青年教师课堂教学素质的研究"等。

6. 联系法：由某一课题联想到其它方面也可作为课题研究，如把"学会生存"课题改为"学会关心""学会学习""学会担当"和"学会成功"等课题，等等。

7. 比较法：把两个课题放在一起进行比较产生新的课题，如把"现代教师教育教学理念的研究"与"现代教师教育教学行为的研究"进行比较，产生另一个新的课题"现代教师教育教学理念与行为差异的研究"等。

8. 观察法：从现实教育现象的观察中发现课题，如"学生行为习惯养成的研究"和"尊师教育与学校发展的研究"等。

9. 假想法：对现实中尚未有的事，进行假想，把它作为研究课题来进行研究，如"没有行政班主任的班级管理方法"和"教师的无校级管理方法"等。

（三）选题来源

从教育工作的热点中找课题，如从学生身心发展的影响上找课题、从新课程改革中找课题等；从教育工作的冷点中找课题，如"学生给教师布置作业的研究""学生站立上课效果的研究"等；从教育工作的误点中找课题，如"素质教育就是要取消应试能力的培养"等；从教育工作的难点上找课题，如"应试教育难以转化的研究""差生难以转化的研究"等；从教育工作的改革点上找课题，如"教师无校级管理的研究"等；从教育工作的生长点上找课题，如"学生自动性阅读能力培养的研究""学生自我调控学习的研究"等；从教育工作的关键点中找课题，如教师队伍建设、新课程改革、学生主体性、师生互动性等；从教师工作的模糊点中去找课题，如"校本培训和校际培训优越性的研究"等；从教育工作的弱点上找课题，如薄弱学校发展研究"问题教师"的诊断与治疗研究等；从教育工作的特点中去找课题，如"教师口头语言创新的研究""教师形象对学生向师性形成的研究"等；从教育工作的争论点上找课题，如"有偿家教问题""周末补课"等；从教育工作的焦点上找课题，如人们普遍关注的择校问题、教育收费问题、升学问题、师德问题等；从教育工作的烦点上找课题，如"如何减轻自己教学负担的研究"等；从教育工作的重点中找课题，如"青年教师快速成长的研究"等。

三、课题研究方法

（一）方法介绍

1. 个案研究法

从某一教学环节、某一教学侧面、某一技能训练构成形式进行的研究，从具体事例推出一般规律，提炼出共性的结论。比如，在课题《教学课堂中"新课引入"的案例分析》中，通过新课引入的设置环节进行个案研究，看似从小处入手，实则收效颇丰。"良好的开始是成功的一半"，成功的引入会为课堂奠定一个讲授基础，整节课将会在一种愉快的、充满活力的氛围下进行。

2. 经验总结法

对课题或教学中的每个阶段及时进行总结，将实践经验及时上升到理论高度，使理论与实践、成果与应用有机统一起来。比如，在课改"高效课堂建设之分组"活动反思中，通过分组实践的检验与完善，使高效课堂的管理小组由班级管理变成学生的自我管理。提出自我管理是主动的管理，而教师的管理是被动的管理。被动的管理就像猫和老鼠的游戏，教师是在抓纪律中跟学生斗智斗勇。而主动管理则是学生自己的管理，学生为了自己和小组的晋级而展开竞争，既提高了自身素质又促进了团队精神的养成。

3. 比较研究法

把个别课例、个别教学时段进行比较研究，找出二者的差异性，进行综合诊断，有助于发现课题的共性和规律。比如，在《从传统课堂到有效课堂转变的心路历程》教学论文中，通过亲身体会，比较传统课堂和有效课堂的不同。通过构建"高效课堂下的学习小组"改善由教师一个人推动全班学生学习进程的尴尬局面，让每个学生在小组的统一管理下主动学习。

4. 调查研究法

用科学的手段和方法搜集有关研究对象的客观事实材料，并对搜集来的事实材料进行整理和理论分析，方式一般为观察、列表、问卷、访谈、测验等。

5. 行动研究法

在课堂教学中，随同听课评课、检查评比，对教师的"教"和学生的"学"边实践边探索、边检验边完善、边归纳边总结，把每个阶段某个特定的教学行为作为重点研究对象，对研究中的各项进行各个突破，并积累资料，最终形成评价体系。

（二）方法确定

依据课题的类型和研究目的确定研究方法，如"中学生心理健康的现状及对策研究"，采取调查法和实验法；"中学生综合素质的研究"，采取调查法和比较法；"高中必修内容与选修内容教学关系的研究"，采取文献法、比较法和行动研究法等。

四、课题研究程序

（一）文献检索

第一，检索作用，课题研究要在前人研究的基础上进行，这样才能避免重复劳动，才能利用别人的研究成果和方法，才能找到创新之处。第二，文献分布，文献是指记录有知识的一切载体，有一定的权威性，如教育文献分布为书籍、报刊、教育档案、专家询问、非文字资料（遗迹、文物、歌谣）等。第三，检索过程，分准备阶段、搜索阶段、加工阶段等。

（二）课题申报

1. 基本内容

课题立项申请书一般包括：课题名称、研究意义、研究内容、创新和预计突破点、思路方法（制定研究工作方案和进度计划）、研究条件（人员水平和分工、资料准备）、研究分工、研究阶段（阶段成果形式）和最终完成时间（课题成果形式）等。

2. 立项申请

首先，应具备申报资格。一般说，省级课题负责人应具备高级职称，也可为一级优秀教师；市级课题负责人应具备中级以上职称，职称不具备者需要相应职称人员推荐。其次，注意申报程序。立项申请要求填报《立项申请书》一式三份，送交县区教研室，集中报送市教科所，再上呈省教育科学研究院，每年3~4月份。

（三）组织开题

一般在接到立项文件后三个月内进行开题。开题就是面向专家，进一步详细论证课题研究的意义、目标、内容、创新点、难点、突破措施、方法、步骤、人员、分工、经费等。开题报告一般包括：开题活动简况（开题时间、地点、评议专家、参与人员等）、开题报告要点（题目、内容、方法、组织、分工、进度、经费分配、预期成果等）、重要变更（侧重说明对照课题申请书所作的研究计划调整）等。

（四）实施研究

1. 研究过程：严格按照步骤进行，不能拖拉。做好过程性记录，整理好过程性资料，进行阶段性成果总结，即中期报告，内容包括：中期检查活动简况（检查时间、地点、评议专家、参与人员等）、中期报告要点（研究工作主要进展、存在问题、重要变更、下一步计划、可预期成果等）、重要变更（侧重说明对照课题申请书、开题报告所作的研究计划调整）等。

2. 课题管理：主管单位是市教科所，日常管理是学校和课题组。过程管理主要是将研究过程的重要活动成果报县教研室和市教科所，每年12月份向市教科所报送阶段研究情况（包含市教科所和县教研室随时检查课题研究进展状况）。

（五）课题结题

首先，课题研究任务完成后，应综合写出结题报告，包括：问题提出、研究意义、研究原则、研究内容、研究方法、研究步骤、研究成果、自我评价、启迪反思、推广应用等。其次，以课题研究单位名义向市教科所申请结题，课题组填写《成果鉴定书》，内容包括：成果简介（应含其学术价值和社会效益）、提供鉴定的成果主件、附件目录、课题组成员名单及对课题研究的主要贡献等。最后，由市教科所或省教科院组织专家进行验收，验收结果有通过、修改后通过和不通过三种情况。

课题研究通常遵循程序是：课题选题→文献检索→课题申报→获准立项→组织开题→实施研究→阶段汇报→申请结题→成果鉴定→成果推广。总体分三大阶段：一是课题研究的初始阶段，又称第一阶段，工作重点是组织落实、调查研究、制定计划、搜集资料等；二是课题研究的主要阶段，又称第二阶段，工作重点是对课题主要内容进行设计，并进行试验或研究；三是课题研究的终结阶段，又称第三阶段，对课题进行分析总结，撰写了课题终结性报告，呈现课题研究成果。

【巩固与提高】

1. 什么是教研？何谓科研？谈一谈他们之间的区别与联系。

2. 选题是课题研究的重要环节，说一说选题途径和常见的选题方法。

3. 课题研究的基本程序是什么？简述各个程序实施的基本要点。

第14讲 新课程改革下的研课授课

教学工作是教师按照确定的教学目的和一定的教学规律传授知识，培养学生能力的过程。无论教师的知识经验多么丰富，若不进行研课备课就难以将课本知识系统地传授给学生。研课备课是课堂教学过程的基础，是提高教学质量的先决条件，更是形成教学能力的过程。具体表现在三个转化上：一是把教材中的知识转化为教师的知识；二是把对教学工作的安排转化为教师教学活动的指导思想；三是把教师掌握的教材内容转化为学生的知识。为了完成教学任务，提高教学质量，每位教师都要认真备课，深刻理解备课的实质，掌握备课工作的程序。

一、新课改下的备课

（一）制定目标

1. 目标理论

美国当代著名教育家、心理学家布卢姆将教育目标按由低到高的顺序进行科学化的排序分类，如将认知领域按知识、理解、运用、分析、综合、评估六个层次排序。其认为，完成低层次的学习任务所花费的时间和精力较少，越是往高层次走学习者所花费的时间和精力就越多。

2. 目标内容

在布卢姆之后，马扎诺等人运用新的脑科学研究成果、不断改进，更为完善地发展了教育目标分类学。马扎诺的《教育目标分类学》分三个领域。第一，信息领域，即陈述性知识，分词汇术语、事实、时间顺序、因果顺序、情节、概括、原理等不同类型。第二，心智领域，即程序性知识，描述学习者是以什么方式学习的。其包含三个阶段：一是认知阶段，学习者能够将心理过程描述清楚；二是结合阶段，学习者对过程的操作逐渐熟悉与流畅；三是自主阶段，学习者对整个过程已经很熟悉了。第三，心动领域，即综合性知识，把心理活动过程看作与智力、信息同样的知识。

3. 目标维度

"三维目标"是教师备课中普遍采用的表述方法。新课程标准的三维目标是："知识与技能""过程与方法"和"情感态度与价值观"。"知识与技能"维度是学习结果的输出部分，利于设计评价；"过程与方法"维度有利于指导学生的学习过程，为教师制定教学策略提供依据。教师通过"过程与方法"的桥梁作用，实现"知识与技能"维度与"情感、态度与价值观"维度的融合，从而避免了情感、态度、价值观的培养与具体教学过程的脱节。简言之，教育目标是大致方针，由政府制定并颁布；课程目标由专家制定，由政府颁布执行；学科教师运用教学设计，由学习活动达成学习目标。

4. 目标把握

（1）达成什么

教学目标指学习结束后学生在认知结构、行为和价值观等方面将会发生的变化，这要求教师在做预期之前，对学生的原有经验和真实需要做出符合实际的评估；教学目标是对学生的预期，基本的叙述方式为"行为＋内容"，其要求教师能够站在学生的角度来讲，指明学生应该怎么做、做到什么程度。

（2）如何达成

为完成既定的教学目标，教师必须借助一定的工具，使用相应的方法。评估教学方法有效与否，要看它是否促进学生的学习而这主要体现在学生依据已有认知结构与文化背景，以教科书等资源为依托，主动建构于学科知识与能力的认识过程中。

（3）是否达成

有效教学一定要关注教学目标是否达成，这要求教师在教学设计伊始，要关注其中的评价方案。不过，对其认知领域的评价，可通过纸笔测验等方式完成；而情感领域的评价，则需在真实的生活情境中去观察。

5. 目标拟订

（1）意化："意"即意义，在层次上有高低之分。就知识而言，认识并内化知识为行为是有意义的；就价值观而言，学会判断且能够反思是有意义的；就人生而言，适应并重塑自我是有意义的；就一般认识而言，科学对于真的追求是有意义的，宗教对善的揭示是有意义的，艺术对美的追求是有意义的，法律对道德的约束是有意义的。而所谓"化"，指的是教学目标应能够有效凸显学科价值。教学目标的拟定过程就是学科价值的提炼过程。

（2）内化：内化既是理解的过程，也是理解的结果；既是习得的过程，也是习得的结果。所谓教学目标的达成，最基本的标准应当是消化和理解所教或所学的内容，再以此为基础建构自我认识的概念、观念体系，并有效用于解决问题。"内化"就是将外在的（客体）知识通过习得的过程转化为内在的（主体）认识，不仅要能够使自己掌握的知识达到触类旁通的程度，而且还要能够确定自己已有主见的认识。

（3）简化：瞄准靶子、直射靶心，需要简化。目标被简化的水平，反映了教师对教学内容的内化水平，是教学实现目标意义化的重要途径和手段。教学目标的简化，不是一个形式问题，是教学对"魂"的把握。有了这个"魂"，教学才有中心和重点，教师和学生才能够确信他们教的是什么、学的是什么。

（二）备课标

1. 读前言，把握基本理念

各学科课程标准都在"前言"中规定了课程性质与地位、提出了新理念，这是课程标准的核心。比如，数学课程标准"前言"部分会从"数学是什么""数学教育做什么"和"数学课程怎么教"等方面提出教学的基本理念。

2. 读目标，增强目标意识

课程标准将"过程和方法""情感态度和价值观"设定为课程目标，与"知识和能力"并列，即把"三个维度"融为一体、协调一致，确保学生健康和谐发展目标的实现。

3. 读建议，提高操作能力

课程标准的"实施建议"部分，就教材编写、课程资源的开发与利用、教学评价都提出具体建议，这是"金玉良言"非常宝贵。比如，教材编写建议：要知道教材怎么编，才能成为"课程的实施者、开发者和建设者"，才能更好地"创造性地理解和使用教材"。

4. 读附录，和孩子共成长

语文课程标准会特设"附录"，罗列一些优秀诗文的篇目、课外阅读的书目、语法修辞知识背诵的要点。和学生一起读书是教师独有的幸福，这种幸福感就像一粒粒种子播种在学生的心田。

（三）备教材

教材是教师落实课程标准要求的基本载体，是政策性很强的课程资源。如果把课程标准比作圆心，教师对教材的把握就是半径，无论圆有多大，都离不开圆心这个核心元素。教材不是唯一的课程资源。首先，必须使教科书与其他课程资源相互补充、相互整合、取长补短；其次，要坚持"创造性地理解和使用教材"，实现"用教材教"而不是"教教材"的理想境界，使教师成为新课程教材的开发者、体验者和实践者。

"这法那法，读不懂教材就没法；千教万教，教不好教材就白教。"由于教材的相对固定性，教师还须创造性地用好、用活新教材，"年年岁岁课相似，岁岁年年教不同"就是这个道理！

（四）备学生

"对牛弹琴"这个成语故事大家都很熟悉，它说的是古时候有个叫公明仪的音乐家，琴弹得非常出色。某日，他带着琴出外游玩，看见一头牛正在河边吃草，就对着这头牛弹起琴来。他的琴声非常动听，可那头牛依旧埋头吃草，置之不理。公明仪看到这种情景非常生气，怪牛笨拙。

其实不是牛"笨拙"，是琴师不知道牛需要的是"嫩嫩的青草"，而并非"优美的琴乐"。

教学也是如此。教育心理学家奥苏泊尔说："如果不得不把全部教育心理学还原为一句话，我将会说，影响学习的最重要因素是了解学生已经知道了什么，再根据原有知识状况进行教学。"有些老师常说："某位教师，为了一堂公开课，已经试教七八次了。"也常常有一些教师为一堂公开课煞费苦心，把教案改了一遍又一遍。但备课不备学生，如此"鞠躬尽瘁"，着实劳而无功！

（五）写教案

特级教师于永正毕生行走在课堂上，其对"教案"有深刻认识和独到见解。他说："不少教师想看我的教案，但我常常让他们失望，因为写得比较简单。好多东西教案上是没有的，正如思考，是无形的东西无法写上去。"于老师认为，写教案是在认真备课、研究教材和学生的基础上，进行规划课堂教学的规划活动。这种规划，可以以文本的形式表现，便其更丰富的内容存储于教师心田，犹如一眼泉。文本教案与教师思考，前者是有形教案，后者是无形教案；前者是显性备课，后者是隐性备课；前者是备课于书面，后者是备课于心中。

教案须不断地进行补充和修改。布卢姆说过："没有预料不到的成果，教学也就不成为一种艺术了。"新课程改革下的课堂教学是师生合作探究的过程，不仅有"预设"，更有"生成"，经过圈改批注的教案，比那些整洁、美观的"克隆"教案更实用，更有价值。

（六）集体备课

1. 个人备课，张扬个性

新课程倡导自主、合作、探究的学习方式，它不仅适合学生学习，也适合教师学习。这种方式以"自主"为前提、基础和核心，以充分"自主"的身份进入"合作"，在合作中保持"自主"。不过，自主不是刚愎自用、顽固武断。在集体备课之前，教师要充分地准备，有自己的理解、自己的设计、自己难以解决的问题，或者有独特的见解、特别的资料、有效的方法等，这些内容或形成文字，或上传网络，或储存大脑。

2. 集体研讨，和而不同

集体备课时，主持人随机确定主题发言人，这样做的好处显而易见，即任何人都可能当主题发言人、任何人都要认真准备，大家都能得到公平的锻炼机会。主题发言人发言后，其他老师可以补充、修正、提问、另辟蹊径、针锋相对、拓展延伸……最后，主持人总结，去粗取精、求同存异。集体备课追求的不是最后的成果，而是过程，即主动参与、思维碰撞、智慧启迪、辩驳纠正、丰富完善、分担分享的学研过程，如广告词所言："我们之所以攀登，不是因绝顶的风光，而是为沿途的风景。"

3. 实践反思，完善丰富

集体备课让教师打开了思路、灵活了方法、优化了设计。教师集体备课后，结合具体教学环境和学生实际将教学目标进行调整改进，在课堂实践中应用检验，最后反思得失利弊、优劣高下。几个回合下来，集体备课就会超越了"备课"，真正成为教师专业成长的过程。

二、新课改下的上课

（一）讲授的技能

1. 讲授的形式

（1）讲述

讲述即讲事，是指教师运用生动形象的语言，叙述、描绘所要讲知识内容的一种讲授方式。讲述有两种形式：一是叙述式，用于叙述学习要求、政治事件、历史事实、地理状况、数量关系、现象变化、物体结构、生物种类、实验过程和操作方法等；二是描述式，用于刻画人物、描绘环境、介绍细节、渲染气氛、表达感情等。可不管是叙述式还是描述式，都在于讲事而不是说理，其目的是帮助学生形成鲜明的表象，并从情绪上受到感染。

（2）讲解

讲解即讲理，一般包括三种形式：一是解说式，即引导学生从情境中接触概念，从感知到理解概念，或者把已知与未知联系起来，说明事物的本质属性和基本特征；二是解答式，即先从事实材料中引出或直接提出问题，接着明确解决问题的标准，再提出解决问题的办法，进行比较择优，进而提出论据展开论证，通过逻辑推理得出结果，最后进行总结；三是解析式，即解析和分析规律、原理和法则。其中，解析有两条途径：一是归纳，即遵循学科自身规律和思维规律，通过分析或实验，抓住共同因素，概括本质属性，综合基本特征，用简练而又正确的词语作出结论，再把结论用于实践，解决典型问题，最后对易混淆的内容进行比较，指明分界点和联系点；二是演绎，即先讲解规律、原理和法则，再举正反实例进行应用。

（3）讲读

讲读即朗读，是指教师把讲解和阅读材料内容有机结合起来的一种讲授方式，主要用于语文和外语教学，也可用于其他课程教材中重点句段的教学。这种方式的特点是讲不离文、解不离句，把学和练结合起来。讲读对于教师的语言语调有较高要求，教师应尽量发音标准、吐字清晰、节奏和谐、语调生动、自然畅达，使学生产生良好的语言审美体验，让学生在动听悦耳的语声中学习知识。

（4）讲演

讲演即讲座，是指对某一事件或事物作深入广泛的叙述和论证，并得出科学结论的一种讲授方式。它要求教师不仅要全面、系统地描述事实、解释、整理，而且要进行系统的理论阐述，通过深入分析比较、综合概括、推理判断、归纳演绎等抽象思维手段，作出科学的结论，向学生传授知识，培养立场、观点和方法。讲演的作用在于向学生呈现未曾有的信息，扩大他们的视野；通过课外知识的呈现，增加学生探究的兴趣。

2. 讲授的要求

（1）深入浅出：教学是以知识为载体的活动，对于知识的表达、分析要贴近学生的现实生活。因此，教师在教学过程中要善于运用现实生活的事例，化抽象为具象，变难懂为易懂，学生才能更深刻地理解知识。

（2）富有感染：教学语言是师生双方传递信息和交流感情的载体。亲切感人的教学语言能使学生保持积极舒畅的学习心境，唤起学生的热情，从而产生促进理解的作用。教师在教学中要晓之以理、以理喻人，动之以情、以情感人。

（3）营造氛围：讲授过程中，教师用一些"必要的废话"可能营造出更为轻松、风趣的氛围。但轻松幽默只是一种手段，不是目的，故而不能脱离教材的实际需要，一味地哗众取宠，否则只会给学生粗俗轻薄、油腔滑调之感。

（4）有针对性：教师怕学生"消化不良"，课堂语言机械重复，废话连篇，会降低学生大脑皮层的兴奋程度，不利于学生掌握知识的重点和理解知识间的联系，更不利于学生发展智力。教师讲授要力求语言精练、针对性强，避免漫不经心、言不及义。

（5）具启发性：讲授要以启发性教学思想为指导，并渗透到讲授的每个环节、每个步骤中去。启发式教学强调教师应从学生的知识基础、学习方法、接受能力出发，运用各种手段调动学生学习的积极性，主动地去获取知识。教师要讲清楚，不要"一览无余"，要给学生留下思维的空间，让学生通过自己的思维来形成能力。

（6）贵适时性：教师要善于体会学生的思维状态，要相时而讲，"不愤不启，不悱不发"，要适可而止，不能自我陶醉、滔滔不绝。

（二）提问的技能

1. 提问的误区

（1）表面热闹，华而不实。频繁问答、一问一答，盲目追求活跃的课堂气氛，对教材和学生研究不深，使提问停留在浅层的交流上。

（2）关注结果，忽视过程。只关注结果是什么，如"答案是什么""对不对""是不是"等；很少引导学生去探究过程，如很少问"你发现了什么""你是怎么想出来的"等。

（3）离题遥远，脱离学生。设计的问题过难、过偏或过于笼统，学生难以理解和接受，启而不发。学生沉默以对，教师只好自问自答。

（4）提问无的，随心所欲。备课不对提问作精心设计，上课随意发问，甚至脱离教学目标，严重影响学生的正常思考。

（5）流于形式，效果失真。教师多通过提问，诊断学生对旧知识的掌握程度，但有时提问只限于浅层次的记忆性知识问答，没有真正诊断出学生理解掌握的程度，诊断效果失真。

（6）只求答案，不求理解。教师提出问题后，指名学生回答，对学生发言不作评价，学生答对了，喜形于色；答错了，换个学生替答，直到提问环节结束。

（7）措辞不清，指向不明。提问时叙述过快，或者提问时使用冗长而凌乱的措辞，使学生不明其意、不知其然。

（8）面向少数，多数不顾。提问只面向少数尖子生，多数学生成了陪衬，被冷落一旁。学生学习中的问题难以暴露，又缺乏体验成功的机会，逐渐就对提问失去了兴趣。

2. 导答的艺术

（1）投石问路，摸清卡壳的症结。由于师生的文化层次、生活阅历、思想方法等方面存在差异，造成提问"卡壳"。教师若能及时又准确地抓住来自学生的信息，采取相应的措施进行现场探测，便可抓住本质，应用相应对策排除"卡壳"现象，求得问题的解决。

（2）多向疏导，寻求解答突破口。对所提问题的思考，常受学生生活体验的制约。书本内容所表现出来的生活、人物、场景及其蕴含的道理，不是所有学生都能体会到的。学生的体验、感悟与答案间会有明显的差异，要换个角度，以取得较理想的效果。

（3）暗示点拨，开启思维的大门。学生思考教师所提出的问题，有时会走入死巷，仿佛进入"八卦阵"，东闯西撞，找不到活路。此时，提问者应采用暗示点拨的方式，给学生指点迷津。

（4）触类旁通，从问题外围入手。有些问题因问得太深，学生回答起来难以直奔中心。此时，可用军事上"先攻克其外围据点，再攻占司令部"的方法，先从问题外围入手，再向中心挺进。

（5）以退为进，降低提问的坡度。提问时学生答不上来，原因多是问题提得深、提得难，超出了被提问对象的认识和理解的范围。这就要求老师要肢解问题、降低难度，启发学生由浅入深去回答问题。

（6）直观展现，借助形象以启示。课堂教学中，有时学生对教师提出的一些抽象问题，百思不得其解，陷入进退两难的境地。往往单靠教师的解说，学生难以找到解决问题的突破口。但若以图展示，形象说明，则会让学生即刻心领神会。

（7）举一反三，通过示范给引导。学生不知该如何回答，面对提问一筹莫展时，教师要想达到预期的提问效果，要对学生进行回答示范，让学生从教师的示范中摸索和思考解答的路子，悟出方法来。

（8）划定答域，控制回答的范围。教师问题的答案，学生答不上来时，教师应划定答域，把思考和回答控制在提问所涉及的范围内。

（三）课堂的观察

1. 观察的内容

（1）情绪状态

观察学生情绪状态时，要看学生是否有适度的紧张感和愉悦感，如眉头紧锁，表明疑窦丛生；如点头微笑，表明理解接受；如表情呆滞，说明听课走神。此外，还要观察学生能否自我控制并调节学习情绪。学生在课堂上喜形于色、凝神沉思，以及课堂从激烈争论转入专注聆听的动作行为，都是他们自我调控学习情绪的有力表现。

（2）交往状态

观察学生在学习过程中是否共享合作、相互依赖，是否有丰富多样的信息联系与信息反馈，是否是封闭孤立、相互排斥，使得相互间没有对话与交流。

同时，还要看整个课堂气氛是否民主和谐，是否滋生自私、冷漠厌学，不想合作也不愿合作。

（3）认知状态

观察学生的认知状态，主要看学生是不是积极开动脑筋，进行深度思考。具体说，可观察学生对教师的问题是否给予流畅、有条理的回答，是否善于质疑，提出有价值的问题，并对其展开激烈的讨论。另外，还要观察学生的问题与见解是否有挑战性与独创性。

（4）参与状态

从学生的参与状态可看出学生是否注意力集中，是否积极学习。观察学生的参与状态，可看学生是否全员全程参与学习，看学生的目光是否关注老师，是否踊跃发言，是否兴致勃勃地阅读讨论；看学生是否积极投入学习讨论，是否有学生给予别人指点帮助或大胆发表与众不同的见解。

（5）生成状态

观察学生是否对后继的学习更有信心，感到轻松且有兴趣；看学生是否提出了深层次的问题，并积极寻求解答。

2. 观察的方法

（1）注视：注视并不是以较长的时间盯住某个学生，而是在教学过程中，教师主动地和单个学生发生目光接触。这样不仅可获得来自学生的反馈信息，且可发挥较强的教学监控效果，对学生的学习态度具有十分重要的影响。

（2）扫视：教师要做到一堂课中跟每个学生都进行目光接触是不现实的，这里边既有教师自身的原因，也有学生与教学环境的原因。因此，教学中教师随时用目光扫视全班学生十分重要。如果说"注视"强调的是"点"，那么，扫视则重视的是"面"。扫视不仅可以了解学生的整体情况，还可以及时发现一些课堂上存在的问题。

（3）环视：环视是按一定的观察路线（O形或S形），对学生的各种表现进行观察。如果说"扫视"的目的在于发现，那么，"环视"的目的则在于观察和交流。若教师在教学时总是低头看教案，或抬头看天花板，看学生心不在焉，那就很难获得来自学生的反馈信息。尽管教师在环视时与学生目光接触的时间比注视要少得多，但这却和学生形成一种短暂的交流，可以获得较多的教学反馈信息，比扫视具有更好的监控效果。

（4）巡视：教师和每个学生的空间距离不一样，观察的准确性也就不同。教师的视力、学生人数以及教学环境等因素，都会对观察的效果产生一定的影响。因此，无论在授课过程中，还是在学生做练习时，教师都不应该始终站在讲台上，而应不定时地到学生中间进行巡视，以此收集来自学生更为准确的反馈信息，并对学生的学习进行监控。

（四）点拨的技能

1. 整体性点拨：学生学习的知识不是彼此孤立的，不仅某一学科内部的知识存在着关联，不同学科之间的知识也是相互联系的。所以，教师要注意引导学生建立知识的整体性概念，这对训练他们高层次的思维能力具有十分重要的意义。整体性点拨是指教师在教学时，注意引导学生从总体上感知教学内容、掌握核心内容的认知结构。

2. 重难点点拨：点拨如果不分主次、面面俱到，那就失去了点拨教学技能的基本特点。点拨应该针对教学的重点或难点，集中力量攻坚克难。重点是教材中具有关键性的知识内容，它在整个教材知识的相互关系中，处于主导地位，起着支配作用。难点是学生在学习中存在的知识障碍和思维障碍。教师应采用画龙点睛的办法，挑重点、拨疑难，帮助学生化难为易、转疑为悟。

3. 迁移性点拨：通过课堂知识的辐射延伸，让学生学会举一反三、触类旁通，从而达到开发智力和培养能力的目的。叶圣陶先生说："教材只是一个例子。"教师教会学生"例子"仅仅是基础，教学的根本目的还在于要教学生拥有借助已有知识去获取新知识的本领，进一步培养学生的创新能力。

4. 终结性点拨：某一阶段的教学过程终结时，教师要引导学生对所学知识进行总体性的概括总结。一方面，让学生在更高层次的水平上理解所学的知识；另一方面，让学生把新学的知识纳入已有的知识结构中，更深入地理解这些知识在整个体系中所处的地位和作用。

（五）情境的创设

1. 借助实物创设情境：教学中的实物主要指物体、模型、标本实验及参观等。实验过程能够呈现出丰富生动的直观形象，以化学实验为例，从仪器装置到药品配制，从实验过程中复杂的物理化学变化到新物质生成，既有形、色、态、味的变化，又有气体的生成和沉淀的析出或光、电、热现象的产生。在教学中，图像是一种直观的工具，包括板书、画图、挂图、幻灯、录相、影视等电化教学手段。

2. 借助动作创设情境：教师在教学中以姿式助语言。比如，讲"这个学生这么高""这根棍子这么长"，对人"高"和"长"，用手比划出来，具有形象性。这里所强调动作的形象性，从理科角度说主要是指操作，从文科角度则指表演。

（六）课堂的调控

1. 教师自控

教师自控是指教师有很强的自我控制和自我反省的意识。教师在情绪和心态上要善于自我控制，如要带着饱满乐观的情绪走进课堂，不要把生活中的消极情绪带进教室。教师要注意控制自己的教学语言，要通俗易懂，有抑扬顿挫的变化。在情绪激动时，要防止滔滔不绝而离题；在主攻难点时，要防止旁征博引而喧宾夺主；在讲解重点时，要防止用闲言杂语充塞时间；在讲得顺利时，要防止节外生枝等。教学活动中经常会出现一些始料不及的问题，面对突发事件，教师要调整好心态，针对事情或问题的性质、特点，妥善予以处置。

2. 调控学生

作为教师，必须熟知学生的知识基础、心理状况、求知欲望、学习兴趣、接受能力等，以便因材施教。同时还必须熟知教学内容，善于运用科学、有效的教学方法向学生传授知识。课堂教学既是信息传输反馈过程，也是情感流通过程，教师须以情绪感染、言语激励、活动参与等方式调控学生的情绪，努力激发学生产生丰富的情绪和情感体验。另外，教师还要注意对学生注意力的调节，使他们的注意力尽量长时间保持集中；教学强度不易过大，以免产生过度疲劳而导致注意力的涣散。

3. 调控教学

（1）调控教学信息：教学过程是教师与学生间的信息传输与流通过程，教师要注意信息流通效果的检测，收集信息，反馈并及时处理。传统教学方法把学生看作接受信息的容器，属于单一的信息输出式课堂结构，教师输出的信息量大，学生反馈的信息源少。教师调控课堂，要加强教学信息的反馈，改变教师独自的单向式信息输出，开辟多种信息反馈的渠道，使教学信息呈现出双向或多向的流通。

（2）调控教学节奏：课堂教学节奏就是教师在课堂教学过程中，富有美感且有规律性的变化，是贯穿于教学艺术审美结构中的内在律动。教师应该通过对教学内容、教学分量、教学方法的调节，使课堂教学节奏高低起伏，动静结合，张弛有度，形成错落有致却又和谐优美的教学韵律。

（3）调控教学时间：教师是教学时间的分配者，但绝不是教学时间的占有者。教学时间是师生共有的，在本质上它的使用主体更倾向于学生，教师的作用是适时点拨或参与指导。教师应该科学地分配与调控教学时间，强化教学流程与教学时间的联系，从而留出时间给学生自主地感悟和探究。

【巩固与提高】

1. 备课的基本环节有哪些？谈一谈如何制定课堂教学目标。

2. 新课程改革下的课堂教学提倡启发式、探究式和合作式，说一说你在课堂教学中如何发挥学生的主体作用？

3. 常言道："上好课必须备好课"，请简述"上课"与"备课"间的关系。

第 15 讲　新课程理念下的观课议课

　　听课观课如同阅读一本活动的教育教学专业书。一是多读，博览群书。书读得多了，收获自然就大。二是多想，用心读书。只有用心地读、思考地读，才能洞察到"书"背后的理论思想，汲取精华，为我所用，影响行动。三是多记，动笔墨读书。将所思、所感、所得及时记录下来，日积月累，这样才能厚积薄发。评课议课是教学教研工作过程中的一项重要活动，是听课观课结束后的教学延伸，更是加强教学常规管理、开展教育科研活动、深化课堂教学改革、促进学生发展、推进教师专业水平提高的重要手段。

一、听评课的意义

　　听课是当教师的开始，是老师走上讲台的基石，是教师的基本功，是教师走上专业成长的一条重要途径。全国教书育人楷模、著名特级教师于漪说："一个不会听课的人是成不了优秀教师的，我的'特级教师'是听课听出来的。"全国著名特级教师、清华附小校长窦桂梅说："几年来我听了校内外教师的 1000 多节课，这是优秀教师成长的必经之路。"福建师范大学教育学院院长、博士生导师余文森教授坦承："就我个人来讲，在中小学听的课比在大学上的课还多，大量的文章都是听课听出来的，所以我从心底里尊重教师、感谢教师，没有他们在实践探索上的创造性，就没有我们在理论研究上的创造性。与教师合作使我受益匪浅，这是教育专家的成长经历。"教育部基础教育课程教材发展中心课程处处长、北京师范大学教授刘坚特别强调，"要倡导建立一种新的评课文化"。有人把老师上课比作"画龙"，把评课比作"点睛"，"龙"因"睛"而腾飞，道出了评课的重要性。师者，将随评课而出"彩"！

二、如何进行听课

（一）听课的角色

1. 学生角色

　　从学生的角度看授课者的教学是否兼顾课标要求和学生实际。教师在听课时应把自己定位为教学活动的参与者、组织者，而不是旁观者。听课前要做好充分准备，听课时要参与学生活动，收集课堂反馈信息。教师只有处于"学"的情景中，才能获取第一手材料，为自己上好一堂课奠定基础。

2. 教师角色

听课者要设身处地地思考，若这堂课自己来上该怎样讲，并将讲课者的教法与自己的构思进行比较。既不要以局外人的身份去挑剔，看不到长处，不理解讲课者的良苦用心，更不要无原则地同情、理解，看不到短处。

3. 指导角色

居于学术的高度，运用已有的教学理论和教学经验，对课堂教学作出分析判断。对课堂教学细心观察，敏锐地发现优点，以便评课时及时给予肯定；准确地发现不足，在归纳概括的基础上形成改进和提高的建议。

4. 管理角色

听课者如果将自己置身于管理者的角度，就要统观全局，发现教师教学中存在的典型性和普遍性的问题，为学校决策提供依据，并能从系统教学的高度向教师提出具体要求。

5. 个人角色

在录播室上课，把课记录下来，然后进行听、看、分析，教后琢磨，并请他人指教。听、观自己的课，一听教学语言的问题，如是否语调呆板、层次紊乱，是否抓住要点、语速过快，使人无暇思索；二看驾驭课堂能力，如时间分配是否合理，定量、定性分析是否恰当，课堂交流是否有效等。听自己的课应和教案结合起来，一边听录音、看录像，一边查看教案，看教学设计是否合理、是不是好用、好在什么地方、存在什么问题等。听自己的课，在修改的基础上再重上，看修改后的效果如何，这样才会有大的提高。

（二）听课的技法

（1）带着准备进课堂

上课要备课，听课也要备课！走进教室听课，似乎很简单，但如果想要听出门道、收获多多，就得认真准备。有备而来，才能满载而归。在了解执教内容后，看课本和教参，如问自己"如果是我，会怎么上课""可能会遇到什么问题，怎么解决"等。听课时看看执教老师怎么做、怎么解决。这样执教者的经验与教训、优点与不足，皆成自己的宝藏，"他山之石，可以攻玉"。听课如果不做准备，匆忙走进教室，没有目的、没有问题稀里糊涂地听，不熟悉教材、不理解意图，像看戏走马观花，必定毫无所得。

（2）带着需求进课堂

一般说，听同年级、同学科老师的课，有直接的使用价值；听同一层次水平学生的课，有学习参考的价值；听经验丰富的教师讲课，可让自己教学少走弯路……若已经确定要听哪一节课，就要进一步了解这节课的主题、内容梗概、学生层次、教师水平等情况，如对全面调动学生积极参与方面总是感到不足，在听课的过程中，就要注重观察授课教师是如何激发学生的兴趣，调动学生积极性，让学生广泛参与到自主学习和合作探究中去的。

（3）带着理念进课堂

带着课程理念去听课，自然会关注授课教师在教学中有没有确立学生的主体地位、有没有面向全体学生并重视其全面发展、有没有关注学生的个性差异、有没有重视对学生情感态度价值观的培养等，并由此判断教师的教学思想是否与新课程的教学理念相吻合，以此作为评课的重要依据。如果授课教师在这方面存在不足，听课者还要思考其原因，并积极考虑解决的方法。这不仅有助于新课程课堂教学的开展，也有助于教师个人的专业成长。

（4）带着实用进课堂

听课的一大目的是学习，吸取他人的优点弥补自己的不足。授课教师教学过程中有哪些优点、是否可以吸取，需要听课教师判断和分析。比如，当前公开课大多运用了多媒体教学手段，但据学生反映他们并不喜欢老师用多媒体上课，因为课堂上要看、要记的东西太多，人容易陷入紧张状态。可见，多媒体的运用与否、运用多少不能简单作为衡量教学效果的标准，教师应结合自己的教学特点加以灵活运用。

（5）带着欣赏进课堂

"横看成岭侧成峰，远近高低各不同。"看风景是这样，听课也是这样。站在不同的角度，以不同的身份、抱不同的心态听课，听课的方式不同，收获也自然不同。站在研究者的角度去听课，既引领了他人也成长了自己；站在欣赏者的角度去听课，既鼓舞了伙伴也累积了经验；站在学习者的角度去听课，既增长了见识也点化了智慧；站在评析者的角度去听课，既撞击了心智也融入了思想；站在思考者的角度去听课，既创造了文化也丰盈了生命。

（三）听课的真谛

1. 听什么

听教师是否体现新课程的理念、方法和要求；听教师怎么讲，是不是讲到点子上、重点是否突出、详略是否得当；听讲得是否清楚明白，学生能否听懂、语言是否流畅、表达是否清楚；听教师启发是否得当、学生发言是否准确；听教师讲课是否有知识性错误、有否创新的地方等。

2. 看什么

（1）看教学理念，即看教师关注的是自己的"教"，还是学生的"学"，是关注少数学生还是全体学生，是关注学生的知识学习还是促进学生的发展；看新课程"三维目标"的落实与和谐课堂的构建等。

（2）看学生学习，即看学生是被动接受还是主动学习、情绪是否饱满、是否参与教学活动、活动的广泛性和有效性怎样；看学生能否主动提出问题和发表自己意见，是否善于合作交流，是否有创新的意识和创新精神。

（3）看教材处理，即看教师对教材的理解、挖掘和处理；看教师的课程意识和整合；看教学重点难点的突出和突破；看教学程序是否优化、教学方法是否科学、教学手段的运用等。

（4）看教学功夫，即看教师精神是否饱满、教态是否自然亲切；看板书是否合理、教具运用是否熟练；看教法的选择是否得当、指导学生学习是否到位；看对学生出现问题的处理是否得法和巧妙。总之，看教师主导作用发挥得如何。

（5）看教学效果，即看整个课堂气氛是静坐呆听、死记硬背，还是情绪饱满、精神振奋；看学生参与教学活动的时间是否得当、师生情感是否交融；看学生对教材的感知，注意力是否集中、思维是否活跃；看学生举手发言、练习板演、思考问题的情况；看各层次学生特别是后进生的积极性是否调动起来。

3. 想什么

对课堂教学水平要做出正确的判断，有时需要透过现象去思考和分析。主要思考教师为什么要这样处理教材，换个角度行不行、好不好；对教师成功的地方和不足或出现错误的地方，要思考原因并预测对学生所产生的相关影响。分析教学，如果是自己来上这节课，应该怎样上，进行换位思考；如果自己是学生，是否已掌握和理解了教学内容；新课程的理念方法如何体现在日常课堂教学中，并转化为教师自觉的教学行为等。

4. 记什么

一记教学环节或课堂程序；二记教师教学中的亮点，如富有激励启发的语言、学生活动的有效组织等；三记学生中的闪光点，如学生的奇思妙想、质疑发现和对"权威"的挑战等；四记自己的即时思考和即兴反应，如对授课教师教学方法的使用、教学环节的优化、教学语言的特点、教学思想的体现等的思考。

三、如何实施评课

（一）评课的要求

1. 主持人积极引导

第一，就课论理有依据：评而出理，理而有据，先说明理念，再描述课例，避免空发议论、堆砌名词、滥贴标签，例如，"我学到了很多""体现新课程理念""真实、扎实、朴实"等，都不足为据。第二，平等对话认真听：不管谁发言，都得认真听，做必要的记录。边听边思考，与自己的意见一致的，无须重复；与自己意见相左的，提出来商量；与自己意见一致但表述不完整的，待发言完作补充。执教者与评议者始终处在平等对话、学术自由的环境中，保持充分地、自由地、坦诚地沟通、协商、交流、碰撞，这是有效评课的核心价值。

2. 倾听执教者反思

评课前，一定要倾听执教者的发言。首先，听执教者的设计思路、教学技法、目标达成、问题困惑，即教学心路历程。其次，把执教者心路历程与自身所观察记录的课堂历程以及听课思考进行比照，会产生新的认识，修正、补充、完善或提升自己原来的认识，使思考更客观、全面、深刻。比如，可向执教者提出："上完课后，你感到最满意的或最不满意的是什么？其原因是什么？""你认为哪些目标达成得好？其原因是什么？""课前你最担心的是什么？解决的办法是什么？""这节课，最感困惑的问题是什么？""如果让你再上一次，你会做哪些调整或改进？"之类的问题，让执教者回答。

3. 常规评课的做法

（1）评教学目标：教学目标是教学的出发点和归宿，尤其是三维教学目标的贯彻实施，其正确制订和达成是衡量一堂课好坏的主要标尺。

（2）评教材处理：知识讲授是否准确科学，教材组织处理是否精心，课堂教学是否突出了重点、突破了难点、抓住了关键。

（3）评教学程序：看教学思路设计，包括编排组合、衔接过渡、讲解详略、讲练处理等；看课堂结构安排，包含结构严谨、环环相扣、过渡自然、时间分配、密度适中、效率高低等。

（4）评方法手段：论教学方法，如讲授法、探究法、讲练法、启发式、合作式、诱导式、讨论式的使用等；议教学手段，如投影仪、录音机、计算机、电脑、电影、课件的运用等。

（5）评教学功夫：看板书，包括设计科学、言简意赅、字迹工整、条理性强、板画娴熟等；看教态，包括明朗、快活、庄重，富有感染力，仪表端庄、举止从容、态度热情、情感融洽等；看语言，包括准确清楚、说普通话、精当简练、生动形象、有启发性，高低适宜、快慢适度、抑扬顿挫、富于变化等；看操作，包括操作熟练、效果明显、照顾全体、准确到位、效果良好等。

（6）评教学效果：课堂氛围，包括思维活跃、气氛热烈等；受益面大，包含整体进步、负担合理等；效率很高，包括轻松愉快，积极性高、目标达成等。

4. 现代评课的维度

（1）课程评价指标

①目标：课时目标是什么？课时目标是根据什么预设的？预设的课时目标在课堂上的生成情况如何？

②内容：有哪些教学内容？根据是什么？教材的重点难点是什么？

③方法：运用了哪些教学方法？学生对学习方法的关注如何？

④资源：有哪些资源？资源有没有得到实际利用？利用的效果如何？

⑤练习：有哪些练习？怎么布置的？练习的质量怎样？发挥的作用如何？

（2）学生评价指标

①准备：学生课前准备了什么？准备得怎么样？有多少学生做了准备？

②倾听：有多少学生能倾听老师的讲课？能倾听多长时间？对哪些感兴趣？

③互动：有哪些互动行为？学生的互动可否为探究新知提供帮助？

④回答：主动/被动、群体/个体、教师/学生，以及回答水平有哪些？

⑤提问：不懂/创新、主动/被动、老师/学生、学生/学生？

⑥讨论：不懂/拓展，主动/被动、同桌/小组、班级/师生？

⑦达成：学生能用自己的话解释或表达知识概念吗？能用技能方法解决问题吗？

⑧自主：学生在课堂主动参与（个体/群体、小组/师生）的时间有多长？

⑨合作：课堂呈现的合作形式（表述/倾听/询问/接纳）有哪些？

⑩探究：课堂产生了哪些具有思考价值的问题？有没有进行探究？探究是否有结果？

（3）教师评课指标

①环节：教学由哪些环节构成？这些环节切合教学目标吗？是否提供让学生主动地参与机会？

②活动：教师有哪些活动（讲授/训练/讨论/提问/合作学习/自学指导/作业设计/自我评价）？是如何展开的？能否促进学生主动的学习？

③手段：教师要运用哪些手段（语言/板书/实物与模型/多媒体/实验）？这些手段是如何运用的？

④机智：教师会遇到哪些课堂管理事件？怎样应急处理？教师对学生答错后的反应态度和语言表达方式怎样？

⑤特色：教师教学哪些方面（语言/教态/学识/技能/思想）比较有特色和个性？

（4）效果评课指标

①课堂效果：包含时间分配、提问技巧、学习状态、交流互动、参与程度、

练习巩固、目标达成等。

②品质培养：包括学生思维的深刻性、求异性和批判性，学生思维的灵活性和创造性等。

③学习习惯：包括学生质疑问题、独立思考、课堂争辩和标新立异等。

④思维方法：包括学习方法、思维方法、自我总结，以及从"学会"到"会学"等方面。

（二）评课的注意

1. 评课前，评课者要认真听课、用心记录，并针对记录梳理好自己的评课材料，还要根据授课教师的设计思路、教学技法、目标达成、问题困惑等教学心路历程，结合自己的观察记录，完善自己对本节课教学的思考。

2. 评课时，主持人应注意以下几点：一是允许评课者畅所欲言、各抒己见、摩擦碰撞，倡导教无定法、百花齐放、百家争鸣，挖掘课堂教学的亮点，拓展教学思维，促进教师教学反思，继而启发教师的教学智慧，不能吹毛求疵，给老师泼冷水，避免暴风骤雨式的指责。二是要有理有据、让人信服，要实事求是，说真话、心里话，不要尽说好听的，要说课堂教学的缺点和不足，并提出改进意见；要多角度思考，把感受最深的地方表达出来，突出重点，集中主要问题进行评议和研究，不要面面俱到、泛泛而谈。三要根据课堂教学特点和班级学生实际，切忌带有个人倾向。评课教师与授课老师间始终处在平等地位，在充分、自由、坦诚的评议中沟通、协商、交流，让课堂教学更加丰盈！

3. 评课后，组织者要整理好评课记录，思考其优点在哪里，是否可以推广；不足在哪里，是否是普遍现象、怎样避免；错误在哪里，下次怎样才能改正。整理下发，肯定成绩、纠正错误、吸取教训、共同提高。

【巩固与提高】

1. 听课的角色有几种？听课的技法是什么？

2. 现代评课的维度包括哪些？如何实施评课？简述一堂好课的基本要求。

3. "听课评课"是常规教学的重要环节，请结合实际谈谈"听课评课"在自我成长中的重要意义。

第16讲　新高考改革与走班制教学

走班教学是高中新课程的一大特点。为适应社会对多样化人才的需求，满足不同学生的发展需要，在保证每个学生达到共同基础的前提下，各学科分类别、分层次设计了多样的、可供不同发展潜能学生选择的课程内容，以满足学生对课程的不同需求。

一、新高考课程改革方案

（一）改革目标

调整统一高考科目，完善高、中学业水平考试制度，建立高、中学生综合素质评价制度，形成分类考试、综合评价、多元录取、程序透明的高考招生模式。

（二）任务措施

1. 完善学业水平考试制度

（1）科目设置：语文、数学、外语、政治、历史、地理、物理、化学、生物、信息、体育、艺术、技术等13门。

（2）考试性质：实行合格性考试与等级性考试。合格考试以高中课程标准中的基础课程为依据，是高中学生取得毕业资格的必要条件；等级考试内容以高中课程标准中的基础和拓展课程为依据，是大学录取的重要组成部分。

①选考科目设合格和等级考试，选考学科考试成绩合格的学生，选择学习其中3门参加相应的等级考试。

②统考科目仅设合格考试，并可用统一高考考试替代相应科目的合格考试。各科目合格性考试成绩的"不合格"比例按全省实际参考人数控制在3%以内。合格考试成绩不合格的普通高中在籍学生可在获得成绩后2年内，参加该科目合格性考试补考，补考仅限1次。

③信息、体育、艺术、技术等4门仅设合格考试，根据课标和学生平时表现，综合测评确定合格成绩。

（3）考试安排：各科目考试分散在高中三年，随教随考随清。各科合格性和等级性考试，高中生只能参加1次。

（4）呈现方式：合格考试成绩以"合格/不合格"呈现；等级考试成绩以科目合格为基础，按照等第呈现为A、B、C、D、E五等，分别占15%、30%、

30%、20%和5%。

2. 建立综合素质评价制度

综合素质评价是学生毕业和升学的重要参考，内容包括：学生思想品德发展状况、中华优秀传统文化素养、修习课程及其学业成绩、创新精神与实践能力、身心健康信息、兴趣爱好与个人特长等。

（三）高考方案

1."6选3"方案

（1）各科赋分

①统考科目：数学150分，语文150分，外语100分；

②选考科目：物理120分，化学110分，生物100分，历史100分，地理100分，政治100分。

（2）选科方法

①选考组合：从物理、化学、生物、政治、历史、地理6科中任选3科；

②组合数目：有20种组合；选考科目采用赋分制，总分最高730分，最低700分。

（3）等级赋分

最高100分，最低20分；1分1档，共81档；其中物理赋分权重为1.2，化学赋分权重为1.1。

2."3+2+1"方案

（1）各科赋分

①统考科目：数学150分，语文150分，外语100分；

②选考科目：物理100分，化学100分，生物100分，历史100分，地理100分，政治100分。

（2）选科方法

①偏理组合：物理、化学为一个组合，从生物、历史、地理、政治4科中选1科；

②偏文组合：政治、历史为一个组合，从地理、物理、化学、生物4科中选1科；

③组合数目：有8种组合；选考科目采用赋分制，总分700分。

（3）等级赋分

最高100分，最低20分；1分1档，共81档。

3."2+2+2"方案

（1）各科赋分

①统考科目：语文、数学各 150 分；

②选考科目：英语 100 分、物理 100 分，化学 100 分，生物 100 分，历史 100 分，地理 100 分，政治 100 分。

（2）选科方法

①偏理组合：物理、化学为一个组合，每科都是 100 分，按原始分计入高考总成绩；从外语、生物、历史、地理、政治 5 科中选 2 科，每科都是 100 分，采用赋分制；

②偏文组合：政治、历史为一个组合，每科都是 100 分，按原始分计入高考总成绩；从外语、地理、物理、化学、生物 5 科中选 2 科，每科都是 100 分；

③组合数目：有 20 种组合；采用赋分制，总分 700 分。

（3）等级赋分

最高 100 分，最低 20 分；1 分 1 档，81 档。

4."3 + 1 + 2"方案

（1）各科赋分

①统考科目：数学 150 分，语文 150 分，外语 150 分；

②选考科目：物理 100 分，化学 100 分，生物 100 分，历史 100 分，地理 100 分，政治 100 分。

（2）选科方法

①偏理组合：从选考科目中选取物理，以原始成绩计入考生总成绩；再从政治、地理、化学、生物 4 科中选 2 科，以等级赋分；

②偏文组合：从选考科目中选取历史，以原始成绩计入考生总成绩；再从政治、地理、化学、生物 4 科中选 2 科，以等级赋分；

③组合数目：有 12 种组合；选考科目采用赋分制，总分 750 分。

（2）等级赋分

最高 100 分、最低 20 分；1 分 1 档、共 81 档。

二、学校教育体制的改变

（一）高考教学模式

1. 大走班：统考科目实行分层、分类走班教学；根据学校实际情况，从选择的高考方案中选取等级考试科目，进行分层、分类走班教学。

2. 中走班：统考科目实行行政班教学；从选择的高考方案中选取等级考试科目，进行分层、分类走班教学。

3. 小走班：统考科目实行行政班教学；根据学校实际条件（校舍、师资等），限定 1 至 2 科选取科目，再从选择的高考方案中选取等级考试科目，进行分层分类走班教学。

（二）走班教学特点

1. 行政与教学班并存

学生以行政班为核心开展在校的各种集体活动，如社会实践、社区服务等团队活动，并以行政班为单元进行非走班模块的教学和自主学习。在进行选修模块学习时，学生根据自己的选择到不同的模块教学教室内上课，从而形成教学班。

2. 教学班学生流动大

同一个选修课教学班的学生来自不同行政班，教学班内是选择方向一致、学习内容相同，而水平差距较大的群体，在同一天开设的不同节次的课程中，学生要不断地由一间教室转到另一间教室进行流动听课。

3. 学生意向的多元化

选修课的开设为学生提供多样化选择的余地和发展个性的空间，有利于激发学习兴趣，拓展知识视野，也为学生提供规划人生的实践机会。

4. 模块设置的多样化

同一学段内同一学科同时存在不同模块的教学，根据新课程的要求，结合学校对不同学科的教师配备情况，确定各学科的模块设置方案。

5. 教师专业化要求高

许多选修模块站在学科的前沿，内容新、起点高，而教师对这些模块的内容往往接触较少，或对这些模块的教学研究不足，这就对教师的专业素养提出了更高的要求。

（三）走班教学优势

1. 走班制教学的最大特色就是契合学生的个性化需求，尊重每个学生的特长与特点，实现"因材施教"，学生能根据自己的现有知识水平、能力大小及兴趣选择课程表、选择老师及适合自己的学习方式。这能充分调动学生学习的主动性，使其从自己的兴趣和实际能力出发，有的放矢地选择、安排自己的课程结构，构建适合自己发展的"套餐"，并从中逐渐找到将来发展的方向。

2. 走班制教学充分赋予学生主体地位，改变了传统的班级授课方式，即成百上千名学生读同本书、上同样的课、做同样的练习，忽略学生自身成长中发展的差异性和不平衡性等缺陷，最大限度地让不同兴趣爱好、不同学习基础、不同学习能力的学生获得与自己最相适宜的发展环境。

3. 走班制教学通过让学生自主选择学习科目、选择授课教师，使学生从目前固定班级教学中的被动接受角色转变为主动选择角色，激发学生学习的兴趣和积极性，增强其自信心和成就感，获得成功的快乐，减轻思想压力，保持乐观情绪和平衡心态，体会到"适合自己的才是最好"的感受。

4. 走班制教学能扩大学生的交往范围。由于没有固定班级，学生在每门科目的学习中会接触到不同的同学，交往范围可以增大几倍，扩大同学间的互相影响，有利于增强同一层次学生之间的竞争意识和合作意识，有利于培养学生的社交能力。

三、学校走班教学的管理

（一）走班管理的特点

1. 管理主体多元化

"走班制"教学模式下，参与管理的科任教师及学生增多，管理的主体更加多元化。所有科任教师都参与到班级管理的一线，干部之外的学生也具有被管理者和管理者的双重身份。管理主体的多元化，有利于形成多方参与管理和多元化管理的组织系统，对于培养学生自觉性与组织纪律性有一定的帮助，但因学生来自不同班级，科任教师的管理复杂度增高，难度也增大。

2. 管理对象复杂化

实行"走班制"后，随着学科授课时间的变化、师生组合的变化，教学空间、教学氛围也会随之发生变化。管理主体的多元化、学生走班的流动性、班级组合的变化等因素共同带来了管理对象的复杂化。班主任教师要运用更加精细化的管理方式，对学生进行影响、指导、引导，与学生进行心灵间的对接和交流。

3. 管理制度精致化

"走班制"背景下的班级管理除了要制定出原有班级共同认可的班规外，还要为分散到各个学科教室的学生制定更为精致的学习评价制度、激励制度，以及进行班级文化的创新。这就要求管理制度的制定要更加精致、精准、精细，确保能在复杂、多元的管理模式中，提高班级管理的效率。

（二）走班教学的管理

1. 教学实施

（1）组织走班阶段：走班开课前，学校要进行模块教学培训和工作安排，发放走班《教室安排表》《课程表》和《学生座次表》；学生根据课程表，按照学校安排在相应的教学班流动上课和参与行政班各种集体活动，实施双班运行机制。

（2）优化组合阶段：学生按学年选择课程，按学期进行必要的调整；学校在每学期末向学生和家长公布课程设置变更情况，以方便学生及时调整修习计划。

2. 学生管理

（1）学校对学生的管理：每学期调整 2 次，保证学生在一个较适合自己的教学班学习；根据学生在走班中的表现与学生本人的需求，允许部分学生更换所选择的走班班级。同时，规范学生的日常行为，对违纪学生进行处罚，给学生提供良好的学习生活环境。

（2）教师对学生的管理：班级座次表以小组为单位排布，固定学生上课和自习的位置，任课教师依据座次表严格对学生进行考勤；作业的收发以小组为单位进行，课代表管理各小组；学生的疑难问题以小组为单位提出后，由课代表上交老师进行解答。

（3）学生对自己的管理：学生自主自习及日常纪律的控制，由值日班长实施。每节课后由值日小组成员负责打扫卫生、清点整理物品，完毕后组长在各教室值日表内签名。值班教师以小组为单位进行检查和评价。

3. 教师管理

学校制定走班教学实施方案，协调走班教学工作，加强教学督导，及时反馈教学信息。通过"学生选老师"加大教师间竞争的力度，通过集体教研提高教学效果。要求教师平时多注意观察和了解学生，尊重学生知识经验、学习兴趣、智力水平等差异，充分调动学生学习积极性和主动性，把握好自身教学与学生个性发展的结合点，充分关注学生的不同需求，真正做到弥补学生的知识缺陷、延伸学生的知识、发展学生的个性和提高学生的能力。

4. 班级管理

（1）班主任负责日常事务管理和非教学时间的管理，任课教师负责教学时间的常规管理。对于师资队伍，学校要求每位教师不断提高自身的业务能力，能高质量承担一门基础型课、一门拓展型课，并指导以自己所教学科为主的相关领域的研究课题和课程拓展，逐渐建设、完善、形成富有个性特色的课程"套餐"。班主任要根据学校安排，积极主动配合任课教师指导学生做好选课工作，在工作方法上变静态为动态，变被动为主动；帮助任课教师克服工作中遇到的困难，注意团结友爱，维护班级纪律和荣誉，形成良好的合作关系。同时，对于不适应"走班制"的学生班主任要多关心，及时与任课教师协商，缩短学生学习的适应期。

（2）强化综合管理，构建班主任和任课教师、课代表"三位一体"的班级管理模式。强化班主任和任课教师、课代表的管理信息沟通，严防出现管理的"真空地带"。首先，要为教学班配备班干部。每个行政班的班主任与学科教师需共同协商选定课代表1名，保证在每个教学班里都有来自不同行政班的课代表。这些课代表是班主任和各教学班之间的联络员，负责把上课纪律、作业情况，包括对任课教师的反映等信息及时传递给班主任。学科走班上课必须做到"三定"，即定座位、定班干部和科代表，任课教师负责本节课学生的出勤、学习态度、表现情况及纪律卫生等常规工作的管理。

（3）学校各职能部门分工合作，加强对行政班和教学班的指导、管理和服务，及时发现新情况、新问题，以便于统筹协调解决；建立学生学习和表现情况反馈制度，定期召开任课教师和班主任联席会和各层面学生座谈会，做好学生学习状态分析，保证走班制教学质量；做好资料搜集和整理工作，如学生模块学分认定表、成绩汇总表等。

（三）走班的导师制度

1. 学校确立以学生为主体，以教师为核心的中学"导师制"，加强教师与学生之间的交流互动，形成和谐的教育教学氛围，大力推进了素质教育。确立学校发展必须坚持"学生是主体，教师是核心"的教育理念。要关心每一位学生，树立每一个学生正确的发展观，完善每一个学生的人格，必须要调动全体教师，通过有针对性的交流与沟通实现这一教育目标。学生在校期间，思想、健康、审美、智能、体能、兴趣爱好、发展方向、选修教材等方面所存在的问题均可向导师提出，导师有义务在自己力所能及的范围内给出学生合情合理的答复，或者提供解决问题的途径和方法。

2. "导师制"更加注重过程，抓细节，重实效。从新学年开学到每年十月，给新生预留熟悉校园环境和熟悉各位教师的时间。从十月中旬到十月底，根据学生的具体了解和自主意愿，在校内选择导师，填报《中学生"导师"申请表》并上报班主任，经教导处与年级组具体协商、个别调整，为每一位学生确定导师。之后，由学校组织，利用选修课时间，举行师生见面交流会，具体确定导师，落实到人。导师要在学生整个高中阶段对学生的思想、健康、智能、体能、兴趣爱好、发展方向、选修教材等方面进行指导。

3. 将"导师制"和"新课程选修课"有机结合，拉近师生间的距离，使"导师制"有的放矢，操作性强。高一年级学生导师主要是掌握学生个性，了解学生家庭情况，做好学生初高中阶段的心理、人格和学习等方面的衔接，讲明

"新课改"前提下必修科目与选修科目间的关系。高二年级导师主要指导学生如何应对青春期心理变化，针对学生分科选课给予建议，明确主课与学业水平测试科目间的关系，对学困生进行全方位心理疏导，培养学生面对问题、探究问题、解决问题的能力。高三年级导师主要负责制定复习计划，加强家校联系，缓解学生心理压力，增强学生自信，指导学生应考和填报志愿等方面的事情。

【巩固与提高】

1. 新高考课程改革的目标和任务是什么？采取措施有哪些？

2. 何谓走班制教学？它的类型与特点是什么？

3. 什么是"导师制"？谈一谈它在"走班制"教学管理中的重要作用。

第17讲　新高考改革与选课方略

　　选课的设置与实验是新一轮高中课程改革的一个亮点，有助于拓展学生的知识与技能，发展学生的兴趣和特长，培养学生的个性，促进教师的专业成长和学校特色的形成与办学模式的多样化。高中选修课具有模块化、多样化、层次化、弹性化等特点。选修课的实施要正确处理教材、教师与教学问题，其评价包括开设方案、课程材料、教师教学和学生学习等方面。因此，要特别加强选修课管理制度的建设与创新。

一、新课程设置方案

（一）课程设置

　　全面开设《课程方案》规定的语言与文学（语文）、数学、人文与社会（政治、历史、地理）、科学（物理、化学、生物）、技术、艺术、体育与健康和综合实践活动8个学习领域的课程。开足必修课程模块，尽量多开设选修模块，促进每个学生全面和个性发展。

（二）课程实施

　　1. 高一年级主要设置必修课程，从高一下学期逐步开设选修课程。市级示范学校选修课程的开设率应达60%以上，省级示范学校应达70%以上。

　　2. 学校应建立课程规划、开发、管理制度和学生选课管理系统，向学生提供课程设置说明和选课指导手册。班主任及教师都应做好指导选课的工作，为学生课程修习计划提供指导和帮助。

　　3. 尊重和保障学生通过选课实现发展方向的权利，在保持行政班不变的基础上实行走班教学。学校不得为学生集体确定选修课程，不得强迫学生选择文、理或艺体发展方向。

　　4. 建立发展评价制度。学校要实行学生选课、学业成绩与成长记录相结合的综合评价方式。加强对学生选课、作业和作品展示等过程性资料的积累，通过多种方式对学生进行发展性评价。

二、新高考科目选取

（一）选课要点

1. **考虑升学专业**：选课关联到高考后学生选什么专业，高考录取与选择息息相关，对学生职业规划有很重要的意义。

2. 学科成绩排名：选课关联到学科在省或市内排名，而不是学校排名。一般来说，省级示范学校的学生，多数选"物理、化学、生物"或"物理、化学、地理"，个体则要根据实际情况，慎重选择。

3. 避免选择随意：一般学校会通过几轮摸底来帮助学生最终选择。作为家长，如果孩子已经做出选择，就尽可能不要去更改，避免因此影响学生。

4. 避免中途变挂：学校一般都有 3 年的教学计划，若中途变化选考学科，如从"化学"变为"生物"，原来按学考规格的生物变为选考，其进度和难度会变高，学生容易跟不上。

（二）选课原则

1. 瞄准就业

根据学生未来的就业目标来选择与决策。就业目标不是简单和随便地确定，其本质是优质就业，即与学生的教育投入相匹配，与学生的兴趣爱好不违背，与学生的价值观念相融合。

2. 以销定产

以学业规划的观点，学生求学是人才的生产，学生求职是人才的销售，为了解决市场经济下的销售问题，即就业就需要根据就业目标决定求学选课过程，进行以销定产。

3. 学以致用

学业规划不是不要人生理想，从学生发展阶段看，当下最重要的是要学有所成、学以致用。学生以现有知识能力找到工作后，通过继续学习为职业转换奠定基础，条件具备后，就可水到渠成地迈向新的职业平台，向人生理想靠近。

（三）选课组合

1. 关于组合种类，以高考"6 选 3"方案为例，共有 20 种组合，如图 1 所示。

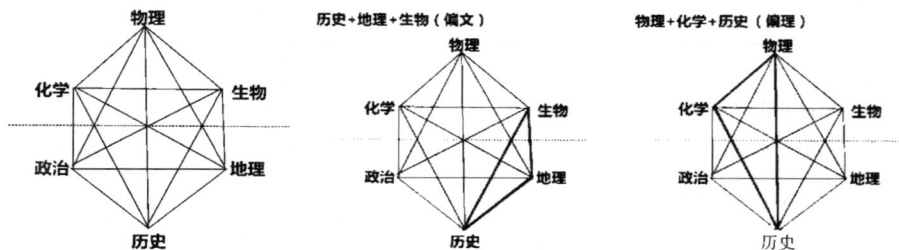

图1

若将传统的三门理科标记为水平中轴虚线以上的区域，传统的三门文科标记为水平中轴虚线以下的区域。每个选课结果都能形成一个三角形，通过三角形里中轴虚线上下区域的对比，就能看出选课结果是偏文还是偏理。一般情况是 3 理纯理、3 文纯文、2 文 1 理偏文、2 理 1 文偏理。不过，有两个特殊情况，如图 2 所示。

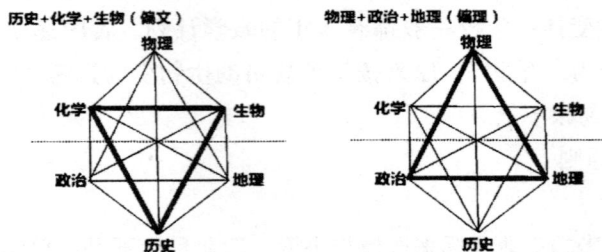

图 2

当出现"历史 + 化学 + 生物"及"物理 + 政治 + 地理"时，明明是 2 理 1 文，区域面积却是水平中轴虚线以下较大，明明是 2 文 1 理，区域面积却是水平中轴虚线以上较大。这是因为物理和历史分别是理科和文科里的强科，当搭配其他两门普科时，仍然表现出强烈的理科性和文科性。例如，"物理 + 政治 + 地理"，虽然是 2 文 1 理，但由于有 1 门物理，选择这个组合的学生就已能满足 99% 的高校专业要求，故而，其理科性较强。

2. 因专业选择受限，"历史 + 政治 + 地理"组合不宜选择。由于"6 选 3"方案，许多高校专业对学生选课有一定要求，包括：有 3 门要求（3 选 1）、2 门要求（2 选 2）和 1 门要求（规定必考）3 种，其中 1 门要求最为严格，这门课学生必须学、必须考，否则就不能进这个专业，仅以表 1 数据为例。

表 1

序号	组合	可报专业比例	序号	组合	可报专业比例
1	物理 + 化学 + 历史	99.90%	11	化学 + 生物 + 历史	88.70%
2	物理 + 化学 + 地理	99.40%	12	化学 + 政治 + 历史	88.60%
3	物理 + 生物 + 历史	99.30%	13	化学 + 生物 + 政治	88.10%
4	物理 + 政治 + 历史	99.30%	14	化学 + 政治 + 地理	88.10%
5	物理 + 地理 + 历史	99.30%	15	化学 + 历史 + 地理	88.60%

序号	组合	可报专业比例	序号	组合	可报专业比例
6	物理＋生物＋政治	99.00%	16	化学＋生物＋地理	87.40%
7	物理＋生物＋地理	99.00%	17	生物＋历史＋地理	77.80%
8	物理＋政治＋地理	99.00%	18	生物＋政治＋地理	76.10%
9	物理＋化学＋政治	98.90%	19	生物＋政治＋历史	75.30%
10	物理＋化学＋生物	97.40%	20	历史＋政治＋地理	52.90%

3. 因竞争过于激烈，"物理＋化学＋历史"组合不宜选择。"物理＋化学＋历史"是一种偏理科的选择，也是20种选择里难度最大的一种组合，属于2理1文。选这种组合，学生高考极有可能因碰到太多强手而造成翻船、翻车。

4. 因大学难以衔接，"地理＋生物＋政治"组合不宜选择。"地理＋生物＋政治"是一种偏文科的选择，是高考3门比较冷门的科目，属于2文1理。该组合最大的问题就是和大学课程很难衔接。许多大学理工科专业都要求学生掌握一定的物理和化学知识，文科类专业则要求掌握一定的历史知识。

（四）数据选课

1. "专业数"与"专业组数"

关于选考科目对应的报考范围，大部分的分析文章都是按照对应可报的"专业数量"来统计。大数据反映出一个非常重要的概念：评判选择范围要以志愿填报的单位，也就是以"专业组"为标准，而非"专业"！很简单的道理，高考一共要填24个专业组，投档的时候是按照一个个专业组往下顺延的，但由于每个专业组只能填4个专业，所以组内其余的专业数量并没有意义。例如，有100个专业都要求必须加选物理，然而这100个专业仅仅集中在一个专业组里，只有4个专业是要求必须加选政治，但这四个专业是分散在四个专业组里，一组一个。那么，对两个分别单选了物理和政治的学生来说，前者只能填一个专业组，后者却有四个专业组可填，也就是后者最多能试投四次，投档成功概率大大高于前者。

表2 综评批（与自主招生批次类似）		
	可报专业组	占比
物理	243	100.00%
化学	209	86.01%
生命科学	148	60.91%
政治	114	46.91%
历史	114	46.91%
地理	114	46.91%
总计	243	100.00%

表3 普通批		
	可报专业组	占比
物理	894	90%
化学	814	82%
生命科学	686	69%
政治	476	48%
历史	452	46%
地理	504	51%
总计	990	100%

由表2、3可见：①选了物理的学生，综评大门是完全敞开的，其综评所有的专业组都可以报，有90%以上的本科批专业组可以报考。②物理、化学、生物三门理科的报考范围总体来说比政治、历史、地理三门文科要高。理科的三门，在两个批次分别可选范围都是物理＞化学＞生物；文科的三门，综评批次无区别，普通批为地理＞政治＞历史。③即使是只报文科的学生，也有将近一半的专业组可报，对比高考要求的24个专业组，其实已经足够了。

2. 对高中选科的启示

了解了专业组的科目设置，再结合不同分数考生的选科偏好，可初步得出以下结论：文理兼备，除非能力有特长，不建议全文或全理；不建议出于"报考范围广"的目的选择物理，毕竟对绝大部分学生来说，即使不选物理，也有足够的可选范围；如果你的目标是清华大学、北京大学、上海交通大学、复旦大学等顶尖名校，必须要选物理；如果你的目标是只要能上个本科学校就心满意足，要选物理；如果你的目标是通过综评被"211"或"985"高校录取，根据爱好和特长，物理、化学选一门即可；政治、历史、地理学科在报考范围上没大区别，选一到二门自己喜欢的就行；如果实在不喜欢物理、化学，至少选一门生物，因为学霸们的物理、化学基础经过中考的提高，很难通过短期内赶上。

（1）物理可选报专业

物理学与信息技术、新材料技术、新能源技术、航空航天技术、生物技术等联系密切，相关专业如图3所示。

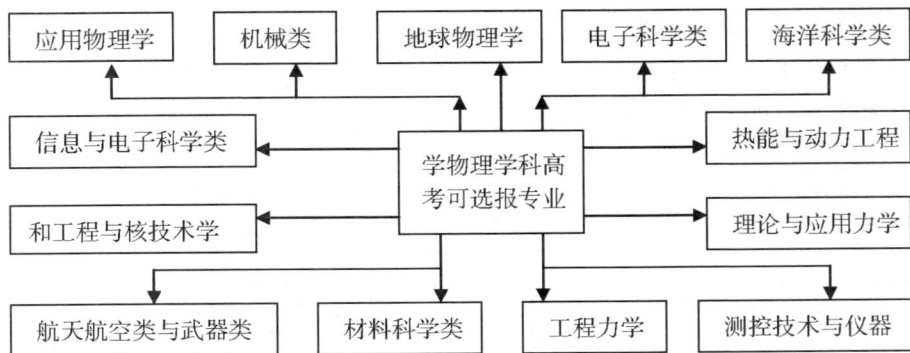

图3

（2）化学可选报专业

化学已成为生命科学、材料科学、环境科学、能源科学、信息科学等领域的重要基础，相关专业如图4所示。

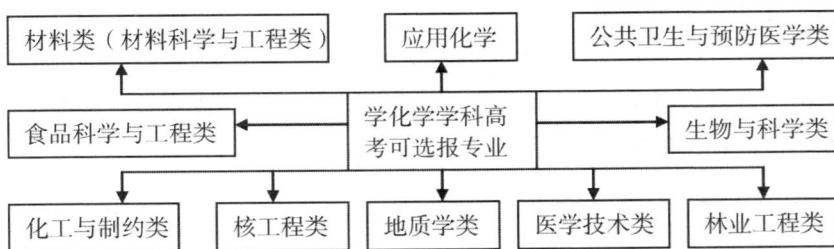

图4

（3）生物可选报专业

生物科学是研究生物现象和生命活动规律的科学，更是农、林、牧、副、渔、医药卫生、环境保护等应用科学的基础，相关专业如图5所示。

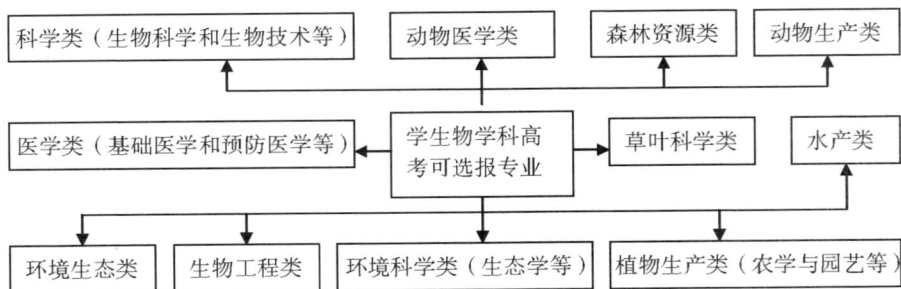

图5

（4）政治可选报专业

思想政治与马克思主义理论、教育学、公共管理、文学经管等有很大的关联，相关专业如图6所示。

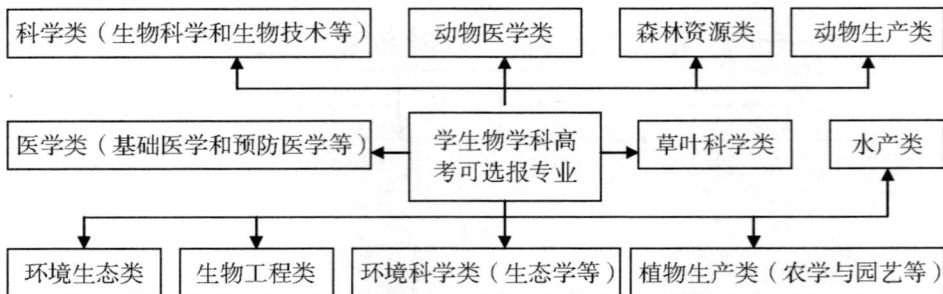

图6

（5）历史可选报专业

历史学科可使学生学会从不同角度认识历史发展中全局与局部、历史与现实、中国与世界的内在联系，有利于提高学生人文素养，以形成正确的世界观、人生观和价值观，相关专业如图7所示。

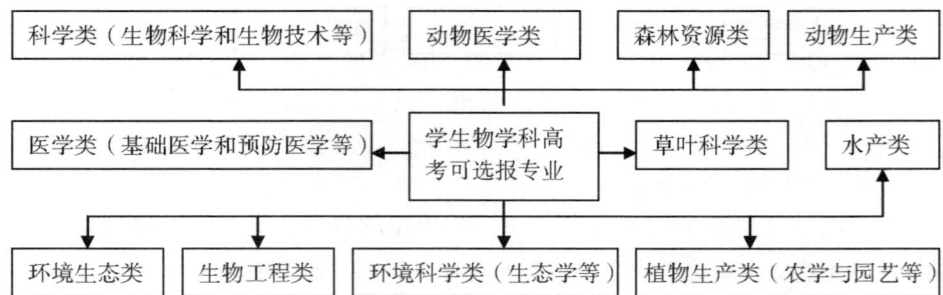

图7

（6）地理可选报专业

地理学在现代科学体系中占有重要地位，在解决当代人口、资源、环境和发展等问题中具有重要作用，相关专业如图8所示。

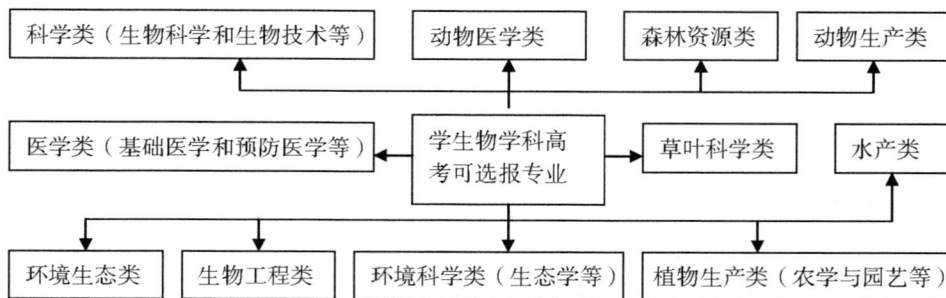

科学类（生物科学和生物技术等）　　动物医学类　　森林资源类　　动物生产类

医学类（基础医学和预防医学等）　　学生物学科高考可选报专业　　草叶科学类　　水产类

环境生态类　　生物工程类　　环境科学类（生态学等）　　植物生产类（农学与园艺等）

图 8

说明：通过选修课的学习，可让学生更好地发现自己的兴趣，从而学会学习、学会独立、学会生存。另外，学业规划需要家长和学生尽早了解，并提前进行规划，好为将来的高考做充足的准备。

高中学业一般性规划见表 4：

表 4

学段	内容		学段	内容
高一上	适应高中生活，探索自身特点		高一下	规划自主招生，准备相关材料
高二上	夯实科目基础，认知专业大类		高二下	学好各科科目，顺利完成学考
高三上	完成自招报名，备战选考科目		高三下	冲刺高考考试，学习志愿填报

（五）选课程序

1. 学生层面

（1）确定初步的就业目标

一是全面认识个人的发展要素，不仅要有兴趣爱好，还要考虑经济基础、身体状况、社会关系、家庭背景和发展机遇等；二是预测未来人才市场变化趋势，即考察未来 5 到 10 年将要就业区域的社会经济环境及各类行业的前景；三是认识不同的职业，确定未来的就业目标，每一个职业都是责权利的统一体，当选择了某一职业，就意味着不仅要追求它的好处，更要能接受它的弊端。

（2）分析职业与专业关联

专业与职业间存在着复杂的关系，如要成为记者，可学新闻专业，也可学中文、历史、哲学和经济，甚至可学理工科等。而经济学专业毕业的学生，不仅可成长为经济师，还可成为企业管理人员、会计师、人力资源管理专家、财经新闻的编辑等。

（3）根据目标选专业学校

确定就业目标后，再考察清楚什么样的专业能够到达相应的就业目标，这样就可确定专业了。确定专业后，即可根据学业规划理论中的"高校就业竞争论"，在开设该专业的所有学校中找到有利于自己未来顺利就业的学校。

（4）依照专业学校选课程

专业和学校选定后，可结合各高校专业对课程的要求，从有利于就业的角度选择课程。如果很快选到3门科目，就顺利完成了选课工作。如果只选出了1门或2门，剩余的科目可根据兴趣和擅长来确定。

2. 学校层面

（1）指导选课阶段

第一，做好选课指导的宣传工作，召开级部师生选课动员会，向学生发放《选课指导手册》，积极宣传选课工作。第二，为每位学生指定选课指导教师，由班主任把学生分到任课教师名下，公示导师安排情况，明确导师职责。第三，做好学生选课意愿调查，向学生发放"科目模块选课意愿调查表"，对各模块选修人数进行统计，为走班教学和征订教材做准备。

（2）集中整合阶段

各班主任负责收集学生选课"意愿调查表"，将各班选课数据上报学校，由课程管理中心初步确认学生的选课意愿，有问题的学生可进行二次选课，重新填写选课意愿表，再由课程管理中心对学生的选课进行最终确认。此外，学生最后选课结果，需要学生和家长共同签名，学校公示后存入档案。

（3）资源配置阶段

第一，学校根据学生选课情况，确定各教学班数量和学科各模块任课教师数目。第二，确定各学科模块走班单元，公布各模块任课教师名单、印制走班学科教师简介，开始"学生选老师"。由学生填写《学生选教师表》，班主任收集后将数据表上报课程管理中心。第三，各选修课教师根据学生报名情况进行"教师选学生"，原则是报名学生最多的教师先选，每班学生不得超过56人；报名学生第二的教师接着选，学生不满56人全收，再从首选老师落选的学生中补满56人，依此类推。接着公示各班教师名下学生名单，允许部分调整。第四，课程管理中心根据资源配置情况，确定各教学班辅导员人选，而辅导员主要从走班模块任课教师中选定。各行政班班主任和教学班导师共同安排学生座次表，配合课程管理中心编排课程表，选好学生干部和课代表，并明确各自职责。

【巩固与提高】

1. 新课改下高中课程设置方案的内容是什么？如何实施？

2. 选课的要点和遵循的原则是什么？结合实际谈谈具体做法。

3. 简述选课的基本程序和操作方法，并给出实施的注意事项。

第18讲　教师学科教学测试卷的命制

由于科学型命题要求非常专业，要建立题库、有数据统计分析、经过测量等，所以目前中考、会考、高考，以及平时学校考试测验采用的都是经验型命题。经验型命题一般有选用陈题、改装组合、独立命制三个阶段。首先是选用陈题，即教师从众多的试卷中，筛选自以为满意的试卷，用于学生日常考试与练习。这种拿来型命题的最大弊端是它未必与教学要求及学生实际相吻合。其次是改装组合，把若干试卷中的试题按照需要重新整合，拼凑成一份试卷。这样做省时省力，目前使用较为普遍，但其缺点是无法按照个性化要求去有针对性地测试学生。最后是独立命制，教师要明确重点要求与难度，分析存在问题，定制命题方案，不断优化命题质量，把握好试卷的难度和区分度、信度和效度。这样做不仅费时费力，更是必须了解教学双方的基本情况。

一、试题功用与命制

（一）试题功用

1. 试题功能

（1）评价功能：通过考试和评卷可反映出每个学生的知识、能力水平的等级或分数，能够评价一个阶段的教学成效，检测教学目的是否达到、教学目标是否完成。这是考试的主要功能。

（2）反馈功能：通过学生解答试卷的情况，诊断出每个学生对具体问题的掌握情况，从中分析出学生对考核内容的掌握情况、问题出在何处。这些反馈给学生及其教师，对改进教学大有益处。

（3）激励功能：通过考试可激励学生平时刻苦学习、考前认真复习。优秀成绩体现学生学习的成功，这种"成功的体验"能极大地激励学生的学习积极性和上进心，促使其更加勤奋地学习。

（4）强化功能：每次考试前要求学生去复习所学的内容，加深对知识的理解、记忆、掌握和应用，从而达到巩固学习知识、灵活学习方法、激发学习情趣、开发学习思维、强化学习效果之功效。

（5）导向功能：教师充分利用考试的导向作用，及时调整、修订教学计划，改进教学策略、方法和方式，积极引导学生打牢基点、抓住重点、突破难点、提高能力，帮助学生取得最佳学习效果。

2. 试题要素

（1）立意

立意包括知识与能力，反映考查目的，是试题的核心。立意要明确，考试目标体现考查的主旨；立意要准确，每题的考查目标应独立完整；立意要重点突出，考查目标要有层次性和相关性。

（2）情境

情境是实现立意的材料和介质，情境关系着立意表达的程度。教师出题要根据立意的要求剪裁、选择有关知识，避免无用信息；根据考生的生活经验和理解程度设计科学可信的情境，保持情境新颖且有信息量和深广度。

（3）设问

设问是试题的呈现形式，关系着立意实现的程度。教师要围绕立意、根据情境选编设问。设问要针对重点内容并涵盖其他内容，设问方式要新颖灵活，设问语言要准确简洁，避免含义不清影响答题。

（4）答案

答案与评分参考是试题构成的重要部分。选择题答案要唯一，并具有排他性，且答案与评分参考的关系要一致；主观题答案要符合解答要求，评分参考应明确，能鼓励考生有创见地答题。评分细则可操作性要强，易于控制评分误差。

（二）命制要求

1. 命题原则

（1）科学性

科学性是指试题内容不发生知识性错误。试题要通过由各方专家组成的命题组以及严格的命题、审题程序命题，保证试题不出现科学性错误。

（2）准确性

准确性是指试题内容与测量目标的一致性。试题必须遵循《课程标准》和《考试说明》，考查学生的基础知识和基本能力，保证测量的可信性和有效性。

（3）公平性

公平性是指考查内容。试题选取素材、参考答案和评分参考，要避免因种族、民族、地域、风俗、性别等社会部门、行业间的差异而引起的不公正结果。

（4）规范性

规范性是指试题表述要科学、严谨，需使用规范的语言、专业术语和计量单位，图表要清晰、准确规范，指导语要明确、简洁、合理。

2. 题型要求

（1）题型类

①客观题型

无需组织文字，只要求应试者选择正确答案，凭记忆回答试卷上的问题，或判别某个给定命题的正确性。客观题包括选择题、改错题、判断题等，这类题型命题的灵活性强、覆盖面广，回答问题需时较短。一般说，在选择题中，如果两个答案相似，两个肯定都是错的；两个答案相反，起码有一个是对的。命题者为了增加分辨的难度，有时会在选择题中安排几个貌似正确的答案供选择。在答选择题时，可先把有明显错误的答案排除，再对余下的答案进行比较。判断题的答案只有一个，所以正确答案一般是叙述比较流畅的，而那些使用"绝对""完全""所有""一定"等极端词语的，很有可能是错的。若基础知识牢固，回答客观题瞬间即可确定正确答案；但若出现识别不清，应作认真比较，使用逻辑推理来判断正误；着实不懂的，可进行猜答，以不留空白为原则。

②主观题型

主观题没有固定的模式，有时只需扼要回答，写出简短的答案；有时却要详尽地阐述某个事件，写出较长的答案。主观题有利于考查应试者组织文字和逻辑思维的能力。主观题形式多样，或是让应试者写出若干非常具体的答案，或是让其叙述一个较综合的事物，或是以上两者的结合。主观题的具体要求需写在题目中，如举例、阐述、比较、概括、论证等，应答者必须要正确理解题意，掌握具体要求，若是扭曲题意，贸然动笔，往往会使答案出错。题目命制的一般做法是：要例举就例举，要阐述就阐述，要比较就比较，要论证就论证，总之，要开门见山地切入正题。

③非主非客

多数考题不是主观题就是客观题，不过也有介于两者之间的，如填空题即要求应试者用一个词语或一个短句来回答给出的问题。这类题目虽不要求撰写过多的文字，但有时需要进行分析、推理、综合和计算等来获取答案。

（2）选择题

①题干应包括解题所必需的全部条件，选项不做条件上的论述，应把问题交代清楚、表述准确、不出现与答案无关的线索，或与选项内容属于同一范畴，慎用否定结构，若使用否定结构应加着重记号适当提醒，以免考生在紧张的情况下应答，疏漏否定结构的关键词。

②干扰项能反映考生的典型错误。正确选项和错误选项都应在逻辑上与题干一致，要求正确选项和错误选项长度、结构尽量相近。

（3）主观题

①要明确测量考生哪些方面的能力，以及考生在解答题时应该用什么样的思维方法。要使考生明白试题所提出的问题，不因题意模糊或用词不当影响答题；要注意试题解答长度与复杂性，使试题的复杂程度和难度有一定的梯度。

②在命制试题的同时，还要给出试题答案及评分参考。评分参考，应该规定每一个问题的分值，保持同样的评分方法。若试题解答并未包括全部解法，最好注明其他合理答案也应给分，并鼓励创新答题。

③为方便考生解答试题，要编写好试题的指导语，对每一道试题的不同要求给予说明，防止考生误解而影响成绩。

二、好卷标准与鉴别

（一）好卷的标准

1. 遵循教学目标

命题必须依据新课程标准提出的教学目标，按照教材提供的材料和能力要求进行命题，这样才可以通过考试强化"教"与"学"双方追求教学目标的意识，使教学目标真正得到具体落实。

2. 符合教学实际

命题要从教学实际水平出发。考试要严格按照学科特点、知识体系、学生实际来确定内容。试卷编排要科学，要本着由浅到深、由易到难的命题原则，由单项到综合的顺序编排。

3. 客观全面准确

命题标准要客观，难度须符合教学要求、符合学生水平，达到巩固、理解及训练的程度。如果每份试题或每道题目绝大部分学生都不会做，那这便是一份废卷或一道废题。命题内容要客观，所测内容必须以学科新课程标准为依据，严禁出偏题、怪题或违背科学的试题。试题要根据学段教学内容，全面检查上课学过的重点、难点和考点知识，更要体现"能力立意"的命题思想。

4. 独立简明新颖

同一份试卷，各试题内容应彼此独立，不能出现有答案暗示或引导答案线索的问题。在试题文字表述上，要力求语言简洁、寓意明确、用词准确、解答具体，使学生在解题过程中明白答题思路、知道答案表述形式。试题提问方式、情景设置要新颖，不落俗套。试题形式要多样化，活而不怪、多而有序、是非清楚。另外，试题的正确答案要有定论，涉及内容不应有歧义或引发争议。

5. 试题科学规范

试题描述要清楚、简洁，必须保证内容的准确性，不能出现知识性错误，不能用有争议的试题。卷面力求字迹清晰、排版整齐美观。题目间距要疏密有致，切忌排得松散或拥挤。绘图要大小适中，答题处要留下足够的空间。题首要注明考试类别、科目、时限、页数和总分，每页下边要标明页码，同一道题最好不要转页排版等。

6. 试题具多重性

人文性，坚持以人为本，题目应该生活化、个性化，有地方特色等；时代性，结合时政热点，贴近社会实际；综合性，在全面考查学生基础知识和基本技能的基础上，重视对学生运用所学知识分析、解决实际问题的能力进行的多层性考察；开放性，指考试的内容要灵活，既来源于教材，又不拘泥于教材。

（二）好卷的鉴别

1. 试卷有梯度

为拉开考生间分数的差距，凡试卷都有一个梯度，这个梯度分三个层次。第一，考查考生记忆水平和理解水平的题目，或者说是"基础一点"的题目，主要针对基础知识、基本规律和基本概念出题。此部分题目约占得分的65%～75%。第二，属于分析和思考水平的题目，或者说是"复杂一点"的中档型题目，主要是考查运用基本概念去解决问题的能力。此部分题目约占得分的15%～25%。第三，考查创造能力的综合试题，或者说是"拔高"的题目，主要是把多方面的基础知识综合在一起的难题。此部分题目约占得分的10%。

2. 试卷的难度

（1）难度因子

包括考查：是单一知识还是多个知识点，是单个原理概念、规则方法还是其多个的组合，是直观概念还是抽象概念，是直接信息情境还是隐含信息情境等；还包括解题所用思维方式的层次高低，试题所设情境是否为考生熟悉，所给信息是否易被了解和接受，试题是否有多个答案、是否将可能产生歧义和误解处用说明语作提示等。

（2）难度概念

难度是指试题的难易程度，它是衡量试题质量的一个重要指标参数。一般用试卷（题）的得分率或答对率（P）表示。难度水平的确定既要考虑及格率，避免损伤学困生的自尊心，也要考虑对分数分布的影响。一般以偏正态分布为好，用于激发学生的学习积极性。

（3）难度计算

难度是指正确答案的比例或百分比，常用 P 表示：$P = x/w$（x 为某题得分的平均分数，w 为该题的满分）。P 的取值范围是 $0 \leqslant P \leqslant 1$，P 越大表示试题越简单，P 越小表示试题越难。一般认为，试题的难度指数在 0.55 ~ 0.75 之间比较合适，整份试卷的平均难度最好在 0.65 左右，高于 0.70 和低于 0.50 的试题不能过多。

3. 试卷标准差

试卷标准差体现全体考生分数间的离散程度，反映考生水平的差异。一般将标准差（S）与平均分（反映考生分数的集中趋势）一起使用，用来分析某次考试考生分数的分布情况。其中 S 值越大，表示考生分数离平均分的"差距越大"，分数分布较广；S 值越小，说明分数集中分布在平均分附近，分数分布较窄。

4. 试卷区分度

（1）区分度概念

区分度是指试题能多大程度上把不同水平的考生区分开来，用 D 表示。区域取值为 $-1.00 \leqslant D \leqslant +1.00$，数值越大区分度越高。测量学家伊贝尔认为：试题的区分度在 0.4 以上，表明区分度很好；区分度在 0.3 ~ 0.39，表明区分度较好；区分度在 0.2 ~ 0.29，区分度不太好，需修改；区分度在 0.19 以下，区分度不好，应淘汰。

（2）区分度计算

先将分数排序，并分为两组。$P_1 = 27\%$ 高分组的难度，$P_2 = 27\%$ 低分组的难度，则区分度 $D = P_1 - P_2$。此外，还有一种算法，即区分度 D =（27% 高分组的平均分 － 27% 低分组的平均分）÷满分值。

5. 试卷的信度

（1）信度概念

信度是指测得结果的一致性或稳定性。稳定性越大，意味着测评结果越可靠。信度通常以两次测评结果的相关系数 X 来表示，X 取值范围是 $0 \leqslant X \leqslant 1$，相关系数越大越可靠，一套好的试卷要求其信度值应在 0.70 以上。

（2）信度分类

①再测信度：指将同一试卷在相同条件下对同一组考生先后进行两次测试，两次测评结果的相关系数。

②复本信度：指用两份或几份在构想、内容、难度、题型和题量等方面都平行的试卷进行测试，几份试卷测评结果间的相关系数。

③一致信度：指试卷内部各题之间的一致性，通常是将试卷一分为二，然后计算一半试卷与另一半试卷间的相关系数。

6. 试卷的效度

（1）效度概念

效度是指测量结果准确性和有效性的程度，即测量是否达到预期的目的。考试效度是指通过一次考试能确实测量到预期测量结果的程度，即测量工具或手段能够准确测出所需测量事物的程度。测量结果与考查内容越吻合，效度越高。

（2）效度系数

不同的测验对效度系数有不同的要求，如智力测验分数与教师对学生的等级评定之间的效度系数，一般在 0.30～0.50 的范围内；相同科目的标准测验成绩与教师对学生名次排列之间的相关系数，一般应达到 0.60～0.70；两种不同的智力测验或标准测验间的相关系数，一般应达到 0.60～0.80。对效度系数大小的要求，受原测验与获得效标测验间的相似性制约。若二者不相似，则效度系数偏低；若二者相似，则效度系数会高些。所以，有的测验效度系数达到0.35 便已符合要求，有的却要达到 0.65～0.77 才能被认为是有效的测验。

三、命制程序与方法

（一）明确考试功能

评价可分为诊断性评价、形成性评价和终结性评价。诊断性评价是指开学初进行的摸底测验，其目的是把握学生是否具有相关的知识与经验，了解学生在学习上的准备状态，以便制订有针对性的教学计划。形成性评价是指在学期中进行的阶段测验，其目的是把握学生在学习过程中存在的问题与不足，了解学生阶段学习的成果，改进教学行为。终结性评价是指在学期结束时进行的期末考试，即对学生学习结果进行的综合性、发展性评价。终结性评价要基于事先设定的目标来进行评价，反映的是一个时段内的学生学习成就与教师教学业绩。

由于各种性质的考试目的不同，命题的难易程度、各类知识比例、试题形式也会有所不同。基础年级的命题，要稍微简单和基础一些，以增强学生学习的自信心。毕业年级单元测试命题要注意"方向"性，把握住每一个知识的增长点，以增强对考试题的灵活性。平时单元考试因知识面相对狭窄，可着重关注学生日常作业出现的问题，针对性进行小测试，以达到巩固知识的目的。

（二）制订测试方案

1. 研读相关内容

命题人要结合教学进度来命题，根据考查对象，认真研读课程标准、教材内容，以及有关部门对考试的具体要求等，描绘出框架性结构图，以便清楚地了解命题的基本要求及内容。

2. 列出命题考点

依据确定的考试目标细目，制订出命题的具体计划，包括测试内容、题量、题型、时限等；要列出考点与能力要求层次，以便试题评讲更有利于学生的知识巩固。试卷考点的分布必须均匀，不能多次重复。

3. 确定合适题型

现行考试常见题型有选择题和填空题。此外，不同学科还会有一些特色题型，如文科有材料题、论述题、判断题和作文题等，理科有计算题、证明题和实验题等。这些题目可统分为客观题和主观题。其中客观题的优点是测验成本低、知识覆盖面广、评分标准客观，缺点是猜题也有答对的可能；主观题的优点是能够考查学生高水平的认知能力以及学生的个性化表现，缺点在于评分标准的主观性较强。故而，主客观题型的比例要适当，要有明确的指令、答题要求和答题指向，甚至规定答案字数，必要时可做提示示范，不要造成因理解错误而影响表达。客观题要题干简洁、供选答案不能拼凑、错误选项应有干扰作用，不能故弄玄虚；题型要利于个性张扬，不能过于死板，要给学生留下施展才能的空间。

4. 制双向细目表

双向细目表是考查目标和内容间的联系表。在表的纵向列出考查内容（知识点），横向列出考查能力，在知识与能力共同确定的方格内是考题分数所占的比例。命题双向细目表具有三个要素，即考查目标、考查内容以及考查目标与考查内容的比例，参见表1。

表1

测试单元	考查内容	测试目标	目标层次					难易成度		
			了解	理解	掌握	应用	综合	易	中	难

说明：（1）双向细目表的价值作用：确保试卷有较宽的覆盖面和较高的试卷质量，避免随意性和盲目性。（2）双向细目表的设计步骤：一是确定要点定比例，把教材中的知识点找出来，并把各单项细小的知识点合并归类，组成大的知识块，再确定每一章要点占的分数比例。二是确立能力水平层次，即了解、理解、掌握、应用、综合应用。三是排列各部分所占比例，排出分值、题型、难易度。四是汇总与调整，分析整个测试在基础能力水平上的要求，看是否符合测试目的及学生实际等。

（三）试卷题型编制

1. 选择题

正确答案不能模棱两可，即只有一个最符合题意的答案；错误选项可具有一定的迷惑性，但不能与问题毫无关联。所有选项的文字长度与表述方式应该大致相同，减少学生猜题的可能；通常不使用否定性问题，因为学生需要知道的是正确答案是什么，而不是错误答案是什么。

2. 填空题

填空题比选择题需要更高级的智力活动，要求学生在理解的基础上作答，而不是在了解的基础上作答，所以作答时难以把握，具有作答确定性差和评分主观性强等特点。填空题的编写原则是：所空的词应该是重要内容或关键词语，避免引导考生去背那些不重要的知识；每个空缺处应当有唯一确定的正确答案；题目最好以问句的形式出现，使题意明确；题目中空白的地方不能太多，以免使句子变得支离破碎，题意不易理解；不要抄袭书中的句子；尽量将空白放在句子后面或中间，不要放在句子开头；空白处的线段长度应当一样，不能随正确答案文字的多少而有所长短，以免有暗示作用；如果答案是数字，应当指明单位和数字的精确程度。

3. 材料题

要从原典和经典中去引用材料，确保材料的科学性，杜绝断章取义和牵强附会；清晰地界定任务，如"概括材料中的信息"和"结合所学评价材料中的观点"；设置问题尽量使用陈述句式，不要使用"如何"或"怎么样"等疑问句式。

4. 论述题

观点应该具有一定的思考空间，具有一定的开放性。界定任务要清晰，如文字表达、组织结构是否算分；设置问题尽量使用陈述句式，不要使用"如何"与"怎么样"等疑问句式。

5. 实验题

实验题考查的是实验能力，不能等同于"做实验的能力"，教师在出题前应该对实验有设计，包括设计实验原理、操作步骤、实验数据处理等；并在对题目进行实验后，分析实验的得失、注意事项、如何改进操作与设计等内容。实验题应重视对"动脑"和"动手"两个方面的考查；要体现实验探究过程、突出问题意识、引导观察思考，运用科学探究的方法解决问题。

（四）审查修改筛选

试题拟好后要逐题进行审查、修改，并进行筛选，防止简单的内容出现考点重复现象；重点难点及热点知识最好从不同的角度或不同试题的类型来考查学生理解和掌握程度，其答案要科学、准确、合理。另外，可根据试答试题的情况及答题实际时间的需要，对试题内容的难易程度作出必要调整。

（五）试做命制试题

命题结束后，命题人必须对试题进行试答，并记录答题时间、难易度和区分度。一般情况下，用于学生实际考试的时间，为命题教师试答试卷时间的 2 倍左右。高质量要求的试题要反复试做，即命题老师自己试做、同行老师帮助试做、选择同水平的学生进行试做。

（六）制定评分标准

评分标准要包括参考答案、分值比例等内容。答案的难度与长度应该与配置的分数对等。选择题答案具有唯一性；材料解析题、论述题、实验题和作文题等正确答案，因为这些试题的主观色彩较为浓厚，题型答案不具唯一性。一份好的考卷评分标准应具有科学性、层次性、连贯性、操作性和开放性。

【巩固与提高】

1. 学科测试命题的基本原则是什么？学科试卷内容的要素包括哪些？

2. 试卷的梯度、难度、标准差、区分度、信度和效度分别指什么？它们是如何定义的？

3. 简述试题命制的程序和步骤，并说说填写"双向细目表"在命题中的重要性。

第19讲　中学生学段台阶的跨越指导

　　每位同学从初中升到高中，都或多或少地会感到诸多不适，因为高中知识比初中复杂难学，这就是人们常所说的"学段台阶"。刚进入高中学习的学生，其学习情况可分为稳定、下降、起伏和上升四种类型。其中，有不少同学在学习上常出现"下降"情况，引起自我心理恐慌，致使家长埋怨与不理解；有极少数同学由此产生心理障碍，对自己的智力水平、学习能力、未来升学等产生怀疑，丧失信心，从而一蹶不振。所以，教师要认真指导学生跨越学段台阶，实现顺利过渡，以利稳步前进。

一、学段台阶存在的问题

（一）学习思维

　　初中学生学习需要的形象思维多，抽象思维少；高中学生学习需要的抽象思维多，形象思维少。可见，高中在思维形式上有很大的变化，要求向理性层次跃迁，从而形成富有想象的逻辑推理和辩证唯物思维。然而，这种能力要求的突变使很多高一同学不适应，进而导致成绩下降。

（二）心理变化

　　从心理学角度来看：高一学生正处在从少年向青年过渡的转折期，心理具有强烈的闭锁性，有问题羞于向老师或同学请教，在学习上缺少交流，致使学习上的问题积累越来越多。

（三）教材特点

　　相对初中课本内容，高中教材学习有两大特点。一是从直观到抽象、从单一到复杂、从标量到矢量、从浅显至严谨。例如，初中物理主要讲"物体"概念和"代数和"运算，而高中物理则讲"质点"概念和"平行四边形定则"等；初中数学主要是以形象通俗的语言方式进行表达，而高一数学则触及抽象的集合语言、逻辑运算语言等。二是知识内容整体数量剧增。单位时间内接受知识信息的量与初中相比增加了许多，辅助练习、复习的课时相应减少。这些往往使得大部分同学升入高一后，感到有记不完的单词、做不完的作业、学不完的知识。

（四）学习习惯

　　首先，由于初中教材涉及问题简单，且生动直观、具体形象，容易理解、便于记忆，致使学生学习比较机械，缺乏灵活性。具体表现在习惯背诵，不习惯推理、归纳、论证；习惯简单计算，不习惯复杂计算；习惯记忆，不习惯理解；习惯看，不习惯思；习惯仿，不习惯创；习惯课堂合唱，不习惯单独表演。按学生的话说："只要记住了公式，把题中已知条件代进去就可得答案。"可见，初中学生在学习上的依赖心理非常明显。一是依赖套用教师提供的题型"模子"。二是借助家长的督促。调查表明：许多学生进入高中后，还像初中那样，有很强的依赖心理，跟随老师惯性运转，没有掌握学习的主动权。具体表现在不制定计划，课前不预习，坐等上课，且对老师的上课内容不了解，只顾忙于记笔记，听不到"门道"。

其次，思想松懈，学习套路定势。不少学生把初中学习套路移植到高中来，认为自己在初二以前并没有用功学习，只是在初三临考前发奋一下就轻而易举地考上了高中，并且有些还考上示范学校的重点班。故以为读高中也是如此。高一、高二不必太用功，只要等高三临考时努力一下，同样也能考上一所理想的大学。岂不知高考与中考的性质有着质的不同。高考是选拔性考试，而中考是毕业性考试。存有这种思想的学生是不对的，如心存侥幸，只会后悔莫及。另外，初中学生更多习惯于由教师传授知识，而高中学习在相当程度上，要求学生独立地或在教师指导下去获取知识，包括预习、观察、总结，以及系统地阅读教材和整理知识等。

（五）学习方法

由于高中教材中定义、概念、规律、现象、公式多，加之科目多、内容多，如果仍靠初中那种以机械记忆为主的学习方法，显然行不通。即使会背定义、公式，可也因不解其意、不注意适用条件，处理问题时乱套公式、乱用数据，解题会出错。因此，学生在高中必须掌握阅读理解、逻辑思维、推理判断、分析综合、比较鉴别、抽象概括、归纳演绎、空间想象、灵活应用等综合解决问题的方法。那么，老师上课要讲清知识的来龙去脉，剖析概念的内涵，分析教材重难点，更应突出思想方法；学生上课应重过程、看方法，不能笔记记了一大本，问题留了一大堆，课后又不及时巩固总结、不寻找知识间的联系，只是赶做作业、乱套题型，对概念、法则、公式、定理一知半解，机械模仿、死记硬背。

二、跨越学段台阶的方法

（一）坚定学习信心，改变学习习惯

1. 有自信心

自信就是相信自己，具体讲，就是相信自己所追求的目标是正确的，相信自己有力量与能力去完成所追求的目标。有人做过一项统计，在成绩优良组的51名学生中，充满自信的有28人，占55%；成绩差的40名学生中，充满自信的有4人，占10%。我们说：相信自己有能力与力量把学习搞好，积极努力地去提高学习效率与效果，这是学习自信心；相信自己能将自己从事的工作干好，并尽最大努力实现自己理想目标，这是事业上的自信心。

英国著名数学家、经典物理学奠基人牛顿说："在我研究过程中，始终坚持这样一个信念，我要寻找的，一定能找到它！"牛顿是一位伟大的科学家，他仰观天象，发现一件怪事：不同的光线有不同的折射度。于是，他对光线反复研究，最终设计、制造了一架反射望远镜，解开了谜底。

20世纪初，美国美孚石油公司在我国西部打井找油，毫无所获。其断言中国地下无油，中国是一个"贫油国家"。我国著名科学家、地质学家李四光不信，美孚的失败不能断定中国地下无油。他说："我就不信'油'只生在西方的地下！"在这种强烈自信的支配下，他开始了30年的找油生涯。运用地质沉降理论，他相继发现了大庆油田、大港油田、胜利油田、华北油田、江汉油田。李四光靠自信、自强彻底粉碎了"中国贫油论"。

2. 学习习惯

（1）课前预习的习惯

学生学习如果进行课前预习，听课时就会感觉比较轻松。课前预习要有目标，不能走马观花；要抓住预习的重点，把其放在自己难以理解的问题上。预习时应对要学内容认真研读，加以思考，把不懂的问题做好标记，以便有重点地去听、去学、去练，这样才会达到事半功倍的效果。

（2）上课记笔记习惯

"好记性不如烂笔头"。课堂上要动笔做简单记录，对重点内容、疑难问题、关键语句进行"圈、点、勾、画"，把关键性的词句记下来。实验表明：上课光听不记，仅能掌握当堂内容的30%，即使一字不落地记也只能掌握50%。上课时记要点语句，课下再去整理，则能掌握所学内容的80%。不抄笔记是不行的，有了笔记，复习时才有基础。不过，做笔记也无需要全记，记一些书上没有的典型例题与典型解法即可。

（3）课后复习的习惯

"温故而知新"。复习要抓住"六基"，即基本概念要牢记，基本公式要熟练，基本规律要理解，基本体系要成网，基本例题要吃透，基本疑点要攻克。复习要认真，把不理解的问题理一理、把知识真正变成自己的储备，再通过作业进行巩固。要对所学知识进行总结归纳，形成单元、章节知识结构，在大脑中勾画图式。这是使知识系统化，形成学科能力的重要环节。

（二）树立发展意识，自主合作探究

自主、合作、探究体现了以学生发展为本的时代精神。自主学习强调发挥学习的主动性、自主性，有利于发挥学生的主体作用；合作学习强调学习的交往性、互动性和分享性，有利于培养学生的合作精神、团队意识和集体观念；探究学习强调学习的问题性、过程性和开放性，有利于形成学生内在的学习动机、批判思维品质和思考问题的习惯。

自主、合作、探究是现代学校教学的一种重要方法。学生要激活自身的内驱力，就要注重激发自己对学习的兴趣，借助老师的启发和鼓励，多观察、多质疑。在课堂学习中无拘无束地表现自己的感受，轻松愉快地表达自己的见解。自主、合作、探究学习是在教师指导下的高品质学习，相反，缺乏引导的自主、合作、探究学习，实际上恰恰影响了学生主体性的发挥。因此，自主、合作、探究学习过程中学生必须接受老师的指导、这主要表现在接受老师的课堂管理、跟踪老师的过程教学、倾听老师的疑难解析、体验老师的学法指导，完成老师布置的学习任务。另外，学生要具备合作意识和团队精神，要有主人翁意识和集体荣辱感，在遇到困难时能与合作伙伴一起解决问题，共同攻克难关。

（三）转变思维方法，重视知识理解

1. "一练"：在老师的指导下进行适当的练习，通过对不同类型习题的练习，多方面、多角度地认识概念、规律、知识点和考点。科学家严济慈先生说："做习题可以加深理解，融会贯通，锻炼思考问题和解决问题的能力。一道习题做不出来，说明你还没有真懂，即使所有的习题都做出来了，你也不一定全懂，因为你做习题有可能只是在凑公式而已。如果知道自己懂的在什么地方，不懂的又在什么地方，并能设法去弄懂它，到了这种地步，习题就可以少做。"

2. "二讲"：把自己对规律、概念、知识点的认识讲给同学或者老师听，在讲解时要多考虑如何讲对方才能听明白、如何讲对方才更容易接受。一个概念、一条规律若能用自己的语言表达出来，对该概念或规律的认识和理解就有很大的提高。

3. "三用"：用学过的规律去解释一些实际问题。若能做到这一点，才算真正地理解。以学习物理为例。在学习摩擦力时，练习过程中经常会遇到"摩擦力既可做动力又可做阻力"这一说法，摩擦力做阻力在现实中的例子很多，也很好理解。但摩擦力做动力就不那么好理解了，这时若能举一个传送带的例子，那么不仅能讲清楚知识点，摩擦力做动力的问题也可以真正理解了。

（四）立足课堂学习，掌握学习技巧

1. 课前预习：务必在上课的前一天晚上对第二天所要学习的课本内容进行预习。通过课前阅读，了解知识重点、难点和疑点，以便上课有目标的听讲，集中精力听取课前看不懂、看不透、理解难度大的问题。这样课堂学习既轻松又愉快，收获大、效率高。另外，通过课前预习，还可培养自学能力和自学习惯。

2. 学会听课：不少学生聪明好学，上课遵守纪律、专心听讲，可是每每提问，却答非所问。究其原因，就是不会听课，抓不住老师讲课的要领。往往是该听的不听、该记的不记；重点的略听、非重点的祥听；关键点懈怠、连接点不注意；前概念铺垫不足、间断点时常出现。好的听课方法是：与老师保持同步，注意学习老师分析问题和解决问题的思路方法。有些知识点及时记下来，如知识结构、解题方法、典型例题、知识疑问等，以便课后"消化"。另外，笔记本不只是记上课老师讲的，还可将在作业中发现的好题、好解法记在笔记本上，这就是常说的"好题本"。

3. 课后巩固：对课堂上刚学过的新知识，课后最好进行全过程回顾，并与大脑里已有相近的旧知识进行对比，看看是否有矛盾。如有矛盾就说明还没有真正弄懂，这就要再次思考，重新学习。在弄懂所学知识的基础上，要及时完成作业，有能力的同学可适量地做些课外练习，以检验掌握知识的准确程度，随时巩固所学知识。另外，每学完一个模块，要把分散在各章的知识点连成线、铺成面、构成体、结成网，使学到的知识系统化、规律化、结构化、类别化、表格化、网格化，这样运用起来才能得心应手，游刃有余。

4. 课外学习：积极参加丰富多彩的实践类活动，如小实验、小制作、小发明、小创造；阅读适量的课外书籍，以丰富知识、开阔视野。实践表明，成绩优秀的同学，大多会阅读一定量的课外书籍，并将其与社会实践相结合。这是因为不同的书籍、不同的作者会从不同角度、用不同的方式来阐述问题，阅读者可从各方面加深对科学概念和规律的理解，从而学到很多巧妙简捷的解题思路和方法。

（五）学习不怕吃苦，进步必须努力

1. 挫折挡不住强者

张海迪自幼高位截肢瘫痪，身体极差，几次病至死亡边缘。可几十年来，她学会了4门外语，翻译了16万多字的外文著作，获得了哲学硕士学位，并自学了针灸技术，为1万多人治病，为社会做出了巨大的贡献。

2. 勇把挫折当动力

19 世纪法国著名科幻小说家凡尔纳第一部作品《气球上的五星期》，曾一连投了 15 家出版社，均不被赏识，但他百折不挠、一如既往，终于在第 16 次投稿被接受。美国作家杰克最初投稿，也没有一家出版社愿意发表他的作品，以致他不得不先去干苦力，再坚持写作。直到后来，《北方故事》终于被一家出版社《西洋月刊》看中，其一举成名。

3. 逆境奋争苦寻乐

我国科普作家高士其在外国留学时，有一次做实验，一个装有培养脑炎过滤性病毒的玻璃瓶子破裂了，病毒侵入了他的小脑，从此留下了身体致残的祸根。但他忍受着病毒的折磨，坚持学完了芝加哥大学细菌学的全部博士课程。回国后，他拖着半瘫的身子，到达延安工作。新中国成立后他病情恶化，说话和行动都十分困难，连睁、合眼都需要别人帮助，可他仍以惊人的吃苦精神进行创作，先后完成 100 多万字的作品。有人问他苦不苦，他笑着说："不苦，因为我每天都在斗争，斗争是有无穷乐趣的。"

综上所述，学段台阶的出现是不可避免的。高中学习方法、学习习惯、学习思维、解题能力都与初中要求不同，这些不同之处是影响学习成绩的主要因素。教师要指导学生结合自身情况，多角度分析"学段台阶"产生的原因，想方法降低这个台阶带来的负面影响，让学生跨过台阶，从而搞好初、高中学习的平稳过渡。

【巩固与提高】

1. 学段台阶存在的原因是什么？跨越学段台阶的方法有哪些？

2. 好习惯是提高学习成绩的前提条件，请谈谈良好的学习习惯的培养方法。

3. 结合教学实际说说如何转变学生的认知思维。

第 20 讲　中学生研究性学习活动的指导

　　经济全球化知识经济时代的临近，对创造性人才、对劳动者的创新精神提出了前所未有的紧迫要求。各门课程的实施应有利于培养学生的创新精神和实践能力，这是开展研究性学习的宏观背景。我国课程建设曾受到国际课程整合理论，如儿童中心、结构中心和人本主义认知整合论的影响，20 世纪 90 年代确立了三大板块课程，即必修课＋选修课＋活动课。或按课程设置权限分为：国家课程＋地方课程＋校本课程。不过，这两种表述都是从课程外显属性来划分的，为在课程的内涵上进行挖掘，20 世纪 90 年代末，提出应注重课程三性，即基础性、拓展性、研究性。至此，研究性学习课程便应运而生。

一、研究性学习的目标

（一）建立新型的师生关系

　　研究性学习要求教师成为学生学习活动的组织者、参与者和指导者，而不再仅仅是高高在上的教师，其更多的是指导与合作，发现学生的潜能，令其意识到终身学习的必要性，构建教学相长的新型师生关系。

（二）改变学生的学习方式

　　传统的教学活动中，学生的学习方式主要是单纯接受教师传授的知识，主观能动性被抑制，不利于个体创造力的提高。而研究性学习的实践，将着力于改变这种被动和"克隆式"的学习方式，为学生构建开放的学习环境，提供开放的学习与实践机会，帮助学生形成积极的学习态度和良好的学习策略，从而促进创新精神和实践能力的培养。

（三）促进综合素质的提高

1. 获取参与和研究探索的体验

　　研究性学习强调学生通过自主参与类似于科学研究的学习活动，获得亲身体验，逐步形成善于质疑、乐于探究、勤于动手、努力求知的积极态度，产生积极情感，激发探索创新的欲望。

2. 培养发现和解决问题的能力

　　研究性学习通常围绕一个需要解决的实际问题展开。在学习过程中，通过引导和鼓励学生自主发现和提出问题，设计解决问题的方案、收集和分析资料、调查研究得出结论并进行成果交流活动。从而引导学生应用已有的知识与经验，学习和掌握科学研究方法，培养发现问题和解决问题的能力。

3. 培养分析和利用信息的能力

研究性学习是一个开放的学习过程。在学习中，培养学生围绕研究主题主动收集、加工处理和利用信息的能力非常重要。通过研究性学习，帮助学生学会利用多种有效手段，通过多种途径获取信息，学会整理与归纳信息、学会判断和识别信息的价值，并恰当利用信息，培养收集、分析和利用信息的能力。

4. 学会分享与交流合作的能力

合作的意识和能力，是现代人所应具备的基本素质。研究性学习的开展将努力创设有利于人际沟通与合作的教育环境，使学生学会交流和分享研究信息、创意及成果，发展乐于合作的团队精神。

5. 培养科学的态度和道德素养

在研究性学习过程中，学生要认真、踏实地探究，实事求是地获得结论，尊重他人想法和成果，养成严谨、求实的科学态度和不断追求的进取精神，磨炼出不怕吃苦、勇于克服困难的意志品质。

6. 培养社会的责任心和使命感

在研究性学习过程中，通过社会实践和调查研究，让学生深入了解科学对自然、社会与人类的意义与价值，学会关心国家和社会的进步，学会关注人类与环境的和谐发展，帮助学生形成积极的人生态度。

二、研究性学习的特点

（一）开放性

研究性学习的内容相当广泛，可是传统学科的，也可是新兴学科的；可是科学方面的，也可是人文方面的；可是单科性的，也可是多学科综合交叉的；可是偏重于社会实践的，也可是偏重于文献研究或思辨的。在同一主题下，研究视角的定位、研究目标的确定、切入口的选择、活动过程的设计、方法手段的运用以及结果的表达等，均有相当大的灵活度，给学习者、指导者展示个性特长和发挥才能留有足够的空间。

（二）问题性

在研究性学习活动中，指导者通常不是提供一篇教材让学生理解和记忆，而是呈现一个需要学习和探究的问题。这个问题可以由展示一个案例、介绍某些背景或创设一种情境引出，也可以直接提出；可以由教师提出，也可以引导学生去发现和提出。

（三）多重性

　　研究性学习的多重性一般指综合性、社会性和实践性等。综合性，指围绕某个专题组织多方面或跨学科的知识内容，以利于知识的融会贯通和多角度、多层面地思考问题。社会性，指加强理论知识与社会生活实际的联系，特别关注与人类生存、社会发展密切相关的重大问题，注意开发社区资源。实践性，指在学习间接经验的同时，提供学习直接经验并在探究实践中获得积极情感体验的途径与机会。

（四）层次性

　　学生参与研究性学习是有层次差异和类型区别的，因而在目标定位上可以各有侧重，内容选择所体现的特点也可有所不同。有的专题所涉及的内容综合程度高，与社会生活实际联系紧，有的可能偏向于单科性、学术性。另外，教师在日常教学中应注重引导学生通过主动探究，解决一些开放性的问题，这也体现了研究性学习的性质，对提高课堂教学的水平具有重要的意义。

（五）探究性

　　在研究性学习过程中，学习内容是在教师指导下，学生自主确定的研究课题。学习的方式不是被动地接受教师传授的知识，而是敏锐地发现问题、主动地提出问题、积极地寻求解决问题的方法和探求结论的自主学习过程。因此，研究性学习的课题，不宜由教师指定某个材料让学生理解和记忆，而应引导、归纳、呈现一些需要学习和探究的问题。这个问题可以由展示一个案例或创设一种情境引出，也可以直接提出；可以教师提出，也可以教师引导学生自己发现和提出。

（六）实践性

　　研究性学习强调理论与社会、科学和生活实际的联系，特别关注环境问题、现代科技对当代生活的影响，以及与社会发展密切相关的重大问题。要引导学生关注现实生活，亲身参与社会实践性活动。同时，研究性学习的设计与实施应为学生参与社会实践活动提供条件。

三、研究性学习的设计

（一）因地制宜，发掘资源

　　选择研究性学习的内容，要注意把对文献资料的利用和对现实生活中"活"资料的利用结合起来。要引导学生充分关注当地自然环境、人文环境以及现实的生产、生活，关注其赖以生存与发展的生活环境，从中发现需要研究和解决的问题。把学生身边的事作为研究性学习的内容，有助于提高学校开展研究性学习的可行性，有利于培养爱家乡、爱祖国的情感以及社会责任感，有利于学生在研究性学习活动中保持较强的探索动机和创造欲望。

（二）积累资料，共享机会

研究性学习内容的开放性为学生主动探究、自主参与和师生合作探究提供了广阔的空间。师生在研究性学习中所获取的信息、采用的方法、得到的体验和取得的成果，对于本人和他人都具有宝贵的启示和借鉴作用。将这些资料积累起来，成为广大师生共享学习资源，是学校进行研究性学习课程建设的重要途径。

（三）适应差异，发挥优势

不同地区、不同类型学校和不同学生开展研究性学习，在内容和方法上是有层次差异和类型区别的，因而在学习目标的确定上可各有侧重，在内容选择上可各有特点。学校应根据自身的传统优势和校内外教育资源的状况，形成有区域和学校特点的研究性学习内容，同时为学生根据其兴趣、爱好和具体条件，自主选择研究课题留有足够的余地。另外，教师要在日常教学中，结合教学实际，注重引导学生通过主动探究，解决一些开放性的问题。

四、研究性学习的选题

（一）选题原则

1. 科学性

选题要符合科学原理和事物发展规律，如果违背科学，问题就会陷入非科学或伪科学的歧途，使研究一无所获。如牛顿晚年关于"永动机的研究"课题，因违反科学，最终失败。

2. 新颖性

选题要有自己的特点、有新的视角、新的突破。教师要指导学生在兴趣的基础上，从课堂和生活实际出发，结合新情况、新形势去发现和提出问题。进行研究性学习不可抄袭别人的成果，但不是说一定要选别人未做过的课题，别人做过的课题也可以有新发现。最好选题具有社会意义，并具有典型性，还能运用多种研究方法。

3. 规范性

课题一般分为社会调查、科学实验、读书报告和设计方案等四类，一般课题名称都应用"研究、思考、调查、比较、实验、预测、影响、应用"等词语来界定，这样才规范。如"对中学生校服的调查与研究"和"对中学生在校园内使用手机的思考"等。

4. 可行性

选择的课题通常要考虑以下因素：研究这个问题需要什么材料？是否易于获得？所需费用多少？能否解决？所需时间多长？能否保证？本身的水平能力如何？是否有信心完成？要尽量将课题研究内容与学科学习结合起来、与日常生活结合起来，并考虑其应用价值。

（二）问题来源

研究性学习问题来源很广泛，可以对中学生上网问题进行调查，分析上网的利与弊；可以对网络阅读与传统阅读进行比较研究；可以研究身边的安全问题，如水电火安全措施、交通安全问题等；可以研究青少年吸食毒品问题，分析产生原因和对社会的危害，提出解决问题的办法；可以研究酸雨现象，分析酸雨现象的成因和给人们日常生活带来的影响，尤其是对农业生产的影响，并提出治理工业烟尘、消除酸雨现象的办法；可以研究沙尘暴的形成原因及危害，也可以探究消除汽车尾气的方法；可以研究某种鲜花的特点，或研究鲜花与人们生活的关系，或研究水果与健康的关系，或研究水果的地域特征。大千世界，问题很多，只要稍加留心，观察思考，便可以很快找到自己感兴趣的研究课题。

不过不是每个问题都可成为一个课题，问题提出前要考虑：是什么？为什么？如何做？问题的提出有不同的角度，可以从兴趣出发，提出各种你感兴趣的问题；可以从所学习的科目出发，对某些概念设计实验进行研究，以强化对概念本身的理解；也可以从所喜爱老师的专业出发，因为他可以对给你的研究提供支持和帮助。

五、研究性学习的实施

（一）准备阶段

1. 科普讲座

目的是作好背景知识的铺垫，激活学生原有的知识储存，提供选题范围、诱发探究动机，调动研究性学习积极性。

2. 心理准备

无须惧怕失败，对学生而言，尝试了、实践了就是成功，所取得的经验也好，教训也罢，都是收获。不断实践，就不断地有收获，积累起来，就是走向成功的宝贵财富。

3. 方法准备

研究方法不拘一格、多种多样。研究不同问题，应采取不同的方法，即使是同一个问题，也可从不同角度，通过不同手段去研究。

4. 课题准备

根据爱好与特长进行自主选题。选题过程就是学生发散性、开放性思维得以充分展示的过程。课题可以个人自主选定，但更提倡组建小组来商定课题。

5. 组建小组

自愿组成课题组，自行产生组长。组长负责小组成员的分工，与指导老师联络等。在研究过程中，小组成员既分工负责，又相互配合。

6. 开题报告

举行开题报告会论证研究方案的可行性。开题报告的基本内容：课题名称、课题研究的意义和国内外研究现状、课题研究的主要内容方法、课题研究工作的时间安排、课题组成员及分工等。

课题名称		课题导师		编号	
课题成员		课题组长		日期	
课题由来					
目的意义					
研究内容					
研究方法					
可靠分析					
小组分工					
进度计划					
预期成果					
表达形式					

（二）实施阶段

1. 制定研究方案

为把握研究方向，保证进度和质量必须制定研究方案。研究方案应包括课题的名称、选择课题的依据、课题研究的主要内容、研究的步骤方法、时间进程安排、研究的条件要求、研究指导力量的配备、预期的研究成果及表现形式等。

2. 采集处理资料

可以查阅出版物，也可以进行调查访问。通过各种途径、形式搜集数据资料，如上网搜寻、查阅书刊、问卷调查等。同时，要学会判断信息资料的真伪优劣，识别对课题研究具有重要关联的价值资料，淘汰边缘资料。学会有条理、有逻辑地整理与归纳资料，得出相应的结论。

3. 调查研究交流

学生应根据个人或小组集体设计的研究方案，按照确定的研究方法，选择合适的区域进行调查，获取有效的调查结果。同时，还要学会从各种调研结果、实验、信息资料中归纳出解决问题的重要思路，反思是否获得足以支持研究结论的证据、是否存在其他解释的可能。通过交流研讨分享成果，进行思维碰撞，使认识和情感得到提升，这是研究性学习活动的重要部分。

4. 建立研究档案

研究档案的内容包括：前期阶段的读书体会、开题报告、调查表、访谈记录、活动记录、采集的资料、研究日记；总结阶段的研究报告、演示报告、答辩记录；数据资料的筛选归类、统计分析、比较对照；假设和讨论问题；制作和解释图表；评价信息来源的有效性和准确性；使用计算机进行管理和数据处理……这些都是评价研究性学习课程成绩等级的依据。

5. 接受老师指导

在整个研究过程中，指导老师为研究小组成员提供咨询与指导，并负责对整个研究过程进行监控。指导老师的监控仅体现在定期检查研究进展，掌握和了解小组的活动情况，及时解决发生的问题，检查小组的阶段报告，以便调整研究计划。

（三）总结阶段

1. 得出结论

经过调查研究、实验及分析论证，对所研究的问题形成一定的见解、得出一定的结论，包括解释获得的信息，形成并修正判断，证实或改变假说与预测。

2. 总结交流

总结既是对前期研究的深化，也是一定阶段研究工作的终结。而交流不仅可促进成果共享，且可使学生得到很好的锻炼。在按计划完成课题研究之后，需要写出课题研究报告和各类研究文章，详细叙述研究思路、研究过程与研究所取得的成果；或描述研究过程中所做的工作，以及参与课题研究的体会等。答辩是成果交流常见的形式，由陈述、展示、提问、回答、评语几部分组成。

3. 成果展示

成果展示方式很多。可以做一个模型或板报进行一次角色扮演，或完成一份报告与一次谈话，或编写一个故事与小品，或做一个音像带与光盘软件，或举行一次辩论，或组织一个展览，或提交一份倡议书，或设计若干网页……还可根据调查研究所得出的结论，积极参与有关社会问题的决策，在条件适宜的情境下运用自己调查的结论，与有关部门共同采取相应的社会行动。

六、研究性学习的评定

（一）评定依据

研究性学习的评定一般依据是：开题报告、过程记录、收集材料、处理资料、参考文献、总结体会、研究成果和结题报告等。采用三级评定的方式，即自评、组评和师评，最后综合得出结论。

（二）价值取向

重视过程，如学习方式、思维方式、知识整理、信息综合、资料收集、处理判断等。重视应用，即学生在问题提出和解决中主动获取知识、应用知识。既促进学生对知识价值的反思，又加深知识内涵的理解掌握，形成知识的网络结构。重视体验，包括使命感、责任感、自信心、进取心、意志力、气质等自我教育。重视参与，强调每个学生都有充分学习的潜能，为个别化的评价方式创造条件。

（三）评定原则

1. 参与性

学生只有参与研究性学习活动才能获得相应的学分，如学生没有参与研究性学习课题的研究，就不能获得规定的学分。

2. 过程性

学生只要参与研究性学习活动就能获得相应学分，研究性学习课题的质量高低不影响学生获得学分。

3. 真实性

研究性课题必须是学生自己进行的，不能由家长或教师代替完成，如发现虚假现象，学校将扣除相应学分。

4. 规范性

学分评定要按照程序进行。首先进行自评、组评、师评，然后由学校教科室审核，教务科确认，并建立公示、抽查或回访制度。

（四）评价特点

1. 评价主体多元化

评价者可以是教师或教师小组，可以是学生个人或学生小组；可以是家长，也可以是与开展项目内容相关的企业、社区或有关部门等。至于部分学生成果获奖或在报刊上公开发表，则意味着媒体也扮演了评价的角色。

2. 评价内容丰富性

一是参与研究性学习活动的态度；二是在研究性学习活动中所获得的体验

情况；三是学习和研究的方法、技能掌握情况；四是学生创新精神和实践能力的发展情况；五是学生研究性学习结果，可是一篇研究论文、一份调查报告、一件模型、一块展板、一场主题演讲、一次口头报告、一本研究笔记，或一项活动设计方案。

3. 评价手段多样性

研究性学习的评价可采取教师评价与学生的自评、互评相结合，对小组的评价与对组内个人的评价相结合，对书面材料的评价与对学生口头报告、活动展示的评价相结合，定性评价与定量评价相结合（以定性评价为主）的做法。

（五）评定过程

1. 课题展示，学生以班组为单位进行论文展示或答辩，模型展示和介绍、小品表演、主题演讲等。

2. 学生进行组内互评和组间互评。每班提供 1 个优秀课题，由教科室负责，年级组组织进行全校公开展示，评出学校一、二、三等奖。

3. 指导教师组织考核和引导学生再一次反思自己的研究历程，综合评价学生的研究活动。不论何种研究成果，基本内容均应包括：课题名称、课题报告执笔人、指导教师、文章摘要、研究成果、成员小结、指导教师意见及出勤情况等。

【巩固与提高】

1. 结合现代课程改革的新要求，谈谈研究性学习课程开设的重大意义。

2. 研究性学习的目标、内容和特点是什么？简述研究性学习的实施与评价。

3. 教师在研究性学习中的角色是什么？请说出指导学生研究性学习的方法。

第 21 讲　中学特长生的培养方法

当前社会正是知识、经济突飞猛进的年代，各行各业都呼唤着杰出的人才的出现。富有天赋的优等生并不能自发地出现。不管他们有多聪明、多好学，都不可能无师自通。他们需要培养，需要接受有针对性的指导和进行严格的训练。教师不能忽视在普遍提高的基础上去发现培养尖子生和特长生。

一、特长生的个性特点

（一）自我约束、讲究条理

目标高远、思想单纯、学习自觉、能够闹中求静。他们坚持不懈、做事专一；做事有主见、有方法、有策略，学习有计划、有条理、有步骤；从不盲目随从跟风，做事有独特见解；阅读有方、书写规范、书本文具都放得井井有条等。

（二）乐于学习、善于总结

阅读前先看目录、图表及插图，再阅读正文；主动读书、广泛涉猎课外其他领域的知识；课堂上勇于提问，对没有弄懂的问题，深入研究、仔细体会；经常从笔记中归纳出要点，并列出一些模拟试题来自我测试；能够主动控制学习过程，在做中学、学中会、会中悟，不断提升思维水平；善于总结反思，能够将成功的做法转化成经验、形成意识，将错误的认识或做法深刻反思后转化为解题的有力武器。

（三）全面发展、没有弱科

既要有扎实的数理化实力，又要有良好的文科基础；具备较强的理解能力、表达能力和归纳总结能力；能够在平时学习过程中及时调整各学科的学习时间、及时反思某些学科中存在的问题，并能寻找解决问题的具体措施；能够熟练掌握双基的应用，熟练应对大量的试题练习；强势学科比较突出，能够掌握学科主要思想，无论试题难易程度如何都能做的最好，在考试中处于领先地位。

（四）思维缜密、聪明睿智

教学成绩突出，有很强的思维层次和思维深度，能够解决其他 90% 同学不会做的试题；能够对同一问题从不同角度进行思考，及时反思自己的思维方式，多角度思考问题，把握住问题的本质，考虑问题有一定的深度。此外，理性思维和审慎思维决定他们考虑问题严密，能够在计算和化简方面尽善尽美，在会做题上绝不失误。

（五）勤奋努力，心态良好

有强烈的学习欲望，有良好的自信和毅力，有独特的学习方法和科学的学习习惯；喜欢钻研、看课外书和超前自学，数学成绩不大稳定、学习潜力很大，有勤奋努力、不怕吃苦的精神；有很强的自信心和良好的心态，敢于思考、敢于操作，面对各种困难，敢于抗争、乐观豁达。

二、特长生的培养方略

（一）培训形式

1. 班级教学

尖子生和特长生的培养，不能脱离班级教学环境。课堂教学是主阵地，高效的课堂学习是学生成绩稳定而拔尖的根本保证。正常课堂时间，扎扎实实上好每一节课，注重基础、突出能力，强化典型训练。课堂中应注意对尖子生点拨、辅导、激励，使他们"吃得饱，消化得了"。采用推荐作业、控量提质，题目要典型，有针对性、提高性和系统性。

2. 集中辅导

定时间、地点、人员集中辅导是使学生冒尖的有效手段。集中辅导的辅导内容有教师专题讲解、学生自主学习；教师答疑解惑，学生小组互动交流学习。定时定量、规范训练、学法指导和心理辅导，提高应试素质能力等。

（二）培养机制

1. 责任机制

一是加强领导，明确责任。学校分管负责，建立教科室管理的长效机制，负责尖子生和特长生的管理。二是对照计划，落实责任。制定科学的管理制度和教学辅导活动行事历，明确尖子生和特长生的培训对象、形式和任务等。同时，还要加强平时的督促检查，确保计划顺利实施。

2. 学习机制

一是坚持校本培训：加强学校图书室、实验室和微机室建设，多为教师订阅教辅材料供其自修。同时开展"一帮一，结对子"活动，实施以老带新。二是走出去，请进来：请专家来学校讲学，派人到省内外参观学习，提升教师和学生素质。如送教师到外地实地考察，参加省级"奥赛教练员培训班"学习，积极鼓励学生参加全国青少年创新大赛和奥林匹克竞赛活动等。

3. 教练机制

特长生班教师实行"教练制"，可以"一师带一徒"，也可以"一师带多徒"，教练既关心学生学习，也关心学生生活。对选聘的教师学校举行聘任仪式，校长向教练发聘书。明确责任，一包到底，把体育竞技精神和金牌选手培养做法移植到"特长生班"的教学中去。

4. 考核机制

一是阶段考核：每学期除学校常规考试外，学校对"特长生班"还进行一次模拟竞赛考试，为任课教师跟踪辅导，班级学生动态管理提供依据。二是平时记录：结合新课改下学生综合素质考评，重点对"特长生班"的学生进行创新能力和应用能力的考核。实行档案袋管理，记录每位学生综合社会实践活动和创新大赛的获奖情况。

5. 管理机制

（1）班级精湛小巧

特长生班或尖子生班要小而精，这是一个重要因素。班级不能大，最好是30至40人，且要实行动态管理。所谓动态管理，就是在班级优化组合后，为每位学生建立"学生成长记录袋"，随时记录学生平时表现和学科测试成绩，如不符合条件就退出特长生班或尖子生班。同样，若其他班级有特别优秀的学生也可以随时补充进来。

（2）师生优化组合

学校教育教学能否出拔尖成绩，不仅取决于教师，还取决于学生，两者需优化组合。通常一般教师与一般学生组合不出人才，优秀教师与普通学生组合出普通人才，优秀教师与优秀学生组合能出优秀人才，拔尖教师与拔尖学生组合出拔尖人才。为此，学校应选拔最好的教师，选定标准是品教兼优、年轻有为、没有行政管理任务；学生也需要层层选拔并进行优化组合。

①教师聘任，"任人唯贤，优中选优"

办好特长生班或尖子生班，首先要选好教师。一般是学校领导选聘班主任，班主任选科任教师。选聘依据"五看"原则，即看特长、看学历、看年龄、看能力、看实绩，严格把关。

②学生选拔，"层层选拔，注重特长"

学生选拔上，高一入学前，进行编班考试。参考学生从中考高分中选取，比例10∶1，仅考数、理、化科目，参考中考总分和单科分数，最后确定3∶1的预选名额。凡预选的学生要进行面试，主要看其年龄、反应能力、思维能力、数学成绩，同时设有面试测试及应急答辩。学科特长生优先，如特别注意录取获全国青少年发明奖的学生。面试按1.2∶1比例确定大约50名学生，最后进行调查了解，充分听取考生所在学校的意见，确定人选。入班后，约试学观察

1年。

③教师职责，"针对问题，对症下药"

一是定期进行教学"会诊"，针对问题，对症下药，给每位学生指明"最近发展区"；二是认真研究新课标、教材特点，分析考题、筛选习题，搞好专题辅导；三是注重学法指导，培养自学能力，帮助学生建立知识体系；四是答疑解惑，解决疑难问题；五是固强补弱、查缺补漏，在精细上做文章；六是选择典型习题，进行能力和规范训练；六是面批、面改，进行针对辅导；七是提供高考信息资料，有效把握高考动向；八是把握学习心理动态，强化激励措施；九是建立家长联系卡，适时召开家长会，使家校教育同步，形成合力；十是做必要的心理辅导，使学生树立自信，迎接挑战。

（3）提前起步先飞

学校教学能否出拔尖成绩，不仅教师要优化组合，还要早落实、早培养。如学校目标为每年为北京大学、清华大学等全国名校输送学生，需从高三年级办尖子生班，进行重点培养；要想获市级奥林匹克竞赛金奖，从高二年级办实验班，进行重点培养；要想拿省级奥林匹克竞赛金奖，从高一年级办特长生班；要想获国家级奥林匹克竞赛金奖，从初一年级办特长生班，"从娃娃抓起"培养学生勇攀高峰的良好品行。

①授课内容，"优选教材，超前加深"

特长生班教学与普通班教学相比需要"加深"，通常有两种方法。一是"同步加深"，即高一在高一加深，高二在高二加深，这种方法的优点是随时学习，随时加深，便于巩固。二是"超前加深"，即在高一年级把整个高三内容几乎学完，随后加深。这种方法的优点是先交给学生所有知识。尽管快些，对好学生来说，就是让他提前进入学习，打下自学基础。"教材选用"，一轮教材注意与高中教材衔接；二轮教材注意与大学教材衔接；三轮使用自己编写的竞赛强化训练题；临考前为学生精心准备6至8套热身模拟题。如在"超前加深"的同时，多进行个别辅导，有的放矢，效果会更好。

②参赛科目，"依据爱好，提前落实"

任何人精力都是有限的，即使一个特别优秀的学生，也不能在多个学科上出最好成绩。具体规定每位学生参赛科目是1个学科，最多不超过2个学科，绝对不可能数学、物理、化学、生物、计算机技术5科并举。实际教学中发现多个教师在争一个尖子学生，结果是几个好学生各科竞赛都参加，各科都不出成绩，反而毁掉了一些尖子生。

③培养方法，"问题教学，兴趣激励"

第一，注重问题教学。在教学中引导学生思考问题、提出问题、研究问题和解决问题。进行"问题导向"教学，形成共同研讨的良好风气，这是引发思考、启迪智慧、激发灵感的最重要渠道，更是创新性学习最重要的形式。第二，注重兴趣培养。学习有兴趣，可以有效地提高学习内动力，做到忙而不累，乐而忘忧，从而产生灵感，提高效率。第三，注重知识转化。知识必须转化成能力与素质才能体现其价值，教师在教学中要指导学生注重转化，引导学生善于把学到的多学科知识综合在一起，去解决一个实际问题。第四，注重表彰鼓励。激励学生勇于突破，突破前人、突破书本、突破教师。如果一个教师把学生教得超过了自己，这是教师最了不起的成就。

6. 培养阶段

（1）发现阶段

发现阶段的主要任务是"寻找璞玉，估测价值"。如果把成绩名列前茅的尖子生比作闪闪发亮的宝玉，那么，锋芒未露的准尖子生就是未经雕琢的璞玉，等待发现和培养。作为最了解学生情况的班主任，要根据特长生的学习品格和个性特点，分析其优势和存在的不足，准确估算、预测其发展潜力，以及培养过程中可能出现的问题，指明努力方向，并想好解决问题的方法和策略。

（2）培养阶段

培养阶段是去粗存精，补短扬长。培养得法，就可以成功地培养出尖子生群，使准尖子生成为尖子生，尖子生更加拔尖。反之，则成效甚微。俗话说，无以规矩，不成方圆。要按照尖子生的标准，使他们懂得学习、生活、纪律、思想、品德等方面的规矩，并能很好地遵守。只有知规矩和守规矩的学生，才可能利用已知的规矩去发现新规矩，创造新规矩。规矩是方法、是规律、是通往成功的捷径。懂得了规矩，便等于掌握了事物的规律，可减少成功途中的阻力，少走或不走弯路。

古人云："梅须逊雪三分白，雪却输梅一段香。"梅虽香过雪却不如雪之白，雪虽白过梅却不如梅之香，二者各有千秋。作为受教育阶段的学生，会存在诸多不足。常言道："你的不足就是你的优势，要想取得最大进步，唯有改正你的不足之处。"变不利为有利，变短处为长处，全面发展，便是补短的目标。田忌赛马能够取胜，靠的就是化短为长的补短之法。而对各科均衡发展的学生来说，扬长则是关键所在。补短扬长，是培养尖子生关键的一环。无长何以言尖？尖子生靠的就是特长。只有扬长，才能突出优势，卓然独立。

（3）发展阶段

尖子生经过培养阶段，无论是在文化素质还是在心理素质上都有很大的提高。尖子生只有保持充足的后劲，才能不断进步、持续发展。发展阶段包括精益求精、塑造形象两个方面。这是培养高水平尖子生的重要阶段，是尖子生由中学走向大学、走向社会做充分准备的阶段，教师必须投入更多的精力，更加讲究培养方法的科学性。

精益求精指的是使学生在保持优良学习成绩的前提下，更加突出优势科目，形成更加稳定的心理素质，做到考试时不出大错、少出小错，始终保持稳定而上的趋势。如荀子《劝学》中说的那样，"虽有槁暴，不复挺者"。塑造形象，指的是培养尖子生成为一个品德良好、心理健康、个性鲜明，能对社会作出积极贡献的合格人才，其重点是塑造良好的个性。塑造良好个性，既是尖子生自我发展的需要，也是社会对学校教育提出的要求。个性塑造得好坏，直接影响到自身价值的实现程度以及对社会的贡献大小，其重要性不言而喻。良好的个性，是在守规矩的前提下培养起来的，班主任要帮助尖子生明辨真善美，识别假丑恶，从而形成正确的世界观和人生观。

【巩固与提高】

1. 特长生的个性特点有哪些？结合当前高考改革谈谈特长生培养的重要性。

2. 通常特长生的培养方式有哪些？谈谈如何培养特长生的自学能力。

3. 特长生整体培养分哪几个阶段？培养机制有哪些？并简述其内容。

第22讲　高考轮回备考的科学方法

高考是一门科学，有其自身的规律，摸清、看透高考规律是科学备考的关键。在高三备考阶段，要立足理性，发挥集体智慧，始终以研究者的态度，不放松任何一个复习阶段，才能取得高考的成功。

一、总结经验，蓄势待发

（一）研究考纲变化

对高考考纲中明确删除的知识点，在复习中要果断删除，不必担心可能会考到。对高考考纲中新增加的考查点，要引起高度重视，往往每年新增加的考点，在当年高考题中基本上都会涉及。对降低要求的考点，不要在后续复习中花费很多精力，相反对要求提高的考点，须特别注意加强和提升。

（二）研究知识内容

对"了解"内容，要能正确理解，不必做深入研究和拓展；对"理解"内容，要做到准确表达和正确运用，达到灵活使用的程度；对"掌握"内容，要能熟练应用，会用这些内容解决学科中的实际问题。

（三）研究高考试题

研究高考题的命题思路、命题目的、命题方法和命题趋势，尤其是高考题与教材的联系，以进一步提高自己的教学水平。首先，单卷研究，包括试题考查意图、选材特点、题型特点、设问特点和答案拟制等。其次，横向研究，包括同年不同类型高考题的研究，同一知识点在不同考卷中出现的频率，以及相同考点在不同考卷中的考查方式。再次，纵向研究，包括研究近年考题，寻找命题的稳定性、周期性和随机性。一般是横向研究，找亮点、看特征；纵向研究，找变化、看趋势，分类研究，找个性、看信息；二者综合研究，找共性、看规律。

（四）研究课本教材

科学备考应该以教材为依托，全面复习。教材把教学纲要中一些抽象的要求具体化。要狠抓教材，第一轮复习基本上是以教材为主，夯实基础知识，逐步提升能力。

二、注重基础，细流淘沙

（一）复习定位

第一轮复习是高一和高二教学的延伸与升华，是准确把握学科知识、提升熟练程度和学科能力，形成学科思想、培养学科素养的重要阶段。具体说，以学生实际情况为前提、以教材体系为线索、以单元知识为载体，全面系统复习，把知识点填充到结构体系中、把学科能力镶嵌到教学设计中、把学科思想融入教学过程中，激发兴趣、拓宽视野、拓展思维、提升高度，突出培养学生对考点掌握的宽广度。

（二）复习方法

第一轮复习采用"预、讲、看、讲、练、查"的六字复习方法。"预"是指在每一个知识内容复习之前都要求学生提前预习；"讲"是指教师串讲基本概念、基本方法和基本规律；"看"是指让学生认真地看课本，理解和记忆学科基本知识，"讲"是指教师通过"典型题"讲解基本知识的应用，交给学生解题方法；"练"是指学生通过做题，巩固所学知识；"查"是指对学生进行单元测试，查找薄弱环节，进行补缺补差，实现单元过关。

（三）操作策略

复习要关注知识点的感知、记忆、再现、应用，按章节或板块"地毯式"扫描全部知识点。第一轮复习属于积累阶段，系统复习所学基础知识，适当提高能力，初步构建知识网络。

（四）课堂教学

一是基础性：着眼双基，不要随意扩充《高考纲要》以外的内容，深度也要把握好；二是系统性：滚动复习，知识前后衔接，梳理归纳成串；三是综合性：纵横联系，内外交叉，多层次化解题；四是重点性：突出主干知识，详略得当；五是发展性：传授方法，引导迁移，提高自学能力；六是启迪性：深挖教材，提高发散思维，多角度考虑问题。

（五）目标达成

知识点复习提升到位，习题组编覆盖到位，思想理念渗透到位，方法技能训练到位，知能体系梳理到位，习惯规范纠偏到位。

三、专项复习，横岭侧峰

（一）自我评价

在第一轮复习的基础上，师生共同做出较为客观的自我评价，有助于查漏补缺，扫清知识死角，从而完成知识由零碎散乱向条理化、系统化和整体化过渡。具体可从以下几个设问落实：是否基本掌握各章的知识结构？是否回忆出各单元的基本概念并有正确的理解？是否已经熟记各单元基本规律的内容、表达式以及使用范围？是否已经掌握了各单元学习中应该掌握的基本方法？是否已经掌握了解题的一般程序？是否心中已经有了各单元的典型题及相应的解法？是否记住一些重要的结论，使用中不必再花时间推导，从而提高解题速度？是否清楚自己学习中的薄弱环节，并能时时提醒加以重视等。

（二）复习定位

系统网络是重点，思路方向是关键，专题板块是载体，互帮互助是保障，提升素能是核心，熟练规范能增分。

（三）复习方法

把孤立的知识联成线、构成面、结成块、形成网，培养能力、综合提高。第二轮复习必须进行专题训练，让学生学会用一种方法解决一类问题、用多种知识方法解决综合问题。讲练题目必须严格筛选，数量要严格控制，坚决删去传统意义上高难题和解题过程复杂的题。

（四）课堂教学

在课堂教学中，提倡增大课堂复习容量，不是片面追求过多的"讲"和"练"，而是重点问题舍得用时间，非重点问题敢于舍弃。集中精力解决学生困惑的问题，增大思维容量。在讲练比例上，每堂课都要精讲、精练，合理分配好讲、练时间，避免形成"满堂灌或大撒手"。在讲评方法上，要求做到评前认真阅卷，评中归类纠错、设疑辩论，抓错误点、失分点、模糊点，剖析根源、彻底纠正。

（五）目标达成

专题引领、综合提升，巩固基础复习阶段的成果，完善知识体系，强调对各重点、难点进行提炼和掌握。通过做题，提高文字表达能力、图文转化能力、分析推理能力、知识迁移能力等。加强思维训练，把握高考各题型的特点和规律，掌握解题方法，加强对学生的考试技术、方法和技巧的指导。

四、强化训练，百川聚合

（一）复习定位

以强化训练为载体、以提升应考技能为重点、以激发学生士气为保障，紧扣高考纲要，研究高考说明，整合高考资源，突出备考思路，查漏补缺，把握重点、快速循环、高效备考。

（二）复习要求

梳理知能结构，整合备考资源；查补知能缺漏，保持考点热度；训练高考题感，提高应考技能；调控备考状态，积蓄临战激情。具体要求是抓住三个环节，即备课、教研和组题；突出三个关键点，即重点、难点和效率；把握三大提分点，即方向、士气和落实；遵循三个原则，即总分优先、有舍有得和快速循环；克服三种倾向，即没有章法、本位主义和简单重复；做好三个结合，即思路与措施、讲题与命题、组题与学情等。

（三）课堂教学

以习题讲评形式为主，但习题不是重心。借助一些精编套题、归类考点、给出方法、补实疏漏、规范示例、强化题感、保持考感。考哪个点可以不清楚，哪里是重点必须清楚；某个题可以不会做，各类题必须会做；考题可以做不完，考点必须复习完；可以不清楚考哪个题，命制考题方向必须清楚；不会做的可以不得分，会做的必须拿到分；训练题知识点覆盖可以不全，能力方法必须全方位覆盖；学生思路可以不清楚，教师思路必须清楚。

（四）目标达成

回归基础、模拟适应、调节心理、增强自信，通过全方位模拟高考，强化训练。练就学生"全题感觉"，并借此鼓舞士气。使学生更加熟悉知识范围、题型结构、难易程度、能力要求。通过高质量训练，找出最后疏漏，回归基础，及时补漏，提高运用信息解决问题的能力。训练学生读懂题、会读题、快读题的能力，多种角度审视和不同方法解决问题，从而提高解题质量和速度。

五、自主复习，整装待发

（一）复习定位

让学生自主合理地利用时间，进行回顾、梳理、综合、总结、巩固、查疑、补漏、调整、熟练，从而自我完善、升华提高。自主复习不是自由复习，要指导学生各学科均力，更加重视强科，保优补弱，使高考效益最大化。

（二）复习方法

一是将训练进行到底。精而不滥、熟练技巧、减少失误、提高分数。强化动手能力，落实答题规范。利用好标准答案和评分标准，实现看、练、问、思的有机结合，在看中练、练中看、练到最后一天。二是注意知识点回顾。正确处理好做题与知识点总结复习的关系，翻看积累本、好题本和错题本，抓重点章节和薄弱环节。

（三）复习要点

向高考试卷要分数。包括向充分审题要分，向规范答题要分，向良好心态要分，向思维能力要分，向完整解题要分，向材料作文要分，向习题定理要分，向答题方法要分，向题不二错要分，向看积累本要分，向老师叮嘱要分，向薄弱学科要分，向中档题目要分，向背诵识记要分等。

（四）保持信心

要以良好心态对待高考，保持常态、带着自信、握着方法走进考场，争得最好发挥，取得最佳成绩。

（五）注意事项

重基础、重训练、重记忆、重纠错和重归纳。避免松懈散漫、避免手忙脚乱、避免盲从蛮干、避免攻难克艰和避免只看不练。

六、考练结合，贯穿始终

（一）练归纳，知识考点结构化

1. 网络结构

认知结构图是依据英国教育家托尼·巴赞归纳出的一种学习技术。良好认知结构是能力提高的关键，这里的知识结构是指经过概括的要点，是回忆一章内容的主干，从这里延伸出去可及枝叶，联系出全部内容。

2. 人脑功能

人脑记忆的特征不是将原文内容逐字逐句的重现，而是以简约有序或有逻辑性的表述方式，并用一些关键词来概括主要内容或重要情节。同样，关键词或短语具有多向性，好像联结的钩子，进行串接联想。

3. 应用举例

物理学中《力的概念》知识结构如图所示。

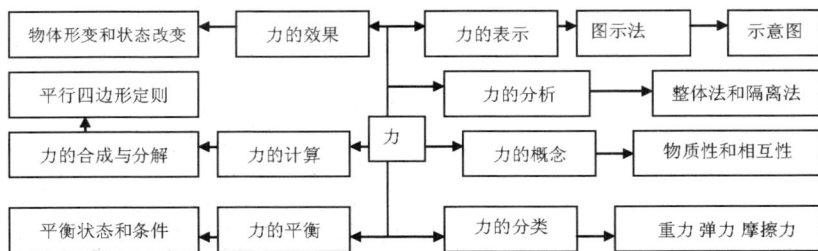

（二）练规范，非智因素增考分

随访阅卷老师总结，一些考生常见错误很多都是非智力因素造成的。每位考生都应注意，不要因为疏忽而影响成绩。由于时间紧、任务重，不少题目平均改卷时间只有数秒或数十秒。评卷人员不得不去寻找一种标准简易、阅题速度较快、评卷相对公平的方式进行评阅。"一把尺子量到底"是评卷工作的根本原则，而评分原则是按点给分，并非言之有理就给分。为此，平常训练时要注意答题技巧，养成良好的规范习惯。

第一印象好，常能得高分；抓住评分点，才能得高分；要点写完整，往往得高分；条理层次清，尚能多得分；用语规范高，必能分数高。如下作答可以多拿20分：一是卷面清洁，无乱涂画；二是书写工整，字迹清晰；三是区域答题，不出边框；四是表述要点全面，步骤完整；五是语言简洁，层次分明；六是专业术语，表达规范。

（三）练心态，临场考试好发挥

1. 影响因素

郑日昌教授认为，影响学生考试发挥的主要有知识因素、应试技巧和考试焦虑。叶平枝教授研究发现，高考落榜生和高考佼佼者的最大区别不是智力，而是心理素质。考试心理素质主要涉及考生的信心、情绪、焦虑水平和心理心态。

2. 焦虑原因

第一是内因，如个性、抱负、经历、知识水平和心理承受力等。从内因来看：一是把考试成败看得太重；二是对考试心里没有把握；三是缺乏应考经验和知识基础；四是有过失败教训；五是情绪型性格，承受力差。第二是外因，如学校、教师、家庭、社会环境等。从外因来看：一是家庭家长的压力；二是学校老师的压力；三是社会环境的压力；四是考试本身的性质。

3. 调整方法

营造最佳学习心态，常用的方法是进行放松训练，如调节呼吸、想象放松、肌肉放松、音乐放松、宁静沉思和适当运动等。

（四）练速度，试卷考题有时做

1. 常规考题自动化，无须思考自来答。要像弹钢琴一样，看谱子就能奏出歌曲来；要像驾驶员一样，熟练操作做到"人车一体"；高考也要做到"人题一体"，见题就做，一做就对，快速达成。

2. 高考真题练限时，几次时练取平均。备考主张做高考真题，限时作答。可以做全卷，也可做部分卷，但都要限时作答，到时就停，不得延长，立即计分，看做题效果。

3. 薄弱环节专注练，专项知能针对练。面对学习的薄弱环节，有针对性的练习，如单练填空题、论述题或计算题等，直到有效果为止。

4. 智能考题重方法，快速突破找技巧。对试卷中每年的创新题、技巧题，要突破常规和一般解法思路，另辟蹊径找技巧。

（五）练准度，做过题目多得分

1. 难易题：高考试题的难易度设置是 1∶2∶7。要求易题全拿、中档九成、难题争分。指导学生在百分之九十的中低档题上下功夫，百份之十的高难题可以适时放弃。

2. 新常题：常题近满、变题过八、新题半数。要求学生在常规题和改编题上下功夫，全新题上求半即可。

3. 题型题：以物理学科为例，选择过八、填空准答、计算分答、选做准答。单选不失分，复选对两个；注意填空题的准确结果，尤其是仪表读数的精密度；计算题要注意解题步骤：即有明确的研究对象、简单的过程分析、必要的文字说明、较准的示意图形、依据的基本规律、通用的符号标注、统一的计量单位、精炼的运算过程，正确的问题结果，必要的结果讨论等。选做不要标错题号，并注意 5 分复选题扣分答法，即全有把握选 3 个，全没有把握答 1 个，一般情况答 2 个。

（六）练手感，熟能生巧得高分

临近高考，学生对考试内容要做到：每天必练、每科必练、每项必练、每时必练、每型必练，勿要间断、直到考前。

六练带来六突破。一是突破知识结构，促进综合提升；二是突破重点难点，促使主干掌握；三是突被解题规范，确保会题全分；四是突破应考心态，挖掘非智因素：五是突破对题比率，保证做题多对；六是突破解题速度，使会题有时做。

【巩固与提高】

1. 高考轮回备考分几个阶段？为什么说基础复习阶段最重要？

2. 简述首轮复习的目标定位和复习方法，并给出有效复习的实施策略和步骤。

3. 说出考前"六练"的重要内容，谈谈对"六练带来六突破"的理解。

第 23 讲　高考复习"三类课"的上法

课堂教学是高三备战高考的主渠道。新课结束的高三教学主要是复习课、习题课和试卷评析课，上好这三类课不仅是提高教学效率和质量的重要环节，更是高考成败的关键。

一、复习课

（一）复习课的特点

1. 似曾相识的疲劳之感

随着时间的流逝，学生对知识的遗忘程度会越来越高，对学过的知识内容常有似曾相识的感觉，也就是常说的"打开书了然，关闭书茫然，甚至会产生审美疲劳，不想再见"。

2. 教师备课的要求之高

教师必须吃透教材和考纲，了解知识的纵、横向联系。鉴于学生学习的课程多、时间长，很难将支离破碎的知识连成整体，只见树木、不见森林，导致运用知识的能力不强。所以，无论哪一种类型的复习课，都要将所学的相关知识进行归纳整理、纵横联系，进而优化所学知识，使其系统化和科学化。

3. 需要知识的迁移训练

复习不是简单的重复，包括教学方法、教学内容、教学形式、课堂设计等，务必尽量避免重复。只有全新的面孔、方法、内容、形式和设计，才能充分激发学生的学习热情，达到事半功倍的效果。因最终目的在于提高学生运用知识和解决问题的能力，复习中要加强知识的迁移性训练，做到举一反三、触类旁通。

（二）复习课的准备

1. 把握好准确的复习进度

进入复习阶段，事先要根据复习时间、复习内容合理安排好复习进度，如用几轮复习、每轮复习用时多长、每节复习多少内容……还有就是每次考试前，都要根据《考纲》要求，紧扣重要考点、考试题型和考试动向，做到有的放矢，不引学生入歧途。

2. 设计好复习思路与方法

每节复习课前，对本节课复习的重要知识点要进行规划，研究用什么样的思路、方法去复习和巩固。"讲练讲"式，即先复习回顾知识点，再用习题进行针对练习，最后讲解习题进行巩固；"练讲练"式，即先针对重点内容设计习题让学生练习，再通过分析解题过程回顾所学知识点，最后再次练习。前者属于"用法练题"型，后者属于"见题思法"型。后者更多地体现了以学生为主体，更能发挥学生的主观能动性，针对理科复习更有效。

3. 落实好典型的训练习题

习题的选择一定要针对重点，做到少而精，体现学科性和时代性。"宁缺勿滥"是落实练习题的重要原则。若复习时间有限，宁可放弃一些次要知识点不复习、不练习，也绝不照着一份资料从头做到尾。

4. 突出易错点及其薄弱点

复习过程不单是对新学内容的回顾和再现，更是对阶段所学内容中出现的薄弱点、易错点、易混点进行弥补。复习时一定要善于发现，即使放慢速度，也要再次讲透、大量练习。

（三）复习课的程序

1. 忆：让学生将学过知识进行不断地提取与再现。它是复习课不可缺少的环节。教师要有意识地引导学生看课题回忆所学的知识，看课本目录回忆单元的知识。回忆时可先粗后细，让学生充分讨论、进行口述，或出示有关复习提纲，让学生进行系统复述。

2. 清：引导学生对所学知识进行梳理、总结和归纳，帮助学生理清知识点，分清解题思路，弄清各种解题方法。要根据学生的回忆，进行从点、线、面的总结，做到以一点或一题串一线、联一面，特别要注意知识间纵横联系，构建知识网络。要教会学生归纳总结的方法，在帮助学生理清知识脉络时，根据复习内容的多少，分项、分步进行整理。"清"的过程是疏理、沟通的过程，更是将所学知识前后贯通，把知识进行同化的过程。

3. 析：对单元的重点内容和疑难问题做进一步分析，帮助学生解决重点、难点、疑点等问题，使学生全面、准确地掌握教材，加深理解。这一环节重在设疑、答疑和析疑，内容较多时可分类分项进行对比。

4. 练：选择有针对性、典型性、启发性和系统性的问题，引导学生进行练习。通过练习，提高学生运用知识解决实际问题的能力。练习时，可通过题组的形式呈现练习内容。抓一题多解或一题多变，使学生通过练习不断受到启发，在练习中进一步形成知识结构。在练习设计中，可通过典型多样的练习，帮助系统整理；设计对比的练习，帮助沟通与辩析；设计综合的练习，提高学生的解题能力。

5. 评：让学生对复习结果进行评价与反馈。教育心理学十分重视教学评价与反馈，认为通过教学评价可给予学生一种成功的体验，从而激励学生好好学习。复习完成时，可选取数量适当的题目进行当堂检测，以观效果。

二、习题课

（一）习题课的课前策划

1. 备学生

备学生，包括分析学生的理解能力、接受能力、意志品质、思维方式，最近发展区以及思维的广度和深度等。教师要深入了解学生学习的难点和困惑点，针对学情选择习题、设计习题，让教学内容与学生实际紧密联系起来。备学生可提高教学的目的性、针对性和实效性。备课要经常思考学生是否具备继续学习所掌握的知识技能？没掌握的是哪一部分？有多少人掌握了？掌握的程度怎样？哪些内容学生能够解决？哪些需要老师进行点拨和引导？

2. 精选题

（1）习题选择要强调基础性和可行性

在学生最近学习范围内进行习题的选择，即应具有很强的基础性和可行性，过分简单的习题会影响学生思维质量，思维活动未得到充分发展，缺乏应有的激励作用。难度过大的习题易挫伤学生学习的积极性，使学生难以获得成功的喜悦，使学生丧失学习的自信心。习题的选择重在把握好"度"，要狠抓基础知识的巩固和基本技能的训练，抓住重点、突破难点。

（2）习题选择要体现研究性和挑战性

选择习题益、精，要有丰富内涵，除注重结果外，更要注重组题方式和质量，做到"一题多解"，熟悉各种解法；"多解归一"，挖掘共同本质；"多题归一"，归纳出解题规律。尽量设计有实际生活原型的试题，从学生感兴趣的问题选编习题，以训练学生的自主性和探究性，从而达到解决实际问题的目的。

（3）习题选择最好来源于课本的习题

课本习题是经过专家多次筛选后的精品，在习题课的题目选编中，应优先考虑课本中的例题与练习题，并对其进行适当的拓展，编制一题多解、一题多变、一题多用、多题一法的习题，使其源于教材，又不拘泥于教材。

（4）习题选择要关注热点及其频考点

建议选择开放性试题，以锻炼学生的发散思维能力和创新能力，启发学生全方位、多角度、深层次地思考问题；关注应用性习题的选择，以训练学生运用知识和方法解决生活实际问题；关注探究性习题的选择，以训练学生的观察探究、交流归纳的综合能力。

3. 思策略

（1）以学论教，重视预设。研究学情、把握重点，上课前要把习题认真做一遍，对各知识点的要求和引导学生分析的重难点做到心中有数。若是讲评作业或试卷，课前还要认真批改学生作业，才能了解学情，把握教学重点。

（2）探究教法，提高效率。对所选用的习题，课前要认真研究，进行归类。同类习题一起讲解，能让学生对知识结构有一个系统的认识；根据不同的教学内容，采用不同的教学方法。讲解时要详略得当，注意启发学生的积极思维，寻找最优化策略，先思后导，关注生成，提高效率。

（二）习题课的教学程序

1. 回顾知识，发现盲点。在习题教学中，对涉及的重要知识，应不失时机地进行主动回顾，根据学生的掌握程度进行强化，让习题教学达到巩固知识的目的。

2. 先思后导，返璞归真。学生是学习的主体，是习题课的主人。要把课堂还给学生，在展示习题后，要留足够时间让学生审题思考、分析问题、得出结论，甚至可让学生教学生。鼓励学生打破常规、锐意创新，使学生在勤思多变中提高思维的灵活性和创新性。

3. 精心设问，循循善诱。提问要善于把题目分解为环环相扣的问题，按思维的进程，面向全体学生依次提出、逐步分析。鼓励学生发表看法，既讲正确思路，也谈误区，既讲常规解法，也谈解题技巧，让习题课达到激发学生学习兴趣的目的。

4. 引导分析，启迪思维。引导学生学会分析，让他们知道怎样利用条件、怎样剖析结论、怎样挖掘信息，体验思维深入的过程，领悟问题探索的方法，不仅能从分析过程中学会怎么解，而且能从中学会怎么想，以提升学生分析问题的思维能力。

5. 分析错因，及时指导。教学中应了解学生在知识理解、方法运用等方面的不足，并给予及时校正。不仅要指出错在哪里，还要引导学生分析产生错误的原因，避免以后犯类似错误。常见错误有概念模糊不清、审题粗心大意、思维狭窄片面、忽视潜在因素、语言表达不规范等。

6. 整理思路，触类旁通。先让学生个体进行思路探索，然后在教师引导或同伴互助的基础上，使学生学会运用批判性的思维进行选择，用比较合理又简洁的思路完成解题过程。特别是重要思想方法的教学，要分散在多次课中完成。学生要做有心人，把相关问题的解决方法进行归纳整理、系统把握，当再遇到同类问题时，才能触类旁通。

三、讲评课

（一）讲评课遵循原则

1. 试卷精选：目前市场上各种测试卷足以应对日常测试，但这些试卷并不一定适合所有学生，故一份测试卷的选择决不能随意，要依据教学实际进行选择。每题考查目的要明确，设置难题要清楚，能预见学生试卷中可能出现的问题，并选好备用题，供讲评课中使用。

2. 集中讨论：展示学生存在的问题，让学生分析存在的原因。同时，教师要设计好系列问题，做到小坡度、多层次，让学生充分讨论、拾级而上，逐步解决存在的问题。

3. 整体反馈：试卷整体反馈，包括试卷失分分析，错题纠正等。其中，试卷失分是试卷正常失分＋粗心失分＋思路失分的总和；错题纠正除要求学生把正确结果写在试卷上外，还要知道错在何处，有详细的分析过程。

（二）试卷分析的策略

1. 从逐题分析到整体分析

试卷分析要进行考题设问。这道题考查知识点是什么？知识点内容是什么？这道题是怎样运用知识解决问题的？解题过程是什么？这道题还有那些解法？最简单的是那种？这道题解对了还是解错了？留下的启示是什么？

2. 从数字分析到性质分析

统计因各种原因的丢分值，如计算失误、审题不清、考虑不周、公式记错等；找出最不该丢的 5～10 分，这些分数是最有希望获得的；任何一处失分，是偶然性失分，还是必然性失分，必须清楚失分的真正原因。

3. 从口头分析到书面分析

反思十分必要，即自己和自己对话。对话可是潜意识的，也可是口头表达，最好是书面表达。从潜意识存在到口头表达是一次进步，从口头表达到书面表达又是一次飞跃。考后写出一份试卷分析报告，是最好的分析。

4. 从归因分析到对策分析

在现象分析的基础上，进行归因分析和对策分析。现象分析回答了"什么样"，归因分析回答了"为什么"，对策分析回答的是"怎么办"。

（三）试卷分析的方法

1. 不拖不拉，及时评讲

如果测试后过了好几天，甚至在学生把试题内容都快忘了的时候才讲评，会降低学生寻求正确答案及失分原因的积极性，不利于学生纠正错误和补缺知识。学生刚考试后，头脑中留下对试题解答情形的记忆表象十分鲜明，心理上也会产生想知道考试结果的强烈愿望。教师要抓住这些心理特点，及时讲评，学生会因对教师讲评材料的关注而集中精力听课，容易产生参与学习活动的兴趣，为教师讲评创造有利条件，从而提高讲评课的质量。

2. 激励思想，重在鼓劲

学生对试卷分数十分重视，往往看到高分就兴高采烈，低分就灰心丧气、低头不语。引导学生明白考试目的不在于分数，而在于总结学习情况。对那些发挥失常或考得不理想的学生，评讲时可多从正面进行褒奖，防止他们自暴自弃。切记将试卷评讲上成一堂批评课，要通过评讲让学生充满信心，而不是令学生有种"负罪感"和"自卑感"，从而失去学习信心。评价要注重学生自身的纵向比较，淡化横向比较，使学生在比较中不断进步。对于困难学生哪怕是微不足道的进步都要加以表扬，让他们体验成功的快乐，主动学习，争取下一次考试进步。

3. 分析考情，抓住重点

阅卷前，教师要把试卷认真做一遍。在解题过程中要弄清试卷涉及的知识考点、方法考点、试题难度、命题意图以及命题规律，并做到胸中有数。阅卷后，教师可设计一个双项明细表或绘制折线图进行统计汇总，了解各题失分在学生中所占比重及双基缺失等情况，分析学生存在的知识方法问题，从中找到问题存在的共性，再结合答题分析错误类型、诊断问题症结，共性问题集体研究，个性问题个别交流。教师要根据掌握的情况有选择、有针对地评析试卷，对考查内容所出现的"常见病""多发病""典型病"进行归类评价，讲究对症下药，不必面面俱到，"眉毛胡子一把抓。"

4. 分析思路，总结模式

帮助指导学生进行考点分析，分析考查的知识点是什么、综合能力体现在什么地方、解题关键是什么、从哪里入手、有哪些答题步骤和方法，最后归纳总结出一般的答题模式。近年高考采取"综合能力评价方式"设计题目，较有层次性。评分标准可操作性强，若考生答题不规范，泛泛而谈，极易漏掉一些要点而失分。因此，评析试卷要结合题目帮助学生归纳答题步骤和模式，作一些操作性的指导。

5. 分析变化，迁移训练

讲评试卷后，要在总结、归纳、提炼学生共性的基础上，通过"一题多变""一题多拓"进行再体验，引导学生思考。对某个知识点从多角度、多侧面进行合理的发散迁移，拓展学生的思维空间，提升能力价值。

6. 学生参与，师生互动

（1）鼓励质疑："学起于思，思源于疑。"质疑是人类思维的精华，是一切创造活动的起点。培养学生质疑能力是新课标的要求，是主体性教学的手段，更是师生互动性原则的体现。评析试卷要鼓励学生质疑问难，允许学生对试题做出"评价"或"反评价"。

（2）相互评改：教师可按成绩或位置分布成立学生评改小组，交叉评改，然后每组推荐一人阐述评改意见。还可请学生发言，以暴露思维过程，包括典型错误思考和技巧思考等，以对其他学生起到警戒示范作用。

（3）自主反思：评析后要留时间给学生表述思维过程，增加教师与学生、学生与学生交流的机会，让他们在自主反思中了解学习中的迷惑，从困境中重新自主探究。通过学生积极主动参与，得到相互启迪，使整个评析过程学生情绪亢奋，容易接受有关知识及解题信息，有助于知识掌握和解题能力的提高。

【巩固与提高】

1. 复习课的特点是什么？谈谈复习课的教学方法和程序。

2. 习题课的基本类型有哪些？说说习题课的课前准备和授课方略。

3. 评讲课遵循的基本原则是什么？简述考试测试卷的评析方法。

04

| 管 理 篇 |

第四章

教育管理

第 24 讲　中学教育管理的科学属性与内涵

当今社会，管理是个热门话题，诸如"管理出效益""管理出人才""管理是生产力"，等等，足见管理在人们社会生产生活中的重要地位和作用。那么，管理到底是什么？或者说管理的内涵有哪些？带着问题查阅了不少名作、名著，浏览了相关网页，收获颇丰。另外，在搜索管理含义的同时，也触及了管家、管制等类似概念，现简要谈谈管家、管制、管理三个层面在学校教育工作中的不同作用。

一、管家

（一）管家起源

管家虽起源于法国，其职责范围却在英国受到了宫廷礼仪的规范。英式管家成了家政服务的经典，只有名门贵族才能享受。其实，管家就是仆役长，给每一个奴仆分派工作（包括家庭理财、接待客人、维修房屋等），并进行监督和验收，凡事都要由管家来安排。随着人类生活水平的不断提高，管家职责已不局限于日常生活的助理，管家服务也从先前的家庭式，到近代的酒店式，再到现代的机构式。虽然如此，管家工作性质并没有实质的改变，给人的印象依然是做做小事，终究成不了大气候。

（二）教育管家

管家服务也进入了学校，表现诸多。一是事必躬亲，每事必管，忙得连上级教育行政会议也无时参加，更谈不上新课程改革与实施的教育考察了；二是坚信"动口不如动手"，最好是连一本教师用书也从自己手中发出去心里才踏实，什么主管、分管，全是个人统管；三是足不出户，从早到晚坐在办公室，大事小事忙不停，难抽出一点时间到教学区走一走，教学课堂上听一听；四是做个计划少说也要万余字，唯恐工作内容涵盖不完，留下遗憾，主次不分，主题不明；五是多面出击，常帮财务会计开票据，帮考务室人员摆凳子，帮办公室主任管印章，接待外宾也要亲自点菜；六是绰号多多，什么校长、办公室主任、财务员、教辅管理员、学籍管理员、保卫科长等。

（三）管家技能

教育不是不需要精细化，但不能主次不分，忽略什么是主要问题，什么是次要问题；教育不是不需要脚踏实地，但不能"只埋头拉车，不抬头看路"；教育不是不需要"黄牛"精神，但管理者更需要的是创新管理体制，走新课程改革之路；教育不是不需要管家，但无需事必躬亲，凡事必抓。可以现代"管家婆"教育管理专用软件，能使教育管理科学化、制度化、规范化和精细化，对提升教育教学质量，深化学校管理内涵功效显著。还有些学校举行"今天我是管家"主题活动，让学生在周日做一天"小管家"，早晨做饭，上午洗衣，下午擦地板，晚上收拾东西，等等。一天下来，腰酸背痛，辛苦非常，活动不仅能让学生体会父母的辛劳，也激发了孝顺父母的情感。人们赞美教育上的"红管家"精神，绝不是让学校管理者去当管家。学校教育需要合理分工、齐心共管。否则，久而久之，管理者不但工作做不好，还成了个独裁者，岂不哀哉！

二、管制

（一）管制由来

从上面管家的起源、性能及表现来看，管家充其量适宜于小范围、作坊式等组织的管理工作。显而易见，随着社会大生产的发展以及社会各种矛盾的出现，管家的职能越来越不适应形势发展的需要。为了所谓的社会稳定和生产有序，社会管制便应运而生。

（二）管制特征

管制是由政府机构制定并执行，直接干预市场配置机制的一般规则或特殊行为，更普遍的意义是指刑法规定的一项量刑种类，即对罪犯不予关押，但限制其一定自由，由公安机关执行和群众监督改造的刑罚方法。可见管制作为一个刑法规定，属于刑法范畴，与教育管理风马牛不相及。但因应试教育泛滥，急功近利思潮抬头，这个本与教育管理无缘的约束手段，却成了当今一些教育管理者的法宝，并被时髦地吹捧为教育创新。教育管制，不仅折射出了当代教育的故步自封，更折射出了教育体制的僵化与强权！

1. 周末不准看卫视

鉴于影视节目影响力持久，深远而无形，某学校规定"学生周末不准看湖南卫视"，此项禁令一出便引起一片争议。赞成者认为，现代社会环境复杂多样，需要为孩子成长环境设置禁区；反对者认为，教育要的是管理，不是军队里的管制。中学生正处在青春叛逆期，越是禁止的东西，越觉得新鲜，越要去尝试。学生的良好行为习惯是靠教育养成的，学校出台教育禁忌的背后折射出"教育懒政"的影子，毕竟，变"堵"为"疏"说起来容易做起来难，包括说服教育、校园环境文化教育等。正因为如此，学校常会采取"一刀切"的措施，直接"颁布"种种禁令，把难题推给家长和社会，自己落得个无责一身轻。

2. 评选最差的教师

有些学校管理教师招式多样。某中学开展了一项"最差教师"的评选活动，使得该校高二年级的六十多名教师人心惶惶，不知所措。习惯了"优秀教师"等称号的评选，突然来一个"最差教师"的选拔，创意还真是新鲜。学校管理绝不是让教师出丑，而是为了促进教师实现专业化发展。其实，没有一个教师愿意最差，一旦管理行为让他们成了名副其实的"最差教师"，这些教师就会按照"最差教师"的标准去工作，从而形成恶性循环。可见，这种评选方式评出的不是教师素质的高低，而是学校管理的无能，是典型的对教师的管制。深度观察还会发现类似管理还真的不少，"教师坐班制""末位淘汰制""上班手印制"，体现在班级管理上的"高考倒计时牌子"，触目惊心的激励语言，等等，大有破釜沉舟，不成功便成仁之功用。这是对教师和学生身心的摧残和践踏，是对教育的犯罪。

三、管理

（一）管理概念

管理就是制定、执行、检查和改进。管理作为一种方法或工作程序，其原则是科学的，运用是艺术的。管理是一个持续和协调的动态过程，重点在于建立分工合作和融洽的人际关系；实质在于科学决策和提高功效，充分利用或改变各种资源来满足人类的需求。教育管理作为管理的一个范畴，是管理者通过组织协调教育队伍，充分发挥教育的人力物力资源作用，利用各种有利条件，高效率实现教育目标的活动过程。

美国著名管理学家德鲁克说："管理不只是一门学问，还应是一类文化，它有自己的价值观、信仰、工具和语言。"实践表明，不重视学校管理文化的建设，学校只能在一种较低的层次上徘徊。人们常说，一流的管理靠文化，二流的管理靠制度，三流的管理靠汗水。一所学校的发展不仅取决于物质条件和师资素质，更在于隐藏在其背后的核心精神与能力，更在于形成核心精神和能力的学校管理文化建设。可见，文化和制度是学校科学管理的基本内涵，是推进素质教育的有效措施。

（二）管理实施

1. 坚持文化办学

（1）创新观念文化

首先是学校领导应具有先进的办学理念，有中远期办学目标，能正确定位学校的发展。能破除封闭自守观念，树立开放的办学思想，有民主开放的管理作风和勤奋务实的工作精神。其次是学校要树立"以人为本"的管理思想，把师生真正当成服务的对象，摒弃以训斥、命令、束缚和控制，乃至摧残为标志的刚性手段，代之以尊重、信任、理解、宽容、激励和交流等人性化的柔性手段，创造具有亲和力的学校人文生态环境，使学校成为让师生兴奋和留恋的地方，增强教师从教的幸福感。最后是教师要善于学习，能够吸纳新思想和新观念，并转化为教育教学行为，要具有团队合作的精神和自我反思、自我超越的意识。

（2）创建文化氛围

①物质环境文化

指以物质形态存在的文化设施，以其独特的风格与文化内涵影响着师生的理念和行为。可利用建筑物风格、文化设施、室内陈设、绿化美化等创设优美的校园环境，体现一定的文化追求。如校园文化雕塑、池塘亭阁、回廊字画、班级文化等，对学生施以潜移默化的影响。

②人文环境文化

指学校长期积淀而形成的文化氛围，如确立学校共同愿景，制定学校发展规划，明确办学目标并内化为教师的事业理想，让每位教师都能自觉与学校发展保持一致，都在自己的岗位上尽心尽职，在发展学校过程中体现个人的价值。如发掘"校训、校歌和校徽"等特定的文化内涵，以感染、美化师生心灵，营造一种"团结向上"的群体氛围。

③人文观念文化

第一，领导者的新角色。学校领导应具有先进的办学理念和系统思考的能力，正确定位学校的发展，确立学校各时期办学目标，并将价值观念转化到具体的工作中；突破封闭自守的办学观念，建立开放的办学思想，充分挖掘社会教育资源，加强与外界的联系交流；具有民主、开放的管理作风和以身作则的实干精神，与学校班子成员展开平等交流，激励他们不断学习以适应发展的需要。第二，教师的意识观念。善于不断学习，及时更新知识，不断完善自己的知识结构，以开放的心态吸纳新思想、新观念，并转化为教育教学行为；具有团队合作的精神，形成互相理解、互相尊重、互相宽容、互相合作、互相激励的交往氛围；具有自我反思、自我超越的意识，善于将学校办学目标内化为个人的发展目标，改善自己的思维方式和行为习惯。第三，学生的素质特征。学校应致力于培养有较强的学习兴趣和求知欲、有良好的自信心和成功感、有高雅的教养和高尚的道德表现、有文明的生活习惯和健康身体的"四有青年"，以适应新时代中国特色的社会主义建设。

2. 推进依法治校

（1）依法治校的意义

推进依法治校有利于推动教育行政部门进一步转变职能，严格依法办事；有利于全面推进素质教育，提高国民素质；有利于规范和解决教育改革与发展中出现的新问题；有利于保障学校教职工的合法权益。实行依法治校，就是贯彻党的教育方针，培养德智体美全面发展的社会主义建设接班人。实行依法治校，就是严格按照教育法律的原则与规定，开展教育教学活动，尊重学生人格，维护学生合法权益，形成符合法治精神的育人环境，不断提高学校管理者和教师的法律素质以及学校依法处理各种关系的能力。实行依法治校，就是在落实学校办学自主权的基础上，完善各项民主管理制度，实现学校管理与运行的制度化、规范化和程序化，对于促进教育行政部门依法行政，学校依法自主办学和依法接受监督的格局具有重大的现实意义。

（2）依法治校的措施

①牢固树立依法治校理念

首先，坚持党委领导下的校长负责制，完善学校治理体系。坚持和完善党委领导、校长负责、教师治学、民主管理的领导体制，处理好集体领导和分工负责的关系。其次，坚持师生的主体地位，恪守"以人为本"的办学理念。办学以人为本，以教师为主体；教育以育人为本，以学生为主体。要以体现公开透明和教师为本的价值理念，激励教育者学为人师，行为世范，教书育人；以体现公平公正和育人为本的价值理念，尊重保护学生的人格尊严和基本权利。三是强化一手抓法治，一手抓德治的意识。既要加强法制教育，努力提高师生法制意识，做法制建设的坚定捍卫者、忠实崇尚者和自觉遵守者，又要着眼于围绕立德树人的根本任务，大力弘扬社会主义核心价值观，更好地以道德滋养法治精神，为依法治校创造良好的人文环境。四是坚持法律面前人人平等，营造公正法治的育人环节。平等是社会主义法律的基本属性和法治的基本要求，必须在体制和制度上依法落实和保障师生的知情权、参与权、表达权和监督权，大力营造公平正义的法治育人环境。

②健全科学民主决策机制

要依法明确界定学校内部不同事务的决策权，健全决策体制的职权和议事规则，完善校内重大事项集体决策规则，大力推进决策的科学化、民主化和法治化。要全面推进民主决策，充分发挥教师职工代表大会、学术委员会等组织在决策中的作用，确保民主决策、科学决策。要依法完善决策程序，有关学校发展规划、基本建设、重大合作项目、重要资产处置及重大教学改革等决策事项要进行论证评估，确保决策的可控性。要完善决策执行机制，按照规范、廉洁、高效的原则，优化学校内部治理结构，合理设置校内职能部门，提高职能部门对学校决策的执行力和对师生服务质量。在重大决策执行过程中，学校要跟踪决策执行效果，并根据评估结果决定是否对决策予以调整或停止执行。

③推进校务以及党务公开

学校资源及实施干部选拔任用、专业技术职务评聘、岗位聘任、学术评价和各种评优、评先活动，都必须按照公开公正的原则，制定具体的实施细则，实现过程和结果的公开透明，接受利益相关方的监督。公开形式要多样化，对党内公开的事项，要采取党内会议及有关文件、会议纪要等形式；对校内公开事项，要通过教职工代表大会、情况通报会、校务公开栏等形式；对社会公众公开的事项，可采取校报、校园网、新闻发布会等形式。同时，要着力健全校务党务公开的长效机制，防止"一阵风和雨过地皮湿"，要常抓不懈，使公开常态化。

④推动师生树立法制意识

首先，学校领导干部要顺应时代要求，带头学法、尊法、守法、用法，做法治型领导干部。在学法上，先学一步，高出一筹；在尊法上，更加自觉，真正内化于心、外化于行；在守法上，严格自律，时处以法律为准绳；在用法上，应积极主动，养成遇事找法、办事依法、解决问题靠法的行为习惯。其次，要把加强法制学习宣传摆在重要位置。引导教职工遵纪守法、依法维护自身合法权益，依法指教和履行各项义务；要通过开设法治课、法律知识竞赛、模拟法庭等形式教育学生学习法律基本知识，培养法治意识和精神。

3. 加强制度建设

（1）建立"民主科学"的管理机制，改变"家长式"的管理制度，如成立由教师、学生、家长和教育专家组成的课程委员会；制定以教师为主的教职工代表大会制度，加强民主管理和监督，使教师参与教育管理工作。同时，还可建立民主协商对话制度、民主评议和竞争上岗制、班主任联席会、家长联席会、学生代表会等，让广大教师和学生真正成为学校的主人，在学校教学改革和教学管理中发挥主人翁作用。

（2）创设"现代学校制度"，如建立由学校领导、教师和学生家长组成的学校理事会，承担学校决策审议职能；聘请知名教育专家担任教育总监；建立由"首席教师"组成的校务委员会，承担学校内部的决策咨询职能。

（3）完善"教学评估制度"，包括评估内容和标准，要把教师的教学研究、教改实验、创造性教学和师生关系纳入进去，体现新课程的精神，反映教师角色转换的要求和教学改革的方向，有利于教师的专业成长。

（4）建立教育质量负责制度，包括教育质量承诺制度、质量跟踪问责制度。教育质量承诺制度是为了保障学生的学习权和家长的知情权，对学校能够做到的服务品质以书面形式向家长承诺；教育质量问责制度是为了贯彻落实学校教学常规的程序标准和作业标准，分析问题原因，改进常规教学。

（5）采取灵活的教学管理制度，如聘请有教育资质的家长担任学校的编外辅导教师，为学生提供义务教学辅导；实行弹性的课时安排，大、小课结合；采取教师走班与学生走班相结合、大班教学与小班教学相结合、小组学习与个人自学相结合的多样化方式；鼓励个性化的课堂作业布置方式；图书馆、阅览室、微机室、实验室等教育资源的开放制度等。

（6）建立家校信息服务制度，在学校和家长之间，建立一般性学校服务品质和一般性家庭教育指南的"契约关系"，规约教师和家长在教育孩子方面的责任和义务；学校关注学生在身体、学术、道德、社会、情感等方面的发展状态，建立"阳光档案"，向学生和家长提供专业信息咨询服务，并充分利用家长资源。

4. 强化课堂教学

（1）是何

课堂管理有两个核心目标：一是避免发生或者消除影响班级有序学习的事件，即维持课堂秩序；二是通过合作学习增强班级凝聚力，在整体上提高学习效率，即促进课堂合作。前者是为了保证课堂教学有序进行，后者力求动用集体的力量提高课堂效率。

在教育实践中，教师往往通过制止或批评学生违纪行为来维持课堂秩序，可最终不但维持不好课堂秩序，反而扩大了学生的违纪行为对课堂的破坏力与破坏面。对于课堂中的突发事件，学生间或师生间的冲突，只有课后处理才会呈现效益最大化。其实，任何时候教师对学生的管理行为，都要回到实施管理行为的目的上来，从课堂管理的角度出发。

（2）为何

①维持并进一步激发学生的学习动机

没有一个学生希望自己成为差生，也没有一个学生希望自己成为调皮的学生。入学初期他们若没有获得一定的认可，其学习动机就会逐渐消退。学生很少用前后成绩的对比来证明成功，而经常用自己和他人成绩的对比来证明失败，这是导致学生学习动机逐渐消退的重要原因。要让学生在课堂中有良好的表现，就必须维持并进一步激发他们的学习动机，使其有成就感，保持对课堂学习的兴趣。

②帮助学生掌握并学会使用学习方法

学生在学习上败下阵来，不外乎两个原因。一是不想学习，对学习高挂免战牌；二是没有找到正确的学习方法。不过，不想学习的学生毕竟是少数，绝大多数学生都是因为不知道怎么学习。要让学生感受到学习的乐趣与成就感，不仅需要维持与激发其学习动机，更需要帮助他们掌握和使用正确的学习方法。在日常教学中，教师往往简单地把学生学业的失败归因于缺乏学习动机，从而掩盖了绝大多数学生不知道怎么学习这一事实。

③要调动学生集体力量提高学习效率

学习并不是学生一个人的事，整个学校的积极学风，令人上进的课堂氛围，对学生提高学习成绩都有积极的影响。因此，教师要调动班集体力量，形成良好的班级学习氛围，促使学生互帮互助、取长补短，提高学习效率。

④要通过纪律教育形成课堂学习秩序

课堂上总会有一些不喜欢读书和不会读书的学生，由于精力无处释放，违反课堂纪律的可能性很大。因此，要通过纪律教育让"富有余力"的学生意识到群体学习规范的必要性，从而有效地抑止他们的违纪行为，这是课堂教学有序开展的基本保障。

（3）如何

①服务于学生群体，而非管制其个体

通常想到课堂管理，都会想到如何制服那些调皮学生。尽管都在想办法，可调皮的学生似乎越来越多了。当教师将管理的重心从班级群体转向学生个体时，自己就成为学生个体的冲突对象，于是课堂上就会充斥着学生个体与教师间的是非之争，而其他同学则成为冲突的观众。这样的课堂没有一个人是赢家。课堂管理一定要以维持学生群体的学习秩序，提高学生群体的学习效率为目的，不管是批评还是表扬学生个体，都要以有利于营造良好的学习氛围为准。

②寻找事情的原因，而非责备其态度

学生没有做或没有做完家庭作业，是让绝大多数老师头疼的事。学生没有做或者没有做完家庭作业不外乎三种情况，即不想做、不会做、不能做。不想做是态度问题，但真正不想做作业的学生是少数。不会做是能力问题，既然不会做，那结果肯定是没有做，如果做了也多是抄袭的，没做反而比抄袭要好。不能做是条件问题，即不具备做或做完的条件，如作业太多，实在做不完，这时学生只能有选择地去做。如果教师把不会做与不能做都归于学生不想做，既委屈了学生，也伤害了自己。事实上，寻找学生不做事的原因比责备其态度不好更有意义。

③让明白该做什么，而非禁止做什么

开学初教师一般会对学生提出课堂要求，绝大多数都是禁止学生在课堂上做什么，而很少告诉学生究竟应该怎么做。最常见的是不准学生在课堂上讲话，可在课堂上学生却需要与教师和其他同学进行交流，而教师却没有教导学生如何去交流。此时，若学生的确需要与其他同学进行交流，就只能违反纪律了。其实，几乎没有学生会故意违反课堂纪律，问题在学生要么没有掌握正确的学习方法，要么不知如何表达课堂欲望。禁止学生做某事，不代表学生就不会做这件事，重要的是让学生明白在课堂上要做什么，以及如何去做。

【巩固与提高】

1. 何谓管制？它有什么基本特征？为什么说教育管制不可用？

2. 什么是教育管理？它包括哪些主要内容？结合学校实际说说如何实施教育管理。

3. "依法治校"是学校管理的重要手段，结合当前教育实情谈谈"依法治校"的必要性。

第25讲　中学教学常规的管理方法

在学校诸多工作中，提升质量是目标，改革创新是手段，常规管理是基础。"千里之行，始于足下"，提高教学质量必须从常规做起。

一、教研管理

教是研的载体，研是教的前提。教而不研则庸，教而研之则专。教学质量是教研质量的宏观体现，教研质量是教学质量的微观需求。学科教研是学科教学的二传手。球场上二传不到位，主攻就没有杀伤力。教学中搞不好教研，教育教学质量就难以提高。

（一）学科主任制度

1. 新学科组

备课组和教研组的职能统筹起来成为学科组。学科组和教研组不仅仅是名称上的不同，其内涵与职权都比原来宽泛得多。有些学校学科主任列席校长办公会，与教导主任、政教主任、总务主任同等地位。整个学科的教育教学全由他管理，包括学科制度、计划、教研、备课、授课、观课、议课、辅导、作业、测试、总结、教师培养等。学科主任就是学科团队的领衔人，如学校教师参与各级优质课比赛，学科主任是编剧，组里优秀教师是导演，参赛选手是演员，集思广益、各负其责，一损俱损、一荣俱荣。再如，到外校经验交流，也是学科主任具体安排，集全学科之智慧，轮流巡回报告，展示学科教研风采。

2. 主任职责

（1）在校长室和教科室的领导下，按照教育规律和学生认知特点，开展本学科"课堂教学、考试和评价"的研究，同时承担本学科教师培养的部分工作。

（2）开学制定本学科教研工作计划，认真组织实施；期中检查落实情况，调整教研计划；期末做好学科总结，向学校汇报工作情况。

（3）带领本学科教师学习业务，监管年级集体备课活动，定期或不定期进行听课调研。有计划地组织本学科的教学研究课、公开课和展示课，及时发现问题、提出建议，并总结、交流和推广经验。

（4）依据现代考试理论，研究本学科考试命题的基本原则、操作流程和具体要求，协助做好各年级校内考试的命题和评卷工作。

（5）收集本学科高考改革信息，结合学校高中毕业班的教学实际，研究高考的应试方法，探究自主招生的考试策略。

（6）根据需要进入年级、级部、班级、学科进行教学质量的调研，写出相关分析报告，提出改进本学科教学的方法和措施。

（7）调研本学科常规教研和教学存在问题的原因，如备课的效率、作业的优化、教辅的实用、尖子生的培养等，为学校制定"培优转差"等相关方案提供依据。

（8）注重本学科教师培养。推荐学科教师积极参与各级各类评优活动；根据学校计划组织好学科教师外出参观学习和观摩考察；安排好在校内外举行的各级各类教研活动。

（9）运用现代教育技术整合本学科教学资源，主持编写校本教材和教学辅助资料，服务于教学；利用校园网络和媒体技术，建立本学科网络教学交流平台，如开通博客、微信、QQ群，加强即时教学交流。

（10）围绕学校工作重点，秉承"疑题就是话题、话题就是问题、问题就是课题"的校本教研理念，抓好本学科教科研课题的申报、立项、开题与结题工作。

（二）校本教研活动

1. 课标学习

（1）确定领学人，给出学习内容及重点讨论的问题。制定导学案，人手一份提前发给参会教师，引领学习，提高学习效果。

（2）每次学习后都留下思考题，要求认真学习、仔细研讨，并写出学习心得体会，由备课室主任上交教科室备查。

（3）将课标学习与实际教学课例结合起来，边学边思、边学边用，力求吃透课标。每次阶段考试结束后都要带着考试反映出的问题对照学习，进一步加深所学知识的理解和应用。

2. 集体备课

（1）个人初备：总体要求是脑中有标、腹中有书、目中有人、心中有法、胸中有案，具体落实到"四备"，即备课标、备教材、备学生和备方法。

（2）集体研讨：主备教师先提供给本组教师一节统一的教案，再进行说课，具体体现在说内容、说学生、说教法、说学法、说手段、说过程和说反馈。接着，本学科组教师对说课内容进行集体打磨，以利共同的专业成长和发展。

（3）修正教案：每位教师在集体备课的基础上，都要根据自己的教学风格、教学对象，以及个人对教学理论、教学方法、教学内容的理解，使教案具有个性化特征。每本教案上都要有圈点勾划、修改补充、拓展反思等记录，做到符合实际、精益求精。

（4）教学实践：完整的备课过程，包括准备、分析、创造、提高、总结反思等五个阶段。经过备课组研讨的教案是否可行，有待于验证。因此，备课组教师要互相听课、取长补短。并跟踪听课进行检验，再总结调整，进一步提高。

3. 听课评课

（1）备课组应据实排定公开课日程，本着课堂教学改革和提高教师教学素养的目标，落实到班级、课题和授课者，上报教科室备查。

（2）备课组全体教师均应参加公开课教学活动，并做好听课记录备查，指出授课优缺点并给出教学建议。

（3）当周教研日进行评课活动，重点记录主持人、授课教师、同组教师的评课意见，以此作为评定优秀备课组的重要内容之一。

（4）评议要求听课者必评、青年教师先评、讲优点必先讲不足、后评者内容不得重复、提出不足时一定要给出改进意见。

（5）对不参与听课、听课不评课、评课不到位的教师，在记录里点出姓名，作为年终教研成绩评定的一项内容。

二、教学管理

（一）课堂教学

四环节课堂教学模式：自学环节（约 5 分钟，学生活动）；交流环节（约 10 分钟，师生活动）；讲述环节（约 15 分钟，教师答疑）；巩固环节（约 10 分钟，师生活动），课堂教学四环节可以分段进行，也可交叉进行。

1. 自学环节：预习是高效课堂的前提，体现学生课堂的主体性。教师要指导学生如何预习，如给出提纲或预习内容，禁止"一句话"式的预习安排。

2. 交流环节：教师依据预习内容提出问题，让学生同桌或分组进行交流，老师参与其中或巡视学生交流情况。

3. 讲述环节：学生交流后随机进行展示，或教师通过提问，对重点问题进行强调，难点进行讲解，疑点进行诠释。

4. 巩固环节：课堂练习要紧紧围绕课堂教学目标、教学重点、难点和易错点。做到每个教学目标都有针对性的课堂练习，不遗漏任何知识要点。练习要体现"大容量、多练精练"的原则。认真落实"堂堂清"，该掌握的当堂掌握，该会用的当堂运用，该检测的当堂检测，该矫正的当堂矫正。

（二）课后作业

课后作业要有针对性，既要有书本上的，还要有课外的，最好有章节承前启后的。题量要适当，一般 3～5 题为宜。布置的作业要全批、全改，要及时改，决不能拖拉。发现的作业问题要及时订正，普遍问题还要重新讲解。

1. 传统作业的弊病

（1）布置的专制性

作业布置是教师单方面的权利，"做什么""怎么做"完全由教师说了算，学生只有执行和完成，没有自主和选择的权利。教师强令学生在"题海"中挣扎，忽视学生的兴趣，以"齐步走"的形式，让全体学生在同一时间里完成同样的内容，忽视学生的差异，学生作业兴趣被打消，作业只会成为一种"只有压力，没有魅力"的负担。

（2）内容的封闭性

教师把目光聚焦于书本上，从概念到概念、从公式到公式、从推理到推理，在机械的演练中重复着"昨天的故事"，作业成了冷冰冰的认知组合和逻辑堆砌。作业与生活缺乏联系，学生一旦遇到生活中的实际问题，就无从着手、力不从心。

（3）形式的单一性

教师的作业布置过于强调知识的书面操作和演练，文科作业大多是读、写、背，理科作业大多是算、练、做，即使是"应用题"，也只是局限于书面答题，没有其他形式，忽视了作业的实践性、应用性、丰富性和多样性。

（4）答案的绝对性

教师对作业的评价只是与"标准答案"作比对，非对即错，答案是绝对化和惟一性的，不去关注学生的思维过程，不管答题多么具有个性、多么富有创意，只要与标准答案不一致，就统统扔进"错误"的筐子里，抹杀了学生的创造性，造成了学生思维的僵化。

2. 作业布置和要求

（1）丰富作业内容和形式

充实、丰富作业的内容，优化学生完成作业的方式。布置的作业不能全都是单一的书写作业，应布置给学生一些调查、制作、实践等形式的作业，这些作业的完成往往需要与他人合作，培养训练学生与他人合作的意识。作业完成的方式不应局限于用统一的书写纸或作业本书写作业，应提倡鼓励有条件的学生用电脑去完成作业，留给学生更多自由发挥空间。

（2）把握控制好作业难度

布置给学生的作业难易程度，不能以主观盲断为依据，也不能以某一本书为依据，必须以学生的实际水平为出发点。作业不宜太难，否则学生可能根本完不成，或有学生为了交作业，去抄袭作业。但也不可布置过于简单的作业，那样会让学生失去兴趣。作业应该是分层的，难度最好让学生有"跳着摘桃子"的感觉。

（3）体现学生的个体差异

不同学生完成同样作业的时间是不一样的，可将交作业的时间由原来的某一个时间点改为某一个时间段。允许一部分程度较好的学生早一些时间交作业，也对经过一番努力完成作业的学生进行鼓励。最好是让基础程度不同的学生完成不同的作业。

（4）作业应该与生活贴近

在完成对课本内容巩固的基础上，作业应侧重训练学生将课本知识与日常生活结合起来解决实际问题的能力，做到学以致用。

（5）改进作业的评判标准

随着作业内容的丰富和形式的不断多样化，批改作业时，除了看书写整齐度和正确率外，更应该结合学生的个人差异，看学生在作业中的创新内容，关注学生完成作业的过程。

3. 作业的有效批改

（1）随堂批改

教师上完新课后，简单的作业可让学生当堂完成，采用竞赛抢答、小组比赛的方法，当堂集中统一批改。这既可提高学生的积极性、完成作业的速度，还可锻炼学生的反应能力，增强学生竞争意识，形成积极的学习态度。

（2）教师面批

对教学重难点练习，做到人人过关，利用课外时间与学生面对面，逐题批改，及时指出其错误，让学生弄清错误的原因，马上进行订正。

（3）小组批改

课堂上有些练习，教师每小组只需检查一人，再由一人去批改另外几人的练习，并帮助大家进行订正。对课堂讲过的练习、简单的作业、需要巩固的知识等，同样可由小组长负责督促完成。教师对小组批改后的作业要进行抽查，及时了解作业完成和批改的情况。

（4）自改互改

对比较简单的练习，教师可先报出答案，让学生自批、自改或相互批改。如有问题，马上提出、立即讲解，或课后讨论订正；对还不能解决的问题，可汇报给老师，抽时讲解。

（5）典型批改

选择典型的作业进行实物投影，让学生进行批改。这种方法既可让学生记忆深刻，也可让学生产生自豪感，甚至会成为成绩较差的学生转变的一个契机，使成绩较差的学生在集体面前获得成功，在内心产生"愉快效应"，激发学习的积极性。

4. 作业设计的步骤

（1）明确作业目的

有效的作业应该有明确的目的，不是一种随意化的行为。设计作业前应进行设问，本次作业要实现什么目的？本次作业能否实现这一目的？不做这一作业是否也能达到目的？借此达到作业质量和效率的最佳化，提高作业的实效性。

（2）确立作业范围

作业不是一种程式化的演练，不是什么作业都可以让学生做，作业应该与教师的教学内容密切关联，体现对教学内容的巩固和反馈，不能用与本次教学内容无关的《天天练》来取代有针对性的作业。

（3）研究作业重点

作业设计要考虑本次作业重点要解决什么问题，是积累知识，还是发展能力？是培养学生的思维素质，还是丰富学生的情感体验？作业重点常常是与教学重点相一致的，教师在设计题目时应该主旨明确、重点突出。

（4）选择作业形式

作业不应该是单一面孔，不能用机械的书面演练取代学生丰富的作业体验，作业形式应该是多种多样的，不断给学生以新鲜感，能激起学生跃跃欲试的欲望，要根据教学需要采取合适的作业形式，形式不宜单一，即使是书面作业，题型也应有所不同。

（5）确定作业题量

作业设计有个"最优作业量"问题，一般宜少不宜多。作业量过"度"，会受到经济学上"边际效益递减律"的制约，事倍功半；在心理学上，会造成学生的逆反心理，效果适得其反。就中学生而言，一门课的一次作业量 2~4 题为宜，时间一般控制在 30 分钟左右。

（三）自习辅导

学生自习是常规教学中最重要的一个环节，不是让学生在自习时间放任自流，想怎么学就怎么学，而是采用"学生自学为主，教师指导为辅"的方法，在全面掌握班级学情的基础上科学合理地进行辅导。

1. 自习辅导的原则

（1）教有主导，学有己法

要求学生自习以自学为主，不是否认教师的指导作用，而是对教师提出了更高的要求。教师的主导作用是不可忽视的，必须依据教材、学生实际，引导学生去发现解决问题，使学习成为自觉行为，同时教给学生学习知识的规律方法。

（2）培优辅差，全面发展

在充分了解学生学情的同时，利用自习辅导机会，重点抓住"两头"，以达到成绩较好的更优、成绩较落后的进步的目的。同时，让学生合作学习、取长补短、健康成长，让学生在原有的基础上逐步提高，总体提高教育教学质量。

（3）精讲多练，四要四忌

一要围绕目标，注重学生能力的提高，忌广而散，眉毛胡子一把抓，搞题海战术；二要针对学生知识掌握和能力表现的薄弱点，忌无的放失；三要瞻前顾后，通盘考虑，忌不必要的重复；四要形式多样、讲求趣味，忌千篇一律、呆板僵化。

（4）复习巩固，查漏补缺

由于学生一天在课堂上所学的知识不可能全部掌握，需要通过练习来进一步领悟和强化，解决课上未解决的问题，使知识系统化、条理化，巩固课堂学习内容，为接下来的学习做好准备。

2. 自习辅导的做法

（1）明确目的

自习辅导应从知识学习、能力训练等方面来确定学习目的，从实际出发联系学生学过的知识并加以训练巩固。注重对学生能力的培养，否则将"捡了芝麻，丢了西瓜"，事倍功半。

（2）设计提纲

辅导提纲应体现辅导过程和内容，因为学生自习效果，很大程度取决于辅导提纲的优劣。为此要多角度、有重点地设计好每一个自习辅导计划，努力在培养学生分析和解决问题的能力上下功夫。

（3）点拨答疑

点拨答疑是以教师点拨、启发为主要形式的辅导活动。学生讨论问题遇到的困难，教师予以及时点拨，讨论中提出悬而未决的疑问，教师予以解释疏通，把讨论引向深入，以此达到有疑而思、因思而进的目的。

（4）因材施导

教师对学情和差异应做到心中有数、有的放矢、对症下药。对优生要防止可能产生的骄傲自满情绪，适当拓宽知识面，把他们带到知识较高的境界中去；对中差生要针对知识能力的薄弱点，设计练习题，采取不同的辅导方法，让每位学生各有所得。

（5）选题练习

练习题的选用，必须有代表性、典型性的。还要形式多样化，如选择、判断、填空、连线、改错、解答、分析、读图、制表、综合等，灵活多变，让学生有新鲜感和趣味性。

（6）当堂检查

自习辅导中的最后一步，就要看学生掌握的情况，看学生如何运用知识解决问题、分析问题。教师要注重对学生作业当堂检查，采取多种形式，对出现的错误应及时订正，指出问题产生的原因。

3. 早自习辅导"四有"

一是有任务，早自习的学习任务教师必须提前思考确定，于早自习前由科代表书写到黑板上，这样既可节约早自习的时间，也可充分发挥科代表的职责。教师设计的任务要和教学实际密切联系，要做到早自习成为学生课堂学习的有效延伸。二是有方法，早自习以学生自学为主，教师注重分层次辅导。首先，对不同层面的学生布置不同的学习任务；其次，对一些尖子生、学习困难的学生实施个别辅导，实现因材施教，同时进行学习方法的指导。以语文学科为例，可指导背诵课文的技巧性、指导课文默写的规范性、指导字词句的积累方法。三是有检测，每个早自习结束前几分钟，教师必须对所布置的学习任务进行有检测。检测的方法可灵活多样，教师抽查、学生互查、统一默写、讲解体会等。检测结果要有记录，对早自习学习效果不好的学生，可利用下个早自习继续监督完成未完成的任务。四是有效果，早自习是课堂学习的延伸，决定了早自习必须注重和课堂教学的有效衔接，唯此才能使早自习学习更高效。

（四）教学测评

学科测试是教学常规中的重要一环，其重要作用在于检测课堂教学效果，帮师生发现教学问题、查找薄弱环节，以利于调整教学、弥补不足、提高效率，而这一任务需通过实效的学情分析才能完成。

（1）三查看

查高分段学生在班级人数分布中的变化，看"培优转差"方案的落实情况；查同一类考题得分情况，看一下考后一百分的落实；查各班级和各学科平均分的变化，看一下班级管理和学科教研效果。

（2）四比较

比同一个班级的不同学科，哪个学科增分，哪个学科减分；比同一位教师为哪个班级增分，为哪个班级减分；比同一个班级在同次考试中的位次高低和不同次考试中的变化；比同一位教师在同一次考试中的位次高低和不同考试中位次的变化。

（3）五会议

①年级主任召开的年级教师分析会

通过年级考试学情分析，对近期考试成绩连续上升的班级、任课教师提出表扬。对近期连续三次下降的班级、任课教师，学校帮助找原因、拿措施、促落实，并在下次考试分析会上给出整改结果。对连续四次以上下降的班级、任课教师，学校将组织教学专家深入班级，采取谈话听课，查教案作业等方法，帮助解决问题。

②学科主任召开的学科教师分析会

要求在考试后第一备课活动日进行。备课组长要点出存在问题的教师和教师存在的问题，集思广益，找原因、拿措施，且做好记录备查。要求下一次考试前的备课室活动日，存在问题的教师要汇报问题整改落实情况，同样做好记录备查。

③班主任召开班级任课教师分析会

不拘形式，建议以集中或个别对接的方式召开，共同排定稳定型、上升型、下降型和临界型的学生名单，结合实际找出拔尖和转差的办法。要求作好会议记录，留在班主任工作实录上。

④学科教师召开的班级学生分析会

在考试分数出来后的第一节课进行。要求教师归类给出存在的共性问题和点出存在问题的学生，尤其是临界生。结合共性问题和共性学生，拿出解决问题的方法措施，并有教案记录，作为学校检查依据。对临界生和尖子生要求课后单独交流，并将交流记录写在教案上，作为教学教案的一项内容。

⑤班主任召开班级学生考情主题会

要求在考试结束第一次主题班会上召开。班主任总结考试情况，找出存在问题的学生和学生存在的问题，并做一次激励性教育。同时，班主任要定目标，给不同层次的学生提要求，重要是调整学法，拿出解决问题的措施。主题班会内容、方案要记在班主任工作实录上备查。

三、教学督导

为确保学校各项决策的贯彻落实和年级教育教学的规范化，学校需对年级教育教学实行定期督导，及时查找不足，发现问题、调整计划，促进发展、提高质量。面向年级，以全面评估各学科教学为根本，鼓励年级在规范管理的基础上，发挥优势，提高教育教学质量。

（一）督导方法

一看，年级班级整体面貌、室内文化建设等；二听，课堂教学授课、师生反映、年级领导汇报；三查，教师教案编写、教材运用、作业批改、自习辅导、答疑释疑等；四研，召开研讨会和开展专题调研；五评，对年级教学管理和教学效果进行评价，总结与反馈，提出意见和建议。

（二）督导内容

1. 课堂教学：师生风貌、课前预习、教学模式、组织教学、互动情况、问题设置、内容设计、风格特色、技术应用等。

2. 教案检查：目标设定、学情分析、重难点把握、活动设计、技术使用、教法运用、板书设计、作业布置、教学反思等。

3. 作业检查：作业次数、作业量值、作业人数、批改质量、批阅评语、学生订正、有无创新做法。

4. 考试检查：考试次数、考题设计、考卷质量、试卷批改、考情分析、考后反思、学生纠错、考后百分等。

5. 班级建设：安全教育、文化建设、规章制度、日常卫生、课间跑操、公物保护、节电措施、培优补差、班级理念等。

6. 教研活动：理论学习、同伴交流、集体备课、教研氛围、教研记录、听课评课、专题研究、计划总结等。

（三）督导反馈

1. 数据汇总

督导组成员对采集的信息，经过提炼后形成个人观点、相关例证及必要数据，并将观点、例证、数据如实填入督导工作记录表。督导考核结果不记分数、不排名次、不扣帽子、不打棍子。用集体评议形式，坚持标准、实事求是，在各成员提供的观点、数据及例证基础上逐条进行分析，对有争议的问题补充了解，查明原因。

2. 措施建议

教学督导意见的形成，要求成绩与问题并举，特色与建议同列，篇幅大致相当，重在鼓励和督促。整改部分要直面问题，指出不足、分析成因，做到中肯、具体。督导意见形成报告后，要与年级相关领导、教师形成对接，共同学习先进经验、分析解决问题，以期达到有效整合、优劣互补的目的。

四、高三管理

高三年级工作是学校教育教学工作的重中之重，正确处理好高三复习中若干关系是提高高三教学质量的关键。

（一）导与行，纲与目的关系

"导"意为引导，大则而言是高考纲要和说明，小则而言是学校总体要求。这是方向，要认真学习把握，常说"以纲为纲，以本为本"，就是这个道理。否则，差之毫厘、失之千里。

"行"即贯切落实，不能走样，该繁则繁，该略则略，该抛则抛，要重点突出、难点突破，精讲精练、脚踏实地，否则学习是低效，甚至是无效的。

（二）分与合，个与群的关系

"分"体现个性，分是为了细，具体有落实。年级有不少优秀者，个人能力很突出，优势很大，也有特色。但万紫千红才是春，整个年级好才是真的好。

"合"体现群体，分工合作，优劣互补，整体兼顾，合则多赢。以学科带全科、以班级带年级。班主任要给任课教师让条件，年级主任要给班主任让条件，备课组长要给学科教师让条件，同心同德，一并前行。

（三）时与效，多与少的关系

"时"意指功，没日没夜没周末，没节没假没星期。充分利用早中晚时间学习是部分学校的备考宝典。

"效"意指率，时间只是成功的一个因子，且不能无限制递增。成功的另一个因子是效率，这就是要注意巧干，不是疲劳干。注意方法技巧，提倡精干、注重效率。

（四）考与析，测与评关系

1. 考与练："考"具有正统性，如难易度、区分度、覆盖率、信效度等，而"练"重在针对性，具有灵活性，不拘于时长、题型和题数。考试具有阶段性，应是教学中有规律的安排，每隔一段时间进行一次，可自考和联考。而练习具有灵活性，考前考后、课前课后，堂练日练、周练月练，随时随地，不拘一格。"练"是为了"考"，严格说平时的各类考试都是为高考而练习，随时练习是为了平时考，平时考是为了最终的高考。反之，高考指导平时的模拟考，模考暴露问题，指导平时有针对性的练。

2. 评与析："析"是讲评的前提和基础。只有通过分析才能找准薄弱环节、不足和问题，评讲才能有的放矢，落到实处。"评"是分析的落实。准确的讲评才能补缺补差，实现知能提升。

（五）劳与逸，干与休的关系

成绩来自苦干实干，不干是绝对不行的。大家都在比着干、拼着干。只要学不死，就往死里学，就是这个道理。不过，磨刀不误砍柴功，是具有哲理的，苦干不是蛮干，更需要乐干。如让学生上好体育课，跑好大课操，唱几支小曲等，或许效果更好。

（六）粗与细，快与慢的关系

"粗"是对考标要充分了解，高考低频点和教材中的辅助章节都可概括复习，但粗讲不是不讲，而是少讲，有时可放给学生去学习。"细"是对教材中的主干知识，高考中的频考点，基础知识，要反复讲，结合问题讲，拓展讲，变化讲，多角度讲，做到真懂真会，熟练应用。

（七）外与内，我与他的关系

"内"指校本或自身资源，如学校教学特色、教研模式、措施方案，自己命题、自编教辅材料等。"外"指外校或他人经验，外来试卷、外编教辅，外出学习，外来讲学等。

（八）教与辅，主与次的关系

"教"即课本知识、教材内容，课堂教学效果和效率等。"辅"即教学辅助，外部考卷、课后作业，自习辅导等。

（九）管与放，死与活的关系

"管"即校规校纪、学习制度，这是提高质量的保障，学校各年级各处室，都应有管理措施方法。"放"即不能管的太死，要给学生自主活动的时间，发挥他们的主观能动性。

（十）奖与惩，激与促的关系

"奖"就是表彰和激励，可通过宣传栏，信息网络，表彰大会，荣誉称号和发放奖品等来调动学生的积极性。"惩"就是批评教育，严明纪律。当然批评面不宜太大，要有针对性，使学生有触动，有鞭策和促进作用。

【巩固与提高】

1. 何谓校本教研？试论"校本教研"开展的意义和方法。

2. 常规教学包括哪些内容？举例说明如何做好常规教学工作。

3. 教学督导是各项教学工作落到实处的重要手段，请简述教学督导的内容和方法。

第26讲　学科教研组和备课组的建设方略

以科研"推"教研，以教研"促"教学，以教学"提"质量，以质量"求"生存。科研是解决教育教学未知的问题，教研是解决教育教学实际困惑的问题，教学是解决知识和技能、过程和方法、情感态度和价值观的传授问题。教研是教师专业成长的助推器。教研像根扁担，一头挑科研，一头挑教学。

一、年级备课组建设

（一）备课组构建

备课组原则上分学科、年级设立，同一学科同一年级教师数少于3人的可以跨学校成立联合备课组，个别特殊学科可跨年级组建综合备课组，集体备课一般按每个教学单元进行，每周至少1次。

（二）备课组职能

备课组的工作职责是：研究制定年级学科教学计划，认真组织集体备课活动，研究改进对学生学习活动的评价，加强本年级学习困难学生的帮扶。

1. 每学期初，根据学科课程标准、学科特点及教学要求，制定详细、具体、可行的学科教学计划，按单元进行集体备课，对教材体系进行分析，研究教学重难点，安排教学进度。按照教学要求，逐课进行教材分析，共同确定教学重难点、教学最佳方案，以及课时教学计划的基本结构。

2. 组织集体备课活动，集体备课可打破时空限制，重在讲求实效，采取即时与定时相结合，鼓励教师交流研讨，倡导团结互助与合作研究。集体备课活动每次都要做好记录，主要内容包括：备课时间，备课教师（包括主持人和记录人）、备课内容，还要重点记下备课时争论的问题、每人发言的要点等。

（1）集体备课流程

集体备课分个人初备、集体研讨、修正教案和教学实践四个环节。具体流程是：确立课题→组内讨论→确定主备（形成初案）→集体研讨（形成共案）→个性设计（形成个案）→交流反思（跟踪修正）→教学实践（形成正案）。

（2）集体备课模式

①以学科为参照的横向分

第一，同年级同学科的集体备课。这是最常见的模式，只要同年级有三个老师就可举行，"三个臭皮匠，顶个诸葛亮"。第二，同学科不同年级的集体备课。同学科有许多相同的规律，也有许多相同的问题，大家就共同的问题搜集资料、出谋划策、集体攻关，总比"单打独斗"要好得多。第三，不同学科同年级集体备课。这种模式主要是针对学生，解决学生方面的问题，如学习习惯、组织教学、注意力集中、拖欠作业、思维训练问题等。

②以主题为参照的纵向分

第一，主题式集体备课，即每次集体备课有一个明确的主题，这个主题来自老师，由对该主题感兴趣的老师牵头搜集资料，并结合自己的教学实践整理，其他老师独立思考。集体备课时，先由"牵头人"发言，其他老师分享与补充。第二，教学式集体备课，即大家借助一个课题或共同问题先行思考，在集体备课上，先由一位老师上课，其他老师就自己准备的问题有目的地听课，并就关注的问题进行评议。第三，指导式集体备课，即由教研室组织，邀请专业研究人员就共同的问题进行指导，并在指导过程中与老师互动，答问、释疑或解惑。第四，网络式集体备课，即借助专业网络，如教育部下属"新思考网""中国课堂教学网"等，借助网上"论坛""博客"，进行集体备课，最方便、最快捷、最实惠、最有效。

3. 组织备课组教师学习教学理论和课程标准。首先，确定领学人，给出学习内容以及重点讨论的问题。制定导学案，人手一份提前发给参会教师，引领学习，提高学习效果。其次，每次学习后都留下思考题，写出学习心得，由备课组长上交教科室备查。最后，将课标学习与实际教学课例结合起来，边学边思、边学边用，力求吃透课标。

4. 进行教学质量分析，共同研究改进教学工作方法，落实提高教学质量的有关措施。要求考试后第一个备课活动日进行学情分析，备课组长要点出存在问题的教师和教师存在的问题，并集思广益，找原因、拿措施，做好记录备查。下一次考试前的备课活动日，存在问题的教师要汇报问题整改落实情况。

二、学科教研组建设

（一）教研组构建

教研组分学科、分校建立，规模较大的中学，一般应分学科设置教研组，规模较小的中学，特别是农村学校，可跨学校设立联合教研组或相近学科的综合教研组，教研组每周至少开展一次活动，活动地点由学校规划，也可由各组教师自主确定。

（二）教研组职能

工作职责是：组织开展业务学习，广泛开展教学研究活动，开展教育科学研究，协助学校加强教学管理，参与学校课程建设，做好教师培训工作。

1. 教研组应集思广益，强化质量意识，在学校总体计划下，结合本学科特点，制定好三年发展规划、一学年的发展计划和一学期的工作计划。计划包括教研组的奋斗目标、教学质量目标、教师培训目标、教学问题研究的目标。

2. 带领本学科教师学习业务，监管年级集体备课活动，定期或不定期进行听课调研。有计划地组织学科教学研究课、公开课和示范课，及时发现问题、提出建议，并总结交流和推广经验。

3. 依据现代考试理论，研究本学科考试命题的基本原则、操作流程和具体要求，协助做好年级校内考试命题和评卷工作。

4. 收集本学科高考改革信息，结合学校毕业班的教学实际，研究高考或中考的应试方法，探究自主招生的考试策略。

5. 根据需要进入年级、班级、学科进行教学质量的调研，写出相关分析报告，提出改进学科教学的方法和措施。

6. 调研本学科常规教研和教学存在问题的原因，如备课效率、作业优化、实用教辅、尖子生培养等，为学校制定"培优转差"等相关方案提供依据。

7. 注重学科教师培养。推荐学科教师积极参与各级各类评优活动，根据学校计划组织好学科教师外出参观学习和观摩考察，安排好在校内外举行的各级各类教研活动。

8. 运用现代教育技术整合本学科教学资源，主持编写校本教材和教学辅助资料，服务于教学。同时，利用校园网络和媒体技术，建立学科网络教学交流平台，如开通博客、微信、QQ群等，实现即时教学交流。

9. 围绕学校工作重点，秉承"疑题就是话题、话题就是问题、问题就是课题"的校本教研理念，抓好学科教育科研课题的申报、立项、开题、研究与结题工作，尤其是最贴合实际的校级课题研究，如"每周一题"和"一题一议"等。

三、学校学科组建设

（一）认真处理教研组和年级组关系

1. 学校年级组与教研组并不是对立的机构，作为学校工作的两个重要支柱，不可偏废。年级组工作基于学校行政管理，目的在于督促教师有效地完成教学任务；教研组工作则基于学校教师专业发展，目的在于督促教师提高教学能力，提高教育教学质量。

2. 教研组建设要与年级组管理并行发展，年级组重学生的教育发展，教研组重教师的教研发展，以教师的发展服务于学生发展。

3. 教研组和年级组的工作是互相依赖、联动实施的。学校要加强教研组与年级组工作中的交流、融通与整合，最大限度地发挥两个组织在学校工作中的合力作用。

（二）健全教研工作组织和教研制度

1. 学校要建立健全教研工作组织，形成"教科室（教务处配合）→教研组（年级组配合）→备课组→教师"的学科教研网络。

2. 教研组和备课组要配好一个带头人、形成一种凝聚力、蔚成一股教研风。着实把教研组、备课组建设成为一个紧密型的学术团队，真正成为"教研共同体"。

3. 要建立教研组和年级组协调管理备课组的机制，教研组代表教科室站在专业的制高点上指导和评价备课组工作，年级则从行政上加以督促检查，并提供备课组活动保障。

（三）明确教研组和备课组工作职能

1. 计划与实施。学科组统筹备课组工作，确定工作目标。科学制定教研组学年、学期、阶段工作的计划，并付诸实施。

2. 组织与研究。科学安排教研组阶段性、学期性的教学研究活动，不断浓化教研组的研究氛围，主动协调备课组之间、同组教师之间的教学研究关系。

3. 督查与管理。对学科教研工作过程和状态进行经常性、阶段性、重点性的检查与督促，以强化教研工作的过程管理。

4. 活动与指导。定期组织教师积极参与校内外的教学研究活动，如教学观摩、参观学习，以加强业务指导。

5. 学习与培训。加强教师的业务学习和培训，促进教研组的整体优化。另外，还要加强教研组过程性和终结性材料的建设积累，以丰富校本教研资料。

（四）创新教研组和备课组工作方法

集体备课是提高课堂教学质量的重要保证，是培养青年教师的重要手段。集体备课要坚持个人钻研与集体研讨相结合；教案和学案相结合；主备人说课和参备人研课相结合，做到全心投入，真心研讨。在集体备课的基础上，积极倡导二次备课、三次备课。做到人员、时间、地点、内容、程序、效果的"六保证"和进度、要求、内容、练习、考试的"五统一"。

集体备课活动是一项专业性很强的活动，不能仅靠年级组的行政管理，需要专业引领。年级组主要为集体备课活动提供保障、解决落实上的困难，教研组要加强对集体备课的业务指导、评价管理。学校要加强对备课组学科教学质量的捆绑式考核，增强合作意识，切实提高备课效果。

（五）督促检查教研组和备课组活动

1. 教研主题报告制：备课组要按计划确定每周教研主题，并及时通知本组教师，以便提前撰写发言稿。每周初备课组长要把教研主题报告表交到学校教科室。

2. 学科组长巡察制：常规教研会，各学科主任要深入到备课组，检查、督促、指导、了解备课室活动情况，并做好巡查记录。

3. 教师发言讲稿制：每位教师要提前写好发言稿，规范发言内容，会后统一交备课组存档，纳入学校教师评价考核。

4. 教研评定等第制：每学期结束，各年级备课组，依据每位教师教研活动情况，对每位教师进行评价，分 A、B、C 三个层次，比例为 3：5：2。分别按教师业务档案赋予教科研成绩总分的 0.85、0.75 和 0.6 的折合分数记入个人档案。

【巩固与提高】

1. 谈谈"年级备课组""学科教研组"和"学校学科组"的主要职责和不同职能。

2. 教研组和年级组是当前学校的两个重要团队，请结合实际说说两者的分工与合作关系。

3. 简述学科教研组和年级备课组建设的内容与方法。

第 27 讲　名师团队建设的有效途径

早在 2012 年，国家教育部《国务院关于加强教师队伍建设的意见》中就强调："教师是教育事业发展的基础，是提高教育质量、办好人民满意教育的关键。"其指导思想是："全面贯彻党的教育方针，遵循教育规律和教师成长发展规律，把促进学生健康成长作为教师工作的出发点和落脚点，围绕提高教育质量的要求，创新教师管理体制机制，以提高师德素养和业务能力为核心，全面加强教师队伍建设，为教育事业改革发展提供有力支撑。"具体目标是："到 2020 年，形成一支师德高尚、业务精湛、结构合理、充满活力的高素质专业化教师队伍。"同时还要求："实施中小学名师名校长培养工程，改进教师评选和管理工作，支持鼓励教师和校长在实践中大胆探索，创新教育思想、教育模式和教育方法，形成教学特色和办学风格，造就一批教育家。"足见国家对教育和对教师培养的高度要求和重视程度。

一、学科基地的创建

（一）指导思想

中学学科基地是学科教研的载体，以"实施素质教育，整合区域中学教研骨干力量，充分发挥基地学校及学科教研组的优势，加强校际交流与合作，深化中学课程改革，优化课堂教学管理，形成学科特色，打造名牌学科，培养名牌教师"为指导，努力提高区域教学的效率和质量，进而推动区域中学教育教学又好又快地发展。

（二）目标宗旨

1. 依托中学学科基地，促进区域中学教学交流，不断总结和推介成功经验，最终发展成为一个真正意义上的学习型、研究型的学术团体，推动区域中学新课程教学改革和教学质量的提高。

2. 以中学学科基地建设为契机，提升学科教学力量，培养品牌教师，带动教师群体成长，促进学科整体提高，服务于教育教学改革，最终形成学校的品牌学科，并向全部学科辐射。

3. 使学科教师树立终身学习的意识，结合个人教学实际，恰当选择教研切入点，投入教育科学研究。并在教师之间形成互相切磋、团结协作的合作氛围，养成求真务实、谦逊严谨的教研作风，最终成为专家学者型教师。

（三）基本原则

1. 服务教学的原则：中学学科基地的工作，要从有利于教学、提高区域教学质量、促进学生学习的角度出发，使学科基地成为区域教学研究中心，教师和学生学习交流的资源中心。

2. 通力合作的原则：依托行政教研机构，聘请中学名师、学科带头人等组成学科基地指导组，集区域骨干力量，共同推进学科基地建设，保证学科基地各项工作顺利进行。

3. 科研引领的原则：教学研究以课堂教学为主阵地，贯彻新课改精神，积极开展课堂教学的研究，大胆进行课堂教学模式的改革，切实转变教与学的方式，进而提高中学学科教学的质量。

4. 自主创新的原则：以学校教研组建设为抓手，弘扬教研组在学科基地建设工作中的自主创新精神，开展以"合作学习和科学与人文融合"为特色的教学试验，并在实践中勇于创造和大胆探索。

（四）工作职责

1. 指导组要把握教学研究的方向，对中学学科基地各项工作提出具体指导意见，并及时督促落实。指导组成员每学期至少 1 次亲临基地，指导教学教研工作，抓实抓好中学学科基地的建设工作。

2. 基地团队要在领导组和指导组的指挥下，深入开展学科的理论研究和实践探索，及时收集、整理、分析、研究课改动态，并将各类教学信息及时提供给区域各基层学校。每学期有计划地举办区域性学科教研活动，如举行公开教学研讨、邀请名优教师讲学、上示范课，组织听课调研、送教下乡等活动，及时总结经验，并积极撰写教学研究心得、教学案例、教科研论文，力争出一定水平的教研成果。

3. 基地团队要加强资源库建设，认真办好学科网站。网站要开设课改动态、教研窗口、教学资源、考试在线、名师讲座等栏目，为教师自主交流和学生自主学习服务。

（五）工作任务

1. 课题研究：在区域范围内开展中学课堂教学的课题研究，以课堂教学为对象、以教学设计为抓手，强化课题研究的时效性。通过课题研究这一有利载体，使教师自觉学习教育科研理论，促进教育理论和教育实践有效地接轨，加快教师成长的步伐。

2. 校本研修：依托学校教研组，针对中学教学进行科学性诊断，变话题为问题，变问题为课题，认真做好应对策略研究。包括研究各学段学习要点和知能落实情况，以及研究教学要求、教学评价和检测情况，并配合区域教研机构承办大型教学研讨活动等。

3. 课程培训：学科基地要按照上级要求，积极组织中学教师参加国家级、省级、市级新课程通识培训、学科课程标准培训等，研修课程方案，准确解读学科课程标准，细化课程标准在学科教学中的落实。

4. 评教评学：基地成员要认真研究课堂教学，注重听课、评课和集体磨课，创新教学设计，提高课堂教学效率。积极参加每年一度的区域"名师工程建设"评选活动，上好公开课和优质课。

5. 考试研究：基地成员要认真研究考试命题和试卷分析，尤其是高考或中考命题与应考方法，同时，配合区域教研机构做好中学各阶段适应性考试试卷的命制、审阅、研讨工作。

6. 名师讲座：学科基地将定期邀区域内外教育教学知名专家举办学术讲座，充分利用区域特级教师、教育名师、骨干教师、学科带头人等宝贵教育资源，加强对薄弱学校的帮助和指导，促使尽快提高学科教学质量，实现共同发展。

7. 示范辐射：学科基地每年不定期选派优秀教师到区域各校支教，将先进的教学理念和教学方法送到各基层学校。

（六）保障措施

1. 明确管理责任：中学学科教研基地的有关工作和活动，由学科基地领导小组组长全面负责，基地领导小组办公室具体负责实施，重大问题报请指导组协调解决。

2. 建立资料文档：学科教研基地学校必须建立专项档案，在学科基地开展的各项活动，包括区域性教研活动，由基地办公室负责做好记录，再将相关活动资料及时收集、整理归档，并妥善保管。

3. 落实考核评价：制定《中学学科基地工作考评细则》，定期由区域教育机构组织对学科基地活动情况进行督查。每学年上级业务主管部门对学科基地履行工作职责情况及工作成绩进行综合考评。

4. 落实活动经费：由学科基地所在学校，负责定期拨一定经费用于基地各项活动，每学年对在基地各项工作中表现突出、作出重大贡献的成员进行奖励。

（七）活动载体

中学学科基地成员自身建设要求，可概括为"十个一"，即每人帮扶一所学校的薄弱学科、带一位刚入职的新教师；每2至3年完成一项省或市级教育科研课题的立项研究；每学年公开发表一篇专业学术论文；每学期读一本专业理论书籍，做一次市县学科统考命题，搞一次学科实验设计或课件制作，开展一次课外学科教学活动或社会调查研究；每月举行一次学科讲座或上一节教学公开课，进行一次问题学生家庭访谈等。

二、名师工作室建设

（一）名师与校长

说起名师、名校和校长的关系，徐智宏校长说："因为北大有一支德高望重、学识渊博、用生命做学问、用心血写文章的大师队伍。"由此可见，名师造就名校，名校培养名师。先有名师，才能有名校。他反对"有一个好校长就会有一所好学校"的说法，"这在一个特定的环境中可以成立，但不具有普遍性"。然而，一个好校长必须为教师成为名师创造条件，"让名师焕发风采，让青年教师脱颖而出"。

（二）名师与群体

学校全体教师必须是一个团队合作关系，名师是这个团队中的一员。华东师大教育科学院院长丁钢认为：一个优秀的教师必须能够做到和同事之间同帮互助、相互欣赏、相互支持和相互合作，承认自己需要取得同事的支持，尽力维持教师之间的良好关系，接纳同事在教学方面的意见。名师的作用更在于带动整个教师群体的发展，造就更优秀的教师团队。反过来，优秀团队也会加速更多的名师成长。从这个意义上讲，培养名师不是最终目的，其目的是让每一位教师都能够朝着优秀的方向发展，而名师就是那个扛着旗子走在前面领路的人。

（三）名师的培养

1. 指导思想

以科学发展观为指导，以"名师工作室活动"为载体，坚持自主学习与名师示范相结合，积极开展教育教学研究活动，通过专家引领、课堂观摩、课后反思、教育科研、论文撰写等方式，促进成员的快速成长，使工作室真正成为教师专业发展的平台。

2. 工作目标

充分发挥"名师工作室"在教育教学、课题研究、师资培养等方面的示范指导和引领辐射作用，努力把"名师工作室"建设成名师培养的园地、资源辐射的中心、经验对话的平台、教育科研的基地、教师成长的阶梯。

3. 培养规划

总体目标	具体目标		第一学年度	第二学年度	第三学年度	方法措施
工作室将围绕学校"健、博、雅、智"的教学目标，以服务中学理科教学为先导，坚持自主学习与名师引领相结合的原则，以现代教育技术为手段，开展教学研究活动，通过读书、观摩、研讨、反思等方式，促进全体成员的快速成长，使工作室成为"交流的平台、成长的阶梯、名师的摇篮、教研的团队、辐射的中心"，继而实现中学理科教育教学高标准、高质量的发展目标	职业素养	师风师德	学各种教育法规，写出学习感悟	知法用法，依法施教，关爱学生，写教育叙事	治学修身，立己达人，做教育标兵，展现教师风采	1. 依托学校，加强团队人文建设：思考教学理念提升、教学策略优化、为人处事态度。以常规为抓手、以教研为载体、以督查保落实、以评价促发展、以反思促转型；2. 务实进取，要求成员每个学期：读一本专业理论书、上二节公开课，命一套测试题，带一个兴趣小组，开展一次课外调研，写一篇教研论文，制一件教学用具，写三篇优秀教学设计，参加一次教学比赛，做一次教学交流，申报一项科研课题，通过听、说、学、研、写，夯实基础，提升教学艺术；3. 督促检查，以考核促工作落实：学期结束，对成员进行与考核，形成材料，记入工作室成员档案
		教育理念	学先进教育思想，参与新课程改革	践行先进教育思想，感悟体会，融合自己	自我扬弃，形成个性教学思维，展现个性特色	
	教育管理	班级管理	学习班级管理方法，争做班主任	实践探究，学习他人，当个称职的班主任	理论提升，做好管理，做一位优秀的班主任	
		学科管理	学习学科知识内容，提炼学科知识	参与学科知识探究，不断提升知识管理能力	归纳运用，驾驭学科知识，做学科带头人	
	教研科研	发表论文	撰写教育教学叙事，多写教学反思	积极撰写教育教学论文，参与省、市论文评奖	总结教育教学经验，发表有价值的教育教学论文	
		编写教辅	编写教学设计和专题教学讲座教案	参与校本教辅资料编写，为课堂教学助力	著书立说，参与编写教辅材料，出教育教学成果	
		高考研究	多做学科高（中）考真题试题	研究3至5年的高（中）考真题，总结命题规律	掌握高（中）考命题方向，预测高（中）考试题	
		课题研究	学习科研方法，进行校级微课题研究	总结提高，进行市级教研课题的申报和研究	借助名师团体，进行省级教研课题的申报和研究	
	教学技能	基本素能	写正楷字，说普通话，练板图版画	有设计实验、制作微课与教学课件的能力	教态自然，技能丰富，行为儒雅，基本功扎实	
		教材把握	学不同版本教材和中学教师专业标准	吃透课标精神，掌握并灵活运用学科教材	灵活运用，驾驭教材，用"教材"教，非教"教材"	

总体目标	具体目标		第一学年度	第二学年度	第三学年度	方法措施
工作室将围绕学校"健、博、雅、智"的教学目标，以服务中学理科教学为先导，坚持自主学习与名师引领相结合的原则，以现代教育技术为手段开展教学研究活动，通过读书、观摩、研讨、反思等方式，促进全体成员的快速成长，使工作室成为"交流的平台、成长的阶梯、名师的摇篮、教研的团队、辐射的中心"，继而实现中学理科教育教学高标准、高质量的发展目标	教学技能	课堂教学	认真备课，把握目标，编写详细教案	多听课、多研讨、多感悟，不断反思	驾驭课堂，会上多种类型课，效率高、效果好	1.依托学校，加强团队人文建设：思考教学理念提升、教学策略优化、为人处事态度。以常规为抓手、以教研为载体、以督查保落实、以评价促发展、以反思促转型；2.务实进取，要求成员每个学期：读一本专业理论书、上二节公开课，命一套测试题，带一个兴趣小组，开展一次课外调研，写一篇教研论文，制一件教学用具，写三篇优秀教学设计，参加一次教学比赛，做一次教学交流，申报一项科研课题，通过听、说、学、研、写，夯实基础，提升教学艺术；3.督促检查，以考核促工作落实：学期结束，对成员进行与考核，形成材料，记入工作室成员档案
		作业批改	结合教学，合理布置，认真批改作业	多批多改，面批面改，熟悉学生易错点	从作业关注学情，透视薄弱知识，巩固教学成效	
		教学辅助	辅导必到，关注个体、讲清问题	分层辅导，分析解题思路，给出解题方法	精辅精导，点面结合，重点突破，全面受益	
		评教评学	多听课，多评课，多上公开课	会听课、会评课，多上研讨课和探究课	登大台、多参评、多比赛，上好优质课	
		测试命题	研究教学测试，学习命题方法	参与校级命题，有较好的难易度和区分度	参加区域联考命题，会分析评价，并写出评价报告	
		教学风格	结合实际，寻找适合自己的教学风格	选取平台，展现自己的教学风格	总结提炼，形成自己的教学风格	
	拔尖培优	竞赛辅导	研究学科奥赛，吃透竞赛大纲精神	多做竞赛真题，积极参与竞赛辅导	掌握奥赛辅导方法技能，出优秀奥赛成绩	
	团队建设	团队力量	个人拼搏、团结友爱，交流合作	互帮互助，集体协作，共同攻关，合作共赢	打造优质教学，展现名师团队风采，辐射周边学校	

4. 春华秋实

（1）编写材料，提高成员的写作能力

①创建学科题库：教育教学离不开测试，测试离不开试卷，试卷离不开试题。只有试题组成优质试卷，才能使考试具有区分度、信度和效度，因此，搜集编辑和创新试题，建立试题库，开发组题软件对巩固教学成果具有重大意义。创建《中学学科试题库》，不仅有利于教学测试，提高考试的有效性，也是教师

教学教研的行动体现，也是教学资料的积累和教学成长的过程。工作室要求每个成员依据《高考纲要》，每期每节上传 3～5 道自编题或改编题。若不是原创，一定要注明试题的出处。

②开发校本教材：校本课程开发是国家新一轮课程改革的重点，对于学校实现办学宗旨、体现办学特色，有着非常重要的价值。据此，工作室编写了校本教材《漆园风韵》《物理大课堂》，走出了一条专业成长有效途径。

③编写教辅材料：如《高中必修教材同步学习 1＋1》中的"1＋1"表达的是"老师＋学生"，也表达"课堂＋课外"，包括课前预习、课堂学习、课后强化，深受一线教师欢迎。再如，《中考复习 60 日》是工作室成员专为初三复习迎考全力打造的教辅用书，全书设置"考点搜索""金石点击""考题在线""相关链接""题海冲浪""知能升级""模拟考场"等 7 个栏目，将中考知能考点合理分布在 60 日之中，符合考生特点和认知结构，供中考学生考前连续 60 日或累计 60 日复习使用，是名师工作室成员对中考复习的倾情奉献。

（2）加强科研，提高成员的科研能力

工作室成员非常重视教育科学研究，基本做到人人有课题。近年来，立项研究的省市级课题就有 10 多项，省级课题有："在农村初中运用 CAI 进行教学的研究""学生参与自制教具对学生情感态度及价值观提升的研究""现代信息技术背景下中学教学创新能力的培养""四环学案导学模式研究"。市级课题有："中学高效课堂和有效教学模式的研究""如何提高初中复习的有效性""对高三学生学习现状的分析与研究"等。

（3）创建网站，提高信息交流的能力

努力建设和利用名师工作室网站，利用这一交流的空间、辐射的平台，追求"实用"的宗旨，努力做到每位浏览工作室网站的老师均能有所收获。同时，不断增大信息量、更新网站内容，努力将网站打造成领衔人和工作室成员展示教育教学研究成果的平台，与外界进行交流的桥梁，最大限度地显示名教师工作室的辐射和交流功能。具体做法是：工作室建立 QQ 群，有专人负责；工作室成员开微博、博客或个人网站，进一步搭建成员之间交流的平台；开展多种形式的教研活动。同时，利用好校园网和区域教育网，开设信息中心、考试在线、教研窗口、名师成长、课改动态、教学资源、校本课程、实验教学、竞赛辅导、课堂教学、学习园地等栏目。要求各成员要把教育教学中的困惑或经验、心得及时传到网站上，以利于资源共享。

（四）团队的建设

1. 合作力量

（1）相互关联

一个农场主在他的粮仓里放了老鼠夹子，老鼠发现了去告诉母鸡。母鸡看了看老鼠说："这和我有什么关系，你的事，自己小心吧"，母鸡说完走了。老鼠又跑去告诉肥猪。肥猪淡淡地说："这是你的事，还是自己小心为好"，说完慢悠悠地走了。老鼠又跑去告诉大黄牛，大黄牛表情冷漠地说："你见过老鼠夹子能夹死一头牛的吗？祝你好运"，说完也骄傲地走了。

后来老鼠夹子夹到了一条毒蛇。晚上女主人到粮仓里取粮食时被这条毒蛇咬了一口并住进了医院。男主人为了给女主人补身体把母鸡杀了。女主人出院后亲戚都来看望，男主人把肥猪宰了招待客人。为了给女主人看病欠了很多钱，男主人没办法把大黄牛卖给屠宰场宰了。

凡事不要以为和自己没关系，有联系就有了关系。一个人无论在生活中还是在工作里，都不应该抱着事不关己、高高挂起的心态，要懂得担当，维护别人、维护团队，就是维护自己。成就他人，才能成就自己。

（2）互帮互助

"事不关己，高高挂起；事若关己，谁来帮你"。小合作要放下自我，彼此尊重；大合作要放下利益，彼此平衡；一辈子合作要放下性格，彼此成就。每个人一生都需要有个这样的朋友：他有难时，你撑着；你有难时，他撑着。人帮人，心靠心，守住朋友，才能风雨同舟。情暖情，心交心，拥有感情，才能天长地久。工作如此，友谊如此，事业亦如此！

2. 团队建设

（1）协作概念

协作能力对于一个团队至关重要，设团队总能力为 A，队长的团队组织能力为 a，每个队员的平均个人能力为 b，队中人数为 c，团队协作能力为 d。由有：$A = a \times (bc)(bc)(bc)\ldots(bc)(bc)$，共 d 个（bc）相乘。可见，团队协作能力的巨大作用。

（2）团队优势

①团队大于个人：一个团队的力量远大于一个人的力量。团队不仅强调个人的工作成果，更强调团队的整体业绩。团队所依赖的不仅是集体讨论和决策，同时也强调成员的共同贡献。"一加一"的结果大于二，也就是说，团队工作成果往往能超过成员个人业绩的总和。

②共同奉献是本：在一个团队里面，只有大家不断地分享自己的长处优点，

不断吸取其它成员的长处优点，遇到问题要及时交流，才能激发团队的工作动机和奉献精神，让团队的力量发挥得淋漓尽致。

③协同合作是核：协同合作是任何一个团队不可或缺的精髓，是建立以相互信任基础上的无私奉献。团队精神的最高境界是"不抛弃，不放弃"。

（3）队员关系

①尊重：尊重没有高低之分、地位之差和资历之别，尊重是团队成员在交往时的一种平等态度。平等待人、有礼有节，既尊重他人，又尽量保持自我个性。尊重意味着尊重他人的个性和人格、尊重他人的兴趣和爱好、尊重他人的感觉和需求、尊重他人的态度和意见、尊重他人的权利和义务、尊重他人的成就和发展，尊重还意味着不要求别人做你自己不愿意做或没有做到的事情。

②欣赏：学会欣赏、懂得欣赏。很多时候，欣赏团队的每一个成员，就是为团队增加助力；改掉自身的缺点，就是消灭团队的弱点。欣赏就是主动去寻找团队成员的积极品质，努力克服和改正自身的缺点和消极品质。团队的效率在于每个成员配合的默契，而这种默契来自于团队成员的互相欣赏和熟悉，最主要的是扬长避短。

③宽容：雨果说过，"世界上最宽阔的是海洋，比海洋更宽阔的是天空，而比天空更宽阔的则是人的心灵"。宽容是团队合作中最好的润滑剂，它能消除分歧和战争，使团队成员能够互敬互重、彼此包容、和谐相处，从而安心工作，体会到合作的快乐。宽容并不代表软弱，在团队合作中它体现出的是一种坚强精神，是一种以退为进的团队战术，为的是整个团队的大发展，也是为个人奠定有利的提升基础。

④平等：当每一个团队成员都处于相同的起跑线上时，他们之间就不会产生距离感，在合作时就会形成更加默契和紧密的关系，从而使团队效益达到最大化。

⑤信任：团队是一个相互协作的群体，它需要团队成员之间建立相互信任的关系。信任是合作的基石，没有信任，就没有合作。信任是一种激励，信任更是一种力量。团队成员在承受压力和困惑时，要相互信赖，就像荡离了秋千的空中飞人一样，他必须知道在绳的另一端有人在抓着他；团队成员在面临危机与挑战时，也要相互信任，就象合作猎捕猛兽的猎人一样，必须不存私心，共同行动。

⑥沟通：敢于沟通、勤于沟通、善于沟通，让所有人都了解你、欣赏你、喜欢你。团队成员唯有秉持对话精神、汇集经验和知识，才能凝聚团队共识，激发团队力量。团队成员沟通时，最重要的八个字：我承认我犯过错误！最重

要的七个字：你干了一件好事！最重要的六个字：你的看法如何？最重要的五个字：咱们一起干！最重要的四个字：不妨试试！最重要的三个字：谢谢您！最重要的两个字：我们！最重要的一个字：您！

⑦负责：负责即敢于担当，对自己负责，更意味着对团队负责和对团队成员负责，并将这种负责精神落实到每一个工作的细节之中。团队在运作过程中，难免出现失误，若是每次出现错误都互相推卸责任，这个团队就没有存在的价值。并且一个对团队工作不负责任的人，往往是一个缺乏自信的人，也是一个无法体会快乐真谛的人。要知道，当你将责任推给他人时，实际上也是将自己的快乐和信息传递给了他人。任何有利团队荣誉、有损团队利益的事情，与每一个团队成员都是息息相关的，所有的人都拥有不可推卸的责任。

⑧超越：强调团队合作，并不意味着否认个人智慧、个人价值，个人的聪明才智只有与团队的共同目标一致时，其价值才能得到最大化的体现。成功的团队提供给人们的是尝试积极开展合作的机会，而人们所要做的是，在其中寻找到生活中真正重要的东西——合作的乐趣。团队成员只有对团队拥有强烈的归属感，强烈地感觉到自己是团队的一员，才会真正快乐地投身于团队的工作之中，才能体会到工作对于人生价值的重要性。

【巩固与提高】

1. 名师成长学习的内容主要包括哪些？简论名师团队建设的重要性。

2. 学科基地建设的基本原则是什么？主要任务有哪些？

3. 结合本讲内容，谈谈"名师与校长""名师与群体"的工作关系，以及团体建设的重要性。

第28讲　优秀班集体的建设策略

　　班主任要对教育有敬畏之心，尊重学生和自己的职业。不做庸师，守住教室，与学生一起成长；以纯真天性，书写灵魂里纯净的教育诗歌。自尊者，人尊之；自爱者，人爱之。能否找回自己的内在自尊，不仅决定着一个班主任是否"有光"，还决定着一个班主任是否真正的幸福。卓越的班主任，都是把教育当成"命业"，都是有光的行者和思者。他们超越分数及纪律，以生命在场的姿态，唤醒、点化和润泽着生命。

一、班主任工作的重要性

（一）一个好班主任就是一个好班级

　　"一个好班主任就是一个好班级"与"一个好校长就是一所好学校"是一个道理。班级形成什么样的风气、文化、精神，班级学生发展到什么程度，都决定于班主任的思想境界和工作思路。如果从一名学生的小学追踪到高中、大学，甚至走向社会，你会发现学生的一言一行和生活习惯都模仿班主任，尤其是思维方式，包括走向社会从事的职业，受班主任思想影响最大。

（二）一个好班主任就是一位好领导

　　一个班级就是一个小单位，一个单位的事在一个班级里基本都能遇到。在学校班主任大、小事都要管，学校的事都需要通过班主任去落实。所以，要想做领导，就要先做好班主任，班级管好了，管一个单位的思路就都有了。

（三）班主任是班级教学团队的核心

　　班级作为一个教学团队，内有几十名学生、近十位教师，外有年级组、备课组、德育处、教务处、教科室、总务处、团委、校长室等。班级团队工作的优劣起决定作用的是班主任，班主任最重要的是发挥好三个核心作用。一是凝聚协调任课教师，二是凝聚好几十名同学，三是班级建设的引领。班主任的核心作用在形式上往往表现为班级服务、为任课教师服务和为学生服务。

（四）班主任是学校德育工作的骨干

　　班主任工作是对学生进行日常思想品德教育和指导学生健康成长的重要载体。班主任以其创造性的工作和奉献精神，对学生的成长产生直接影响。班主任对学生的直接管理、组织、教育所付出的心血和精力，是其他教师不能相比的。实践证明，保证学校教学秩序正常化的基本力量是班主任。任课教师不得力，可能出现乱堂，而班主任不得力，就会出现乱班。一个学校哪怕只有一个乱班，学校教学秩序都难以安定，就会对整体工作产生冲击。

（五）班主任是家校教育渠道的桥梁

随着社会经济的发展和改革开放的深化，学校与家庭（包括社会）联系越来越频繁。教育社会化、社会教育化，成了重要的发展趋势。班主任是学校与家庭、社会联系的直接代表，是沟通学校、家庭和学生的桥梁。班主任必须关注社会、走向家庭，对来自各方面的信息进行鉴别筛选，给予学生必要的协调和指导，最大限度地增加社会和家庭影响的可控性。班主任是三种教育力量沟通的桥梁，更是提高德育实效的重要环节。

二、优秀班集体建设策略

（一）有效班规的制定

1. 班规的内容

班规，即班级管理中采取的一切规章制度，主要涉及学习、纪律、出勤、卫生等方面。班规是微观的教育制度和教育规范。不过，班规不是用来压制学生的，而是用来引导学生的。良好的班规对班级的和谐发展、学生的健康成长都是有益处的。无规矩难以成方圆。科学的班规，是一种约束中的引导，可培养学生良好的行为习惯。

2. 遵循的原则

（1）民主性原则

李镇西的《心灵写诗》中说到："民主有两个原则，行动上，少数服从多数；精神上，多数尊重少数。"只有体现智慧和意志的班规，才能保证班级成为一个优秀班集体。班规是班主任意见和学生群体意见互相妥协的产物，成文后要经班级 2/3 以上学生签字同意方可生效，所有班级成员包括班主任都必须遵守。

（2）操作性原则

制定班规要遵循可操作性原则，让学生明确什么该做、什么不该做。如"节约水电"，必须制定出具体的措施，给出怎样才算节约而不是浪费。美国罗恩·克拉克先生的班规涵盖了餐桌礼仪、积极心态培养、学习生活中的感恩等，其显著特点就是所有规定都具体可行。

（3）奖惩性原则

班规中不厌其烦地对学生提要求，项目从校内到校外的方方面面覆盖学生，全方位约束学生的言行举止，是不可取的。班规应有一定具体、明确的激励制度，如表彰学生学习成绩出色或进步很大、为集体做出贡献或带来荣誉，以及有突出的表现等。当前绝大多数班规都以操行 100 分为基数，显然就会罚多奖少了；若以 60 分为基数，每周加减清算，奖励空间就大了，体现了奖惩并重的原则。

（二）培养好的班干部

1. 精心选拔，逐步确定。选拔班干部应从素质、能力、知识三方面综合考虑，做到精心选拔。在实际工作中不能凭学生入学档案或第一印象而"一锤定音"，应广泛征求意见并做深入、细致的调查研究，从不同侧面对选拔对象进行考察，并通过开展一些有目的、有针对性的活动，发掘优秀学生担任班干部。为确保班干部的战斗力，班主任对班干部可采用先试用后任用的方法，给临时班干部几周"工作试用期"，待考察合格再任用。同时，还要定期对干部进行述职评议、对优秀班干部进行表彰，不称职者及时换选，保持"龙头"队伍的先进性。

2. 培养能力，树立威信。班干部的人选确定后，应做好培养工作。特别对于新当选的班干部，班主任要精心指导、小心扶植、加强理论学习和工作方法训练，培养其领班管班的能力。班主任应充分地信任班干部有独立处理事情的能力，大胆放手，鼓励学生敢想敢干、敢抓敢管，让班干部充分发挥主观能动性。同时，针对每个班干部的优点和不足，班主任要有意识地帮助他们扬长避短，不断提高他们在同学中的威信。

3. 严格要求，恩威并重。班干部需要具有模范带头作用，时时为表率，处处是先锋。班干部出现问题时，班主任不能太苛求，也不能放任自流，更不能因其班干部的身份而放松要求。班主任必须加强对班干部的言行监督，对违纪班干部要严加处理，做到班规面前人人平等。

4. 加强团结，合作交流。一个班班要团结，班干部更要团结。班干部要定时、不定时地召开班干部会议，加强交流与沟通，及时发现问题、解决问题，避免班干部各行其是。班干部队伍的核心是班长，大、小事班长都应负起责任，有一个"班主任"与班上的同学一起学习、一起生活，有助于更及时地了解和处理班级事务。

（三）建设良好的班风

1. 班级纪律：看一个班的纪律，无需过严、过细，主要看基本情况、看班级纪律中自觉性的含量如何。要知道，纪律是一把双刃剑，既能帮助学生发展，也会阻碍学生发展。

2. 学习气氛：学习气氛是班风的重要组成部分。好的学习气氛有助于学生自觉学习、主动学习、有兴趣学习和高效率学习。第一，班级应该有个整体学习目标，即明确知道学生究竟需要什么、应该往哪个方向努力，需要引发动机、推动行为，这是学风建设的基础。第二，学习态度主要体现于对学习重要性的认同、对学习目标的追求、对学习知识兴趣和情感的浓厚程度，正确的学习态度是学风建设的前提。第三，学习纪律是良好学风形成的外部因素，严明的学习纪律，有利于学生自觉维护正常的学习环境和秩序，对优良学风的形成起到强有力的保障作用。第四，科学的学习方法是形成良好学风的关键，学习方法得当，学生会提高效率、少走弯路，产生较强的成就感。第五，学习一定程度上依赖于对知识的兴趣，只有在充满学习兴趣的氛围中，才能真正形成良好的学风，这是学习的内在动力。

3. 人际关系：班级人际关系指师生关系和生生关系。师生关系需要教师深入学生中去认识、了解学生，与学生共同建立。生生关系，则比较容易看清楚，只要多加注意，就能大致看出。

4. 班级环境：观察班风，可从教室环境入手。教室是否整洁、学生物品如何摆放、公物保护程度如何、标语内容怎样选择、标语如何悬挂、黑板报有什么内容等，都可透露出班级的班风信息甚至其班主任的个性。

5. 行为品牌："行为品牌"是班风的"商标"。成熟的班风是有特色的，有一些和其他班不一样的地方，包括活动、习惯、礼仪等。班级至少要在某个方面很突出，与众不同，且被本班学生认可，外班学生承认，才能形成班风；若处处与其他班级相同，即使样样做得不错，也难以称之为班风。

6. 班风物化：班名是班风的标志。给班级起个好听的名字，可以引领班风的形成。班名的出处可从成语中截取，如敏行、志远；可为励志，如超越梦想、卓越；可为优美，如春笋、彩虹；可为吉祥，如和谐五班。班徽是班级的标志。可把班徽设计成大小不等、夸张变形的各种标志，用在班级活动场合强化集体意识。将班徽、班名等元素合成，设计出班旗，在集体活动时可振奋士气。班训是班级的格言。班训可用现成的名人格言、短语成语，如"博学笃行，自强不息""文明高雅，乐学善思""永不言弃，开拓进取""合作竞争，精进超越"等。班歌是班级的风貌。可选用现成的歌曲，只要青春励志、激情飞扬、传递美好情感的均可，如《我的未来不是梦》，但若能自己作词作曲，则更能催人奋进。

（四）开展好主题班会

1. 模拟扮演式：让学生在不同环境下扮演不同的角色，以增强学生的内在体验。如在学生出现矛盾后，班主任可重新模拟当时情景，让学生换位扮演。这既能很好地化解矛盾，又可更好地教育其他学生。再如，为教育学生理解父母，可模拟家庭生活，让不同学生扮演不同角色，体验父母的辛苦和关爱。

2. 咨询答疑式：班主任可定期组织咨询答疑的主题班会，通过调查，确定学生最关注和最期望解决的问题，让学生围绕主题确定问题，然后邀请课任教师、学生代表、学校领导或心理学专家为学生释疑解难、排除心理障碍。

3. 专题报告式：在不同教育阶段可召开专题报告式主题班会，围绕某个教育主题，邀请具有典型性和权威性的名人作专题报告。如请革命老前辈讲述过去的故事以让学生明白当前生活的来之不易、请司法人员作预防犯罪专题报告，以及让班级中优秀学生介绍学习方法或经验等。

4. 成果汇报式：班主任可及时召开成果汇报式主题班会。让学生报告自己在调查中的发现和参与活动的体验，展示取得的成果，表现自己的特长和才能。在相互交流中增强成就感和自信心，培养学生的社会责任感，为学生未来的发展奠定基础。

5. 专题辩论式：针对学生易混淆、理解不深的同题，或者学生感兴趣、平时议论多的热点问题设置辩题，让学生分成正、反方进行辩论，通过辩论使学生弄清楚容易混淆的敏感问题。同时，培养他们思维逻辑的严密性，提高口头表达能力。

（五）激情班集体建设

1. 让跑操迸发激情

"一致的间距，一致的步伐，一致的速度。"这就是现代"斯巴达克方阵"，具体可释解为：从基础训练学生体能；突破心理极限实现步伐统一，突破观念禁锢实现口号震天；再通过引领学生认可和点评指导，进而不断提高。"斯巴达克方阵"体现了体育运动的教育价值不只限于运动场上，且能影响整个社会。其体育的迁移价值，更跑出了健康，跑出了快乐，跑出了自信，跑出了团结，跑出了能力，跑出了习惯。

2. 让歌声演绎激情

某校某班歌《父亲》演唱词："总是向你索取却不曾说谢谢你，直到长大后才懂得你不容易，每次离开总是装作轻松的样子，微笑着说回去吧，转身泪湿眼底。多想和从前一样，牵你温暖手掌，可是你不在我身旁。托清风捎去安康，时光时光慢些吧，不要再让你变老了，我愿用我一切换你岁月长留，一生要强的爸爸，我能为你做些什么，微不足道的关心收下吧！谢谢你做的一切，双手撑起我们的家，总是竭尽所有把最好的给我，我是你的骄傲吗？还在为我而担心吗？你牵挂的孩子啊，长大了！"

（六）用榜样鼓励学生

1. 名人名言

人类本质中最殷切的要求就是渴望被肯定。苏联著名作家法捷耶夫说：优秀的教师不断强化学生的自信，平庸的教师不断打击学生的自信，青年的思想愈被范例的力量所激励，就愈会发出强烈的光辉。世界古代史上著名的军事家和政治家亚历山大说：命令只能指挥人，榜样却能吸引人。

2. 星光大道

设立星光大道，打造群星闪烁班级，从海选到候选、从学习到其他、从引领到放手、从颁奖到感言、从内宣到外展，步步引导学生成为璀璨的明星。学校中的学习明星，文采飞扬，才华横溢，踌躇满志，叱咤风云。例如，以在未名湖畔博雅塔下读书为向往，以升入北京大学的豪言为依托，在反思中行动，在行动中调整，在调整中前进，高考夺魁，实现梦想，为班级增添更加亮丽的色彩！班级中的诚信之星，受任于危难之际，奉命于多事之秋，信守一句每天最后锁门的承诺，风雨无阻，从不间断。这精神感动了老师，感动了同学，感动了整个班级！相信前进的道路无论多么遥远和艰难，一定会全力以赴实现理想的大学梦！学习中的进步之星，能进能退、能直能弯，顺境逆境永无止境，进步退步永不止步，在绝望中寻找希望，在希望中创造天堂，在踏实中奋起，在勤奋中走向成功！

【巩固与提高】

1. 班集体建设是学校的重要工作，请结合实际谈谈班主任工作的重要性。

2. 培养班干部是做好班务工作的前提，就班干部的培养、作用说说你的认识。

3. 主题班会是做好版务工作的重要手段，简论主题班会的召开方式。

05

评价篇

第五章

教育评价

第 29 讲　学生综合素质评价内容与方法

学生综合素质评价是以促进学生的全面发展，对学生的成长记录、学习过程与结果进行过程性评价为目标的评价体系，其基础性发展目标由道德品质、公民素质、学习能力等评价措施与方法组成。综合素质评价作为高考招生录取机制重大改革中参考内容，在未来教育选拔中将发挥越来越大的作用。

一、综合素质评价的意义

（一）促进全面发展，推进素质教育

学生综合素质由"学术能力"和"非学术能力"两部分构成。因长期以来人们习惯用标准化考试来评价学生的"学术能力"，几乎没有对"非学术能力"进行评价的工具，大家常把综合素质理解成"非学术能力"。所以，要对学生"非学术能力"测试充分重视，促进学生的全面发展。

（二）改变评价观念，推动教学改革

首先，让教师打破"分数至上"的传统评价观念，将促进学生综合素质发展纳入教学目标中。其次，实施综合素质评价后，学生主体意识将会得到增强，学习方式也将发生变化。这样不论教师在教学改革中处于何种地位，综合素质评价都可切实推动教学改革的进行。

（三）变革考试评价，促进人才培养

建立综合素质评价制度对改变"一考定终身"的传统人才培养选拔制度和考试评价制度有十分重要的意义，特别是将中学综合素质评价与高考招生结合起来，更是对传统考试评价制度的巨大变革。有助于促使相关资源的拥有者将资源分配到综合素质评价中去，促进教育公平的实现，也能引起人们对学生其他能力发展的重视，促进人才培养方式的变革。

（四）优化学校工作，彰显办学特色

综合素质评价突出了发展功能，学校是促进学生发展的直接参与者。学校需要根据自身特色，开发能够促进学生"非学术能力"发展且符合学生年龄和发展特点的校本课程，以达到培养人和发展人的教育目的。

（五）培养诚信意识，优化社会风气

综合素质评价的实施过程就是评价者诚信意识的培养过程。教师讲诚信能够直接对学生起到示范作用，促进学生诚信意识的养成。同样，学生诚信意识的培养，不仅可以保障综合素质评价实施的公正性和公平性，更可将其以自己为圆心辐射开来，影响周围人群，逐步优化社会风气。

二、综合素质评价的内容

（一）思想品德

主要考查学生在爱党爱国、理想信念、诚实守信、仁爱友善、责任义务、遵纪守法等方面的表现。重点是学生参与党团活动、社团活动、公益劳动、志愿服务的次数时间，如为孤寡老人、留守儿童、残疾人提供无偿帮助，到福利院、医院、社会救助机构做无偿服务，为社会保障、环境保护等活动做志愿者。

评价项目	记录内容	上传实证材料
志愿服务	名称　时长　获表彰级别	活动图片、视频等表彰文件、证书等
党团活动	名称　起讫时间活动级别（国家级/省级/市级/区县级/校级）活动角色（参与者/主持者/策划者）组织机构	活动通知文件，参加活动的图片、视频等，受表彰的文件、证书等
学校特色活动	名称　起讫时间主题	活动通知文件，参加活动的图片、视频等，调查报告、作品照片、专题报告等，受表彰的文件、证书等
军事训练	训练名称　起讫时间　训练地点	活动通知文件，参加活动的图片、视频等，受表彰的文件、证书等。
参加国防民防相关项目	项目名称　累计时间　得奖项（国家级/省级/市级/区县级/校级）组织机构	活动通知文件，参加活动的图片、视频等，受表彰的文件、证书等
先进个人	荣誉称号　获奖年份　获奖级别（国家级/省级/市级/区县级/校级）组织机构	活动通知文件，参加活动的图片、视频等，受表彰的文件、证书等
违规违纪	名称　时间　类别	由学校填写

（二）学业水平

主要考查学生各门课程基础知识和基本技能掌握情况，以及运用知识解决问题的能力等。重点是学生学业水平考试成绩、期中考试成绩、期末考试成绩、选修课程、学习经历等，特别是优势学科的学习情况。积极探索学分评价、等级评价等发展性评价方式。

评价项目	记录内容	上传实证材料
学业水平	奖项　级别　获奖时间　颁奖单位	活动通知文件，参加活动的图片、视频等，受表彰的文件、证书等

（三）身心健康

主要考查学生的健康生活方式、体育锻炼习惯、身体机能、运动技能和心理素质等。重点是《国家学生体质健康标准》测试结果、体育运动特长项目、参加体育运动效果、应对困难和挫折的表现等。

评价项目	记录内容	上传实证材料
学业水平	奖项　级别　获奖时间　颁奖单位	活动通知文件，参加活动的图片、视频等，受表彰的文件、证书等
参加体育比赛项目	参加体育比赛项目级别（国家级/省级/市级/区县级/校级）　获奖时间　主办单位	参加比赛通知文件，图片、视频等，获奖的文件、证书等
体育特长项目	体育特长项目　等级（国家级/省级/市级/区县级/校级）获奖时间　颁奖单位	参加项目活动通知文件，图片、视频等，获奖的文件、证书等
学校特色体育活动经历和水平	活动项目　起讫时间　典型作品	参加活动项目通知文件，图片、视频等，获奖的作品、文件、证书等

（四）艺术素养

主要考查学生对艺术的审美感受、理解、鉴赏和表现能力。重点是在音乐、美术、舞蹈、戏剧、戏曲、影视、书法等方面表现出来的兴趣特长，以及参加艺术活动成果等。

评价项目	记录内容	上传实证材料
艺术经历及水平	参加艺术活动名称级别（国家级/省级/市级/区县级/校级）　获奖时间　主办单位	参加艺术活动的通知文件，图片、视频等，获奖的作品、文件、证书等

评价项目	记录内容	上传实证材料
艺术团体经历	团队名称　起讫时间组织单位	参加团体活动通知文件，图片、视频等，获奖的文件、证书等
学校特色艺术活动经历	活动名称　起讫时间典型作品	参加艺术活动通知文件，图片、视频等，获奖的作品、文件、证书等

（五）社会实践

主要考查学生在综合实践活动中动手操作、体验经历等情况。重点是学生参加研究性学习、社会实践活动次数、持续时间，形成作品、调查报告等，如与技术课程等相关的生产劳动、勤工俭学、军事训练、参观学习与社会调查等。

评价项目	记录内容	上传实证材料
社会实践	代表作标题　调查研究或实践的目的指导老师　合作者个人角色（负责人参与者）具体任务调查研究或实践的内容、方法和实施过程调查研究结论和反思本项目成果公开交流情况本项目成果获得奖励名称	活动通知文件，参加活动的图片、视频等，作品、调查报告、研究报告、专题报告、获奖证书等

三、综合素质评价的程序

（一）写实记录

在教师指导下，学生登陆基础教育资源应用平台"学生成长记录系统"。学生的成长记录能够反映个人综合素质的具体活动，如调查报告、研究报告、作品照片、获奖证书和录音录像，以及党团活动、公益劳动、志愿服务、个人荣誉、军事训练、社会实践、研究性学习专题报告等内容。学生必须对所提供相关材料或证明的真实性负责。

（二）整理遴选

每学期末，学生在教师指导下整理"成长记录系统"记录，并遴选最具代表性的重要活动记录和典型事实材料，以及其他能体现个人特长的实证材料，在班级进行展示和自我陈述。

（三）录入数据

学生基本信息、高中学业水平考试成绩、《国家学生体质健康标准》测试综合得分等内容，由各级教育行政部门统一录入"档案管理系统"。学生修习课程成绩、违纪违规等情况，由学校组织统一录入"档案管理系统"。

（四）审核公示

"成长记录系统"中遴选后的实证材料经学校、班主任及相关教师审核后进入"档案管理系统"。各级教育主管部门需要事先审核导入"档案管理系统"的客观信息与数据，并进行学生、学校录入内容的抽检。对录入"档案管理系统"中的所有内容必须在教室、公示栏、校园网上进行公示，时间不少于 7 个工作日。

（五）形成档案

学生综合素质评价档案以《普通高中学生综合素质评价纪实报告》的方式呈现。纪实报告由"档案管理系统"分学期、分学年和整个高中阶段自动生成。高中毕业前，学生撰写自我陈述，教师为其撰写简要、客观、准确反映学生个性特点的评语。纪实报告经学生确认，班主任、相关教师、校长审核签字，学校盖章后存档，供高等学校招生时参考使用。

四、综合素质评价的实施

（一）领导重视，健全组织

在综合素质评价过程中，学校须组建以校长为组长、教导主任为副组长、年级组长为成员的"中学生综合素质评价工作领导小组"。制定相关制度，用客观、动态、发展的眼光去评价，评价的着力点放在学生的发展上。

（二）明确目的，转变观念

首先，明确"一个目的"：学校组织开展学生班会、深入宣传，使学生明确评价不仅是考察达到目标的程度，更是为了学习习惯的形成，学习态度的端正，使学生学会总结和反思，有效地促进学生的全面性发展。其次，树立"两个观点"：一是重视平时的评价，改革一张试卷评价学生的考查方法，强调重视考察学生探究的过程；二是树立"评价也是一种学习"的观念，通过评价促进学生智能发展，在评价中进行师生情感互动，塑造并显示学生完善的人格和健康的心理品质。再次，坚持"三个有利"：有利于帮助学生掌握基础知识；有利于培养学生对学习的兴趣；有利于提高学生的素养。

（三）建立档案，记录成长

《学生成长记录袋》能全面、科学地记录、评价和衡量学生的各项素质，客观展现学生的成长历程，这样学生根据来自多方面的评价，奋斗目标会更加明确。同时，学生还会不断自我反思、自我设计、自我调试，不断地自我发展。

（四）明确职责，分步实施

1. 学生自评

学生回顾学期成长过程，按照综合素质评价的八项内容对自己进行客观、公正的评价，在综合素质评价表中按照评分标准进行打分并汇总，得出自评结果，记入综合素质评价表。其中，具体评价方法和标准为：将八个方面的评价内容分解成20项要素，每个要素分为A、B、C、D四项，分别为优秀、良好、合格、不合格。其中，A项5分、B项4分、C项3分、D项1分，共100分，90~100分为"优秀"，80~89分为"良好"，60~79分为"合格"，60分以下为"不合格"。

2. 学生互评

利用班会，每名学生做200字以内的自我演讲，内容必须围绕八项内容结合自身实际，重点突出成绩、进步、特长，分小组评价和班委评价两个层面进行。

（1）小组评价：每班分成6个小组，小组内学生结合被评价学生的演讲及日常表现，对照八个方面内容中的20项要素，对被评价学生进行赋分，20项中的每项得分相加得出该项的小组互评总分，求平均分即为被评价学生的该项小组互评得分，得分大于4分计为5分，为A级；大于3分小于4分的计为4分，为B级，依此类推，各项得分之和即为被评价学生的小组互评得分。

（2）班委评价：由班委成员组成评委小组，对被评价学生进行评价，评价方法与小组评价相同，班委评价得分占学生互评总分的50%。小组评价结果与班委评价结果相加即为被评价学生的学生互评结果。

3. 教师评价

班主任负责召集包括音乐、体育、美术、综合实践活动等任课教师代表不少于5人，组成教师评价小组，语文、数学、外语三科教师必须参加，其余学科中选2人以上。具体评价方法和标准与学生互评中小组互评相同。

4. 结果合成

对学生某一方面的表现评为"不合格"时应引起注视。学生自评、互评及教师评价各占终结性评价的20%、30%和50%，评价结果要通知学生本人及家长。综合素质评价每学期进行一次，每学年两学期评价结果的50%之和为该年的终结性评价。毕业生综合素质评价结果，按一年级10%、二年级20%、三年级70%的比例计算。评价等第比例以班级为单位评定，A、B、C、D等第比例原则上分别为25∶60∶10∶5，浮动幅度不得超过5%。若学生有违法犯罪行为被公安机关查处的，严重违反校规校纪或社会公德，受到记过以上处分而无明显改过的，其成绩为D等。

五、综合素质评价的完善

（一）存在问题

1. 没有很好转变观念，评价目的迷失

很多学校的领导和教师没有全面认识到综合素质评价的重要性，片面认为评价学生综合素质只是为了招收和选拔学生，导致很多学校在评价综合素质时，仅仅关注学生的终结性评价，不重视学生的形成性评价。这种方式本身便是舍本逐末，没有发挥综合素质评价的引导作用，对选拔人才非常不利，反映出对综合素质评价认识不到位。

2. 评价方法不够成熟，相关依据不够

在选择综合素质评价方法时，学校往往是主观评定，即通过评语和量化评分进行。这种方法比较简单，评价过程依据欠缺，使人感觉相关材料不完整，甚至材料虚假。在评价学生综合素质时，重要依据是学生平时表现，需要评价者花费大量时间进行积累和观察。若学生数量较多，教师观察会困难，流于形式，从而影响学生综合素质评价的质量。

3. 评价体系不够完整，呈现形式主义

综合素质评价最大的障碍是评价体系不健全、不完整和不科学，与招生制度没有直接关系。学校在衡量学生时，仍按照以往的标准和分数进行判断。这直接导致综合素质评价流于形式，造成教师在进行综合素质评价时比较消极。

4. 支持性环境较欠缺，评价结果不够

首先，在学生综合素质评价时，体制性障碍依旧存在，很多问题没有效解决。其次，社会还无法给学生综合素质提高提供支持，学生缺乏参加公益活动、社会实践活动的场所，以及很多公益性设施没有向学生开放等，给制度改革造成很大的影响。

（二）完善措施

1. 加强沟通交流，淡化选拔功能

综合素质评价主体的多元性决定了人们不能像学业水平考试那样，建立唯一的标准作为衡量学生综合素质的依据。所以，解决问题的办法也并不是要统一人们的价值观和价值取向，而是要从更高的层次上去超越这些不同的价值取向，使它们能够和谐、融洽地并存于综合素质评价的实施过程中，不因其存在差异而阻碍评价的实施。超越价值偏差的首要途径在于沟通与交流，特别是综合素质评价的政策制订者和方案制订者，一定要善于倾听来自实施不同层次、不同群体的评价声音，才能达成新的更高层次的一致性。

2. 推进资源分配，建立监管机制

综合素质评价是在鼓励学生自由发展综合素质的同时，又保证在人才培养质量的基础上改革教育选拔方式。这就要求综合素质评价不能轻易进行太多权力再分配，而要将再分配限定在促进被评价者综合素质改善的范畴之内。事实上，对权力再分配导致的腐败现象进行分析就会发现，其出现的根源还在于教育资源分配不均衡。因此，建立相应的监管机制就显得十分重要。从监管效果来看，引入第三方进行监管是一种比较有效的监管方式，如请部分素质较高的退休人员组成监管队伍，也可以由不同年级、不同班级的学生家长共同组成家长委员会，对综合素质评价的实施过程进行监督等。

3. 积极帮助引导，实施利益补偿

实践表明，符合习惯性心理的改革活动更容易获得改革参与者的心理认同与行动支持。所以，采用利益补偿与个体改革力度成正比的方式，帮助综合素质评价的参与者将外部力量促成的行为表现逐渐转化为内在的自觉自发的行为选择，从而达到消除心理定势带来的改革障碍的目的。

4. 加快配套制度，减少信息损耗

要减少综合素质评价实施过程中的信息损耗，需要综合素质评价的组织实施部门在各个层面分别展开对综合素质评价实施的培训及交流工作。首先，需要提供具体的制度配置来保障综合素质评价规则系统的有效运行；其次，可以邀请评价执行者参与到评价方案的讨论和制订过程中，使各方能够就评价方案的内容达成共识；再次，综合素质评价方案的制订者应参与到对各级教育行政人员的培训过程中，以使被培训者能较为准确地掌握综合素质评价的内容和精神；同时，还要选择能使政策内容信息准确传递的载体，以保证整个执行链条中的各级人员都能获取相同的信息。

【巩固与提高】

1. 学生综合素质评价内容和原则是什么？结合当前高考改革说说此项工作的重要意义。

2. 学生综合素质评价的程序有哪些？简述如何实施学生综合素质评价。

3. 结合学校工作实际谈谈目前学生综合素质评价存在哪些问题，以及如何完善这些问题。

第30讲　中学教育评价内容与技术

目前，国家中学教育质量评价中存在评价标准单一，注重学校系统质量评价、弱化学生主体质量评价，忽视学校进步评价等问题，使评价结果缺乏科学性和公正性。建立高质量、科学性的教育评价体系，需要理顺教育质量与教育评价、办学水平与教育质量之间的关系，树立"以学生为本"的评价观，即以学生表现为评价内容，以"增值"幅度为评价标准，坚持评价目标统一性与差异性的有机结合。

一、项目评价概念

（一）评价

1. 基本含义

评价本质上是一个判断处理过程，也是综合计算、观察和咨询等复合分析过程。在人类认知处理过程中，评价和思考是最为复杂的两项认知活动。总之，评价是通过评价者对评价对象的各方面，根据评价标准进行量化和非量化的测量过程，最终得出一个可靠的逻辑结论。

2. 基本属性

（1）精确属性和模糊属性

事物的属性分模糊属性和精确属性两类，精确属性可用精确和模糊来描述，同样模糊属性也可用模糊和精确来描述。如某学校师生比2∶1是精确描述，某学校教学质量很高是模糊描述。类似"美丽""胖瘦""高矮"、办学质量高低、社会贡献度、目标达成度等都是事物的模糊属性。对事物模糊属性作出判断需要评估，对事物模糊属性进行精确描述，是人类共同的奋斗目标。

（2）模糊属性的精确描述

事物的属性多是模糊属性。对模糊属性进行精确描述，是一个困扰人类的难题，也是促进科学进步的动力。如"堵延时指数"，即居民平均一次出行实际旅行时间与自由流状态下旅行时间的比值，用来描述城市交通拥堵情况；PM2.5指数，即大气中直径小于或等于2.5微米的颗粒物，用来描述城市空气污染情况；学习成绩，用来描述某校人才培养质量等。

（二）评估

1. 基本含义

狭义上讲评估就是由具有能力的人，按照既定的标准，对事物的不确定属性，即模糊属性，做出确定性判断，并进行精确描述的过程。广义上，评估等同于评价，在同类概念中外延最大。评估离不开人对事物模糊属性的判断，而判断经常依据调查和测量结果。评估的定义很多，像"全国第三方教育评价机构联谊会""山东省第三方教育评价管理办法"，都是用评价，类似调查评价、测量评价、督导评价等。一般，中小学领域用评价较多，高校用评估较多。这既有习惯因素，也为其他因素，因在高校用成绩说话很难，课程不一致，所以模糊打分占据很大比重。

2. 评估境界

粗略评估完全依赖人的判断，模糊评价占据主要成分。精准评估要依赖调查和测量，基于调查和测量结果作出判断，模糊评价成分很少。科隆巴赫说：评估比科学具有更多的艺术成分，每一项评估都要进行调试，以适合项目决策者和相关方的需要。一般，高质量的科学研究标准需要更多的资源，在实践中为决策者提供所需的充分信息即可。

（三）项目

1. 基本含义

项目就是在既定资源和要求的约束下，为实现某种目的而相互联系的一次性工作任务，也可理解为在一定时间和预算内所要达到的预期目的。项目侧重于过程，是一个动态的概念。可把一条高速公路的建设视为项目，不可把高速公路本身称为项目。项目的基本特征是：明确的目标，其结果只可能是一种期望的产品，也可能是一种所希望得到的服务；独特的性质，每一个项目都是唯一的；资源成本的约束性，每一项目都需要运用各种资源来实施，而资源是有限的；项目实施的一次性，项目不能重复；项目会出现不确定性，在项目实施中，外部和内部因素总会发生一些变化；特定的委托人，既是项目结果的需求者，也是项目实施的资金提供者；结果的不可逆转性，不论结果如何，项目结束后，结果就确定了。

2. 社会项目

在我国很多政府部门以文件形式开展推动的活动实质上都是项目，教育类的项目属于社会项目。随着社会治理水平的提升，对资源管理更加科学，资源有效利用也会更加重视。社会公众和管理者更加关注项目的绩效和开展的必要性，凭感觉上项目、不计成本开展项目的现象逐渐消失。

3. 绩效评估

过去"管、办、评"一体，政府既是项目主办方和项目方、也是项目评估者。如今"管、办、评"分离，各负其责、各司其职。主办方，一般指政府或其他组织，负责管理，主要解决干什么和为什么等问题；项目方，一般指企业或其他组织，负责实施，主要解决怎么干和具体实施等问题；评估方，一般指企业或其他组织，负责评价，主要解决干得怎么样等问题。

4. 评估设计

评估设计没有万能模板、没有通用方法，每项评估的环境都有其独一无二的特点。任何评估设计都会受到时间、人员、资金和类似资源的限制。一般评估设计包括三个内容：一是评估要解决的问题；二是评估中用来解决问题的方法程序；三是评估者与项目各方关系的性质。好的评估设计既能适合评估环境，又能找到解决问题的有效方法，达到改进项目的目的。

评估设计首先要明确评估目的究竟是什么？谁需要评估，需要什么样的评估，为什么需要评估，如项目改进、责任承担、知识生产等。其次是可用资源有哪些？资金预算、时间期限、参考资料、设备（含分析、计算、测量工具）、专业人员（包括评估人员、资料收集员、资料管理员、分析师）、项目管理层等。

5. 评估类型

（1）独立性评估

评估者全权负责制订评估方案、实施评估以及发布评估结果。

（2）合作性评估

作为集体性项目的评估，应是项目方和评估者合作完成评估计划、共同实施和评估的过程。

（3）授权性评估

一是参与性或合作性的评估，评估者与项目方的关系是参与性或合作性的。二是等级性评估，以等级不同划分的评估类型，需要说明的是只有在前面问题设定确实可靠的情况下，后面的评估结果才能得到解释，才能有意义。等级性评估图解如下。

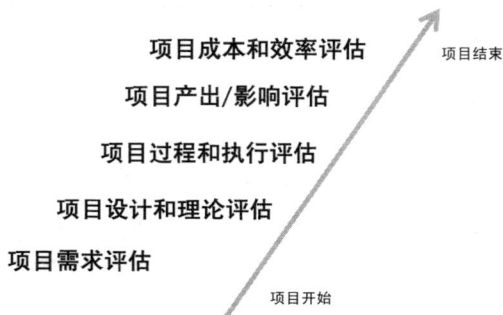

项目成本和效率评估　　　项目结束

项目产出/影响评估

项目过程和执行评估

项目设计和理论评估

项目需求评估

　　　　　　项目开始

①需求评估：回答项目运作所需的社会条件以及项目需求程度等问题。典型评估问题包括：问题的本质和范围是什么？需求人群的特征是什么？人群的需求是什么？需要什么样的服务？所需服务规模多大，在什么时候需要？为了将服务提供给人群，应安排怎样的送达渠道？

②理论评估：回答项目的概念化和设计方法等问题。典型评估问题包括：应为怎样的客户提供服务？提供什么样的服务？对服务而言，最好的送达渠道是什么？应如何组织项目？

③过程评估：回答项目的操作、实施以及服务送达等问题，如果项目正在进行中，称项目督导。典型评估问题包括：达到行政性和服务性目标了吗？既定人群得到既定服务了吗？是否需要此类服务？服务还有哪些没涉及的人员？客户对服务满意吗？

④影响评估：回答项目产出和影响等问题。典型的评估问题包括：需要达到的目标是否已达到？服务对参与者是否有好的效果？服务对参与者是否有负面的效果？服务企图改善的问题是否得到改善？

⑤效率评估：回答项目"成本与收益"和"成本与绩效"等问题。典型评估问题包括：资源是否被充分利用？成本是否合理？是否有其他方法能降低成本并获得同样效果？

二、教育评价技术

（一）现代新型教育评价

1. 认定性评价：普通高中，学业水平评价+学术能力评价+综合素质评价；职业高中，学业水平评价+技术能力评价+综合素质评价。

2. 服务性评价：普通高中，诊断性和形成性评价+发展潜能评价+综合素质评价；职业高中：诊断性和过程性评价+发展潜能评价+综合素质评价。

3. 自主性发展：学科特长评价+综合能力评价+综合素质评价，或创新潜质评价+综合能力评价+综合素质评价。

认定性评价　　　　服务性评价　　　　自主性发展

（二）教育评价理论技术

1. 教育综合评价

综合评价＝学业评价＋综合素质评价＝学科"三维目标"评价＋德智体美实践评价＝学业评价＋发展潜能评价＋综合素质评价。

2. 学业评价技术

从"双基"到"三维"，又从终结到诊断、形成、过程、增值，即教育测评＝计量、测量、评量＋统计、分析、挖掘＋评定、甄别、诊断。

3. 评价技术理论

（1）认知诊断理论

实现对个体知识结构、加工技能或认知过程的诊断评估，即通过测验获得被试的观察反应，进而推知被试不可观察的知识状态。

（2）项目反应理论

通过多维和非线性解析，在完成一项测验任务时，需要多种能力、项目特征与答对概率之间的关系，并进行模型化。

（3）测量的三维化

技术	目标	理论	数据
测量	教育活动目标	实质性测量理论	活动数据
	教育过程目标	认知诊断理论	过程数据
	教育结果目标	多维项目反应理论	结果数据

（4）评价的三维化

三维评价	知识	能力	技能
	过程	方法	策略
	情感	态度	价值

（三）教育评价与大数据

1. 教育大数据的特点

首先，动态性和不可直接比较性，如学生成长在不同阶段的跳跃表现，无论学业分数或能力素养，均不可直接比较。其次，横纵数据的结合，横向数据覆盖学生发展的各个方面，如学业水平、身心健康、能力素养等；纵向数据贯穿于学生发展全过程，如学生从幼儿园到高中的发展。再者，不同区域、学校和任课教师均有测试和评价的权利，立足点不同，同样的数据评价的结果不同。

2. 大数据结合新技术

（1）项目反应理论

项目反应理论与计算机自适应技术结合的 IRT–CAT 测验的实现，做到了因人而"测"，因人而"试"，因人施"测"。现代计算机技术虽解决了线上测试问题，仍只有一个能力分数，依然没有回答考试中哪方面能力或知识缺失造成失分，或存在哪些不足及怎么补救。

（2）认知诊断理论

认知诊断理论指对个体的知识结构、加工技能或认知过程。可把认知过程与测量手段结合起来，并将考生的认知结构模式化，定量考查考生的认知结构和个体差异。除能提供考生能力值外，还可诊断考生的学习优势或劣势，能为提升或补救教学提供确切的依据。这不但可"因人而测"，还可对不同的人给出不同的评价结果，做到不用"统考"也可以分析收集数据，给出质量的评价。

附表1：三种理论和测量内容

理论	经典测量理论（CTT）	项目反应理论（IRT）	认知诊断理论（CDT）
已有应用领域	目前国内大部分考试（目前高考改革仍以此理论作为基础）	GRE、GMAT 等北美大型考试	教育部综合评价实验区的应用
对被试能力测评的精确程度	精度较低，只有团体误差和团体比较	较精确，可精确估计每个考生的能力	微观、详细、非常精确。除了估计每位考生能力值，还可诊断考生的学习优势或劣势

（3）新技术的应用

附表2：应用层面与优劣比较

理论	经典测量理论（CTT）	项目反应理论（IRT）	认知诊断理论（CDT）
优势	便于理解、操作；测验成本低；团体共用一份试卷，对团体作出评价	CAT 测验克服了 CTT 中所有被试完成同一份测验的弊端；实现了"因材施测"的目标	"因人而测"；提供有针对性的评价结果；做到可以不用"统考"也可以分析收集数据
劣势	被试的能力水平"测验相关"；试题（卷）的特征指标"样本相关"；测验结果的准确性与推广性矛盾	只能获得学生的单一能力分数，未能进一步考查学生的认知结构；测验理论较为复杂；初始测验成本较高	测验理论较为复杂，尤其是命题要求很高；对认知属性的划分较为困难；初始测验成本较高

附表3：总体评价与应用建议

理论	经典测量理论（CTT）	项目反应理论（IRT）	认知诊断理论（CDT）
应用建议	涵盖使用，普及知识，成为每个教师，除教育学、心理学、教学法以外的基本技能	可使用于会考、能力水平考试，降低大规模考试的各种压力	可使用于会考、能力水平考试，诊断功能使"因材施教"的个性化教学得以实现。特别适宜不作排队，不影响日常教学测试
应用范围	普遍应用	学校、市、省级应用	学校、区域性应用，高考改革质量监测

（4）统计分析应用

①潜在剖面分析

新发展的统计方法，可以做到以学生为中心，依据学生群体在学业发展水平（各知识模块/各能力层次/非智力因素）上的特点，诊断学生学业发展的质性差异，把学生分成组内学业发展一致、组间学业发展具有差异性的组别，这有利于差异性教学和补救性教学。一般说，当测量数据为连续型数据时，用潜在剖面分析法对学生进行分类；当测量数据为类别型数据时，用潜在类别分析法对学生进行分类。

②纵向数据应用

不同时间、使用不同测量工具收集的数据不可进行直接比较；纵向数据涉及多类型数据：非连续数据、等级数据、等比数据，统计分析方法纷繁复杂；应用等值技术（锚等值、IRT参数等值等）和常模分析技术可将纵向数据进行转换，从而使数据具有可比较性；结合质性分析数据，形成学生发展成长档案。

③创新教育评测

教育监测评估是利用现代信息化技术持续收集和深入分析有关数据，直观呈现教育状态，为多元主体价值判断和科学决策提供客观依据的过程，在教学中的作用可用木桶理论来解释，即发挥长板作用，消除短板影响，弥合缝隙漏洞，减少各种损失。

三、教育评价体系

（一）教育教学评价的目标

现代教学评价认为，目标的判定是必不可少的，带有决定性意义，在研究"如何评价"之前，必须先弄清要"评价什么"。一定意义上说，有什么样的目标，就有什么样的评价目标。教学目标必须与评价目标保持一致，这样评价结果和教学活动效果才可统一，才能使评价和教学活动有机地结合起来，把教师指导和学生努力集中到一个方向上去，使评价真正发挥出调节教学的机能。

（二）教育教学评价的特点

1. 评价主体的多元化

教师评价学生是教学评价常用的形式，可分为即时评价和延时评价两类。即时评价，要求教师在学生对所学知识做出反应时，及时进行判断，给予肯定或否定的回答。延时评价是利用学生的期待心理，对学生提出的问题或做出的回答不予以及时的评价，把评价时间适当向后拖延，给学生留下一定的自由思考空间，引导学生去发现探究。让学生在完成思考过程后，再给以恰如其分的评价方式。另外，教学中还应发挥学生的主体作用，提倡学生自评或学生互评，实现评价主体的多元化

2. 评价方式的多样化

新课程学习效果的评价应当以"质性评价"和"形成性评价"为主体，定性评价与定量评价相合，形成性评价与终结性评价相结合。从学生个体而言，教师可建立个人成长记录袋，让每个学生都看到自己的成长历程、看到自己的优点，感到成功的愉悦，从而树立自信心；从学生群体而言，可建立班级学生整体成长记录档案，让每个学生看到同伴的优点，激发其上进心，以培养集体荣誉感和合作精神。另外，口头评价也是教学评价的重要手段。多一把衡量的尺子，就会多出一批好学生。在学生最需要的时候，以有声的语言，丰富而精致的情感，对学生进行心理感染，满足了学生的心理需求，既激励了被评价者，也教育了大家，实现了心理默契。

（三）教育教学评价的类型

1. 奖惩评价和发展评价

奖惩性评价是根据评价结果对教师进行奖惩，将教学评价结果与教师奖惩相结合，以此作为教师晋级嘉奖、降职解聘等依据。这种评价存在一定弊端，如教师过分注重被评课的质量而不是整个教育教学的质量，出现"中'评'不中用"的现象。发展性评价是通过对教师教学进行点评、讨论、反思，让教师教学技能和水平得到提高，评价结果不与奖惩挂钩，是为教师间相互交流、合作共赢提供机会，为制订教师发展目标和对策提供依据。

2. 外部评价和内部评价

外部评价是指由教育行政主管部门人员，如教研员、专家、领导等对教师教学进行的评价；内部评价则是由直接从事教学活动的教师和学生群体进行的评价。无论是外部评价者还是内部评价者，评价过程中都会遵循一定的评价标

准，不过不同评价者的评价标准会有不同，如同行会从学科角度对教学提出要求，领导会从管理角度提出要求，教师本人会从自我教学风格方面进行评述，学生会从教学内容的多寡和教学中的情绪反应等方面进行评价。

3. 观察评价和量表评价

现场观察评价是评价者进入课堂，实地听课并及时进行评价。这种评价资料的收集方法具有很强的时效性，能够对各种临时发生的情况进行评价，对教师教学激情和学生参与积极性有较深的体会。缺点是会受到评价者注意力分配和记录速度的限制，且因评价者的出现让被评教师和学生心理行为上发生一定变化。量表评价则是采用事先编制好的评价量表，由教师和学生根据教学过程和效果映象进行回答。这种评价方法的关键是评价量表的编制，有时也被称为问卷评价法。问卷评价是目前进行课堂教学评价最主要的方式，也是实践中应用最广泛的一种方式。

（四）教育教学评价的方法

1. 以教为主的形成性评价

以教为主的课堂教学过程中的形成性评价，包含两个环节：一是收集反应课堂教学效果的有关信息资料，二是根据信息资料所反映的教学状况做出及时反馈。在第一个环节中，要解决如何收集课堂教学信息资料问题。信息资料收集方法有测验、调查和观察三种。测验适宜于收集认知类目标的学习资料，调查适宜于收集情感类目标的资料，观察适宜于收集技能类目标的学习资料。在第二环节中，解决的是如何做出及时反馈的问题。反馈有校正性、鼓励性和帮助性三种。当收集到的信息资料表明，大多数学生对当前教学内容的学习未能达到教学目标的要求时，反馈应是校正性的。当收集到的信息资料表明，大多数学生对当前教学内容的学习能较好达到教学目标时，反馈应是鼓励性的。但对于少数或个别未能达到教学目标要求的学生来说，反馈则应是帮助性的。

2. 以学为主的形成性评价

由于以学为主的教学过程采用的是自主学习策略，即主要依靠学生的自主探索、自主发现，这种教学过程的形成性评价通常包括小组的他人评价、学生的自我评价和以教为主的形成性评价有很大不同。评价内容主要围绕自主学习能力、协作学习贡献、是否达到意义建构要求等。

（五）教育教学评价的实施

1. 目标的追求：教学是种引导学生步步逼近期待成长目标的工作。教学目标确定后，就要朝着目标不断努力，这种努力既是教师的，也是学生的，更是通过整个教育学习过程来完成的。两者汇合点是希望教学成果与评价成果相吻合，从而达到教学目标与教学效果一体化。

2. 资料的收集：资料是评价的依据，如果资料不充足或主观意识太强，评价基础就不牢，信度就低。收集资料包括由实验、测定得到的量化资料，也包括由观察记录得到的非量化资料。无论哪种资料收集都必须充分利用一定的时间、场合和机会，以及有效的评价工具。

3. 资料的处理：取得评价资料后，就要对评价资料进行处理。包括对资料进行整理、分类、统计、分析、解释和利用，即对教学效果作出价值上的判断。离开了这项工作，也就失去了教学评价的意义，自然也谈不上改进教学工作。

（六）课堂教学评价的作用

1. 导向功能

课堂教学评价体系的建立和实施，可充分发挥评价的导向作用，促进教师转变教育思想，在教学中更好地发挥教育创新意识，改进教学模式。评价体系的建立，更加注重评价所侧重的相关因素，并将其作为课堂教学中展示的重点，来发挥评价的导向功能。

2. 激励功能

课堂教学评价能够有效地评析教学状况，教师只有知道在教学实践中的优点、亮点、特点和弱点，才能找到发展方向。教学评价正是教师了解教学情况的关键途径，可使教师在听课、评课活动中增进了解，在相互交流中激发内在的需要和动力。另外，课堂教学评价可为教师提供一个科学了解自身教学状况的窗口，使其明了教学中存在的不足和努力方向，为其专业发展提供一个很好的平台。特别是发展性课堂教学评价，是保证新课程顺利实施，促进教师专业发展的重要方法。

3. 决策功能

课堂教学评价是教师工作评价的重要组成部分，也是学校评价体系的核心内容。通过开展科学有效的课堂教学评价，能够有效地鉴定教师的教学态度、教学质量、工作能力和业务水平等，使学校管理工作系统化、决策科学化。

（七）发展性课堂教学评价

1. 发展性高中课堂教学评价表

附表1：发展性高中课堂教学评价表

学校			学科			日期		执教者	
课题						总分		总等第	
对象	内容	分值	得分	等　第　分　类					等第
学生40分	学习方式15分	15		优秀：积极主动地参与发现、探究，创新答辩、富有个性					
		12		良好：具备良好的自学习惯、态度、品质和心理素质					
		8		一般：思维集中，听讲练习、随题作答					
		5		较差：唯师唯书、机械记忆、被动接受					
	学习水平15分	15		优秀：能合作交流，善综合归纳，富于想象、敢于否定					
		10		良好：能分析、善反思、敢表达，有较强的创新能力					
		8		一般：课堂听得懂、习题能做会，课本知识基本掌握					
		5		较差：自学缺方法、概念靠死记、解题靠模仿					
	学习效果10分	10		优秀：有浓厚的学习兴趣，能运用各种学习策略提高学习水平					
		8		良好：掌握知识技能并能运用，表现出勤奋、自强的学习品格					
		6		一般：有自信心，但学习情趣一般，学习水平尚需提高					
		4		较差：学习无兴趣、枯燥乏味，知识贫、技能差					
教师30分	角色把握10分	10		优秀：学生学习的指导者、合作者、促进者和培养者					
		8		良好：学生学习的帮助者、辅导者、传授者和激励者					
		6		一般：学生学习的知识传授者、活动组织者					
		4		较差：满堂灌、填鸭式、地道的封闭教学					
	环境营造10分	10		优秀：能营造民主平等的学习环境，有利于对完整人的教育					
		8		良好：能使学生学习的材料、时间和空间得到比较充分的保障					
		6		一般：教学设计井井有条、丝丝入扣，规范有序					
		4		较差：惟我独尊、课堂专制、沉默压抑					
	技术运用10分	10		优秀：能用各种媒体提供丰富的学习资源，利于学生的个性发展					
		8		良好：媒体运用符合学科特点和教师个性，学生认知目标能达成					
		6		一般：照本宣科、手段单调，只能呈现教材、讲授知识					
		4		较差：教法陈旧、讲解模糊、目标不明、过程紊乱					
学生之间10分	主体交流10分	10		优秀：能合作探究，创新答辩，教学主体参与的积极性特别高					
		8		良好：能自学交流、争论研究，积极参加分组讨论					
		6		一般：学生参与性不高，交流贫乏，合作没激情					
		4		较差：课堂无交流，学生各自独立的听知识传授					
师生之间10分	教学互动10分	10		优秀：师生合作充分，读、思、疑、议、练、创贯穿教学全过程					
		8		良好：教学设计具有开放性，课堂基本实现了师生互动					
		6		一般：师生交流仅限于知识性的陈述问答，无目标性					
		4		较差：师生无交流、无沟通					

续表

对象	内容	分值	得分	等　第　分　类	等第
学生自我 5分	情感体验 5分	5		优秀：有强烈的学习愿望和兴趣，学习方式和水平有很大进步	
		4		良好：能参与课堂实验及分组活动，并体验到成功的快乐	
		3		一般：只能在老师指导下学习，课本知识基本掌握	
		2		较差：学习方式传统，被动接受，无积极性和主动性	
教师自我 5分	教后反思 5分	5		优秀：课堂开放，资源丰富，教学效果显著，教师自身得到了发展	
		4		良好：主体参与积极性高，真正成为学生学习的促进者和合作者	
		3		一般：知识传授无科学性错误，但课堂气氛不够浓厚	
		2		较差：教学思路传统，仅能基本实现知识目标的落实	

附表2：高中课堂教学教师自查评价表

项目	自　评　内　容	优秀 5分	良好 4分	一般 3分	较差 2分	优　势 与不足
教学目标	培养学生技能和协作精神，尊重学生的见解，关注学生行为方式和价值观念的形成和发展					
教学设计	教学方案能突出课堂主体，具有针对性和开放性，符合自己的个性，并能根据需要随时调整					
教学环境	能营造宽松、民主、和谐的学习环境，能使学生的学习材料、时间和空间得到充分的保证					
教学媒体	能科学运用各种媒体提供丰富的学习资源，激发学生的学习兴趣和动机，发展学生的个性					
教学效果	能实现有效的教学互动，学生学习轻松愉快，能促进学生创新能力和学习水平的全面提高					
教学管理	能使课堂教学有序进行，活而不乱，能应对学生的即时表现，具备"课堂机智"的管理能力					
总体情况	课堂教学目标、教学设计、教学环境、教学媒体、教学效果和教学管理得以有效达成					

说明：（1）把你认为达到的项目在相关层次要求的空白栏内打"√"；

（2）此《教师自评表》配合《发展性高中课堂教学评价表》使用，由授课教师课后自评再记入总评

附表3：高中课堂教学学生自查评价表

项 目	自 评 内 容	优秀 5分	良好 4分	一般 3分	较差 2分	情 感 与体验
主动性	能以课堂教学主体的身份积极主动地参与学习、交流、求知，有强烈的学习愿望和兴趣					
独立性	能在教师指导下进行独立性学习、思考；能自学、善反省，能选择、敢否定					
独特性	能以自己的实际能力参与课堂学习；能发挥自己的学习优势，富有个性					
体验性	能身体性参与课堂实验和分组活动，能分析、善归纳，体验到成功的喜悦					
创新性	参与发现问题、分析问题和解决问题的全过程，敢表达、敢质疑、富想象、有创新					
成效性	掌握知识技能并能运用，表现出勤奋、独立和自强的学习品格，学习水平明显得到提高					
总体性	课堂学习的主动性、独立性、独特性、体验性、创新性和成效性能得以有效达成					

说明：（1）把你认为达到的项目在相关层次要求的空白栏内打"√"；

（2）此《学生自评表》配合《发展性高中课堂教学评价表》使用，由听课学生课后自评再记入总评

2. 发展性课堂教学评价表说明

（1）转移了评价重心：如对学生评价的权重占50%以上，对教师评价的权重不足50%等，说明评价已由原来对教师的关注转移到对学生学习和发展的关注。

（2）拓宽了评价主体：如增加了"教师自评"和"学生自评"。这是新课改评价理念倡导的两种主要评价方式，旨在促进学生的不断发展和教师的不断提高。由于"自评"首次进入课堂教学评价表，操作上有一定难度。为此，制定了《高中课堂教学教师自查评价表》和《高中课堂教学学生自查评价表》，配合《评价表》实施对高中课堂教学的评价。［见附表（2）和见附表（3）］

（3）改变了评价内容：如对教师评价已由原来的"知识讲解"，转移到了对学生素质发展起着十分重要的作用"角色把握""环境营造"和"技术运用"，同时增加了"主体交流"和"师生互动"等评价内容。

（4）实施了隐性评价：如只通过对学习方式、学习水平、学习效果和情感目标的达成进行隐性评价，没有对知识、能力等教学目标进行显性评价。说明评价已由原来对教师"教"的关注转移到对学生是否学会、会学和喜欢学的关注。

（5）突出了"发展性评价"：如表中的"量分"是次要的，既可以改变，也可以不用。所有教育工作者都可根据该表所体现的理念和学科的特点制定不同的《评价表》，从而构建出"以学生发展为本"的课堂教学评价标准。

四、教育评价展望

（一）聚焦核心素养，探索表现性评价的设计

《中国学生发展核心素养》总体框架正式公布后，基于核心素养的课标修订、教材编写及评价改革也陆续启动。在基础教育领域应关注学生的六项核心素养，即创新能力、批判性思维、公民素养、合作与交流能力、自我发展素养与信息素养。核心素养评价，需要借鉴国外经验，在实践中探索表现性评价技术的应用。表现性评价通常要求学生运用先前所获得的知识，解决某个生活情境中的真实问题或创造出符合某种特定标准的成果，教师通过观察学生完成任务的过程与结果评价学生表现。表现性评价克服了传统测验中仅能测试低水平知识和孤立技能的弊端，能有效评价学生在真实世界中应用所学知识与技能解决问题、交流合作及批判性思考等能力，特别适合于核心素养评价。

因此，深入研究表现性评价，特别是非纸笔类表现性评价，使评价嵌套进真实的学习生活情境中，有效考查学生的问题解决能力、沟通合作能力、批判思考能力、信息媒体技术等多种跨学科核心素养，这是未来评价改革的

关注点。

（二）注重效度分析，提升评价研究的科学性

学术界将对评价的评价称为元评价。通常在元评价中主要分析试题的难度和区分度，建立在项目反应理论基础上的深入分析也是如此。但教师在实践中接触最多的当堂检测、单元验收、阶段考试、毕业测试，乃至大规模的教育质量监测，都是标准参照性质的测试，是绝对评价，其主要目的是检测学生达到既定学习目标的程度。在这种测验中，教师不需要刻意控制题目的难度和区分度，只要严格依照课程标准、教材和教学目标编制题目，即使题目特别容易或特别难，都可以是优质题目，可出现在测验中。因此，反映评价质量好、坏的最重要指标不是难度和区分度，而是效度。很多人认为效度就是评价有效性的程度，以及有效促进学生学习与发展的程度。这种理解在方向上似乎没有错误，但专业性不够。从专业角度来看，效度是一个综合性概念，是指评价能测到所要测量特质的程度以及能为有关推论与决策提供有价值依据的程度。

（三）适时适度评价，避免评价引发的负效应

教育测量学之父桑代克说过，"凡客观存在的事物都有数量，凡有数量的事物都可以测量"。但这只是经典测量理论的一个假设，就人类所掌握的技术而言，不少心理特质因为具有间接性、隐蔽性、随机性与复杂性等特点，目前仍难以进行准确有效的评价。教育者必须注意到评价工作的局限性，不能急躁冒进，更不能为评价而评价。若为评价而评价，不仅不能准确评判学与教的质量，还会对实践产生误导。有些学校在综合素质评价实践中评价学生个体道德品质、学习能力或审美情趣的某些做法，已显现出这种负效应。"为评价而评价"现象中还有一种亟待关注的现象就是教师评价过多。如有些课堂出现了满堂评的问题，有些学校甚至谋划以各种方式记录和评价学生的一言一行，导致学生无时无刻不被评价。这在无形中织就了一张大网，不要说消极的评价，即使是完全无条件的赏识性评价，也会给学生造成难以想象的压力。

因此，评价很重要，但也要适度。只有评价做到适时、适量且科学有效，才能更好地发挥其导向、激励、诊断和发展的功用，促进教与学的改进，也服务于学生的成长。

【巩固与提高】

1. 何谓教育评价？教育评价的基本属性是什么？何谓项目评估？其主要内

容是什么？

2. 什么是教育评价技术？教育评价理论有哪些？请浅谈教育评价技术的变革过程。

3. 什么是发展性课堂教学评价？其理论依据是什么？对课堂教学有什么导向功能？